KB233111

식민정치와 모성

- 총동원체제와 모성의 현실 -

식민정치와 모성

− 총동원체제와 모성의 현실 −

안 태 윤 著

한국학술정보㈜

책 머리에

전통사회에서 오늘날에 이르기까지 한국의 어머니상은 자식을 위해 자신을 기꺼이 희생하는 헌신적인 모습으로 그려져 왔다. 그러한 모습은 어머니로서 당연히 갖춰야 할 자세로 한국인 모두에게 각인되어 있다고 해도 과언이 아니다. 그러나 헌신적인 어머니 역할은 사회적 혹은 경제적 조건여하를 불문하고 여성이면 누구나 당연히 수행해야 할 덕목이나 의무인가? 혹은 여성이면 누구나가 가지고 있는 본능적인 특성인가? 어머니로서의 역할은 개인으로서의 여성의 삶과 어떻게 맞물리는 것인가? 바람직한 어머니 역할에 대한 관념은 시대와 사회의 변화에 관계없이 고정된 것인가 혹은 변화하는 것인가? 본서는 이러한 질문들로부터 출발하여 한국사회에서 어머니 역할이 사회적 조건이나 역사적, 정치적 변화에 따라 그 의미가 어떻게 달라지고 어떠한 요인에 의하여 규정되고 재규정되는가를 보기 위한 고찰이다. 시기적으로는 전통사회에서 개화기, 일제 식민지시기를 다루었다. 특히 식민지시기에 있어서는 이제까지 식민지시기 여성 연구에 있어서 상대적으로 간과되어 왔던 일제 말기의 분석에 중점을 두었다. 일제 말기 한국사회는 1937년 중일전쟁과 이어서 1941년 태평양전쟁의 발발로 인하여 일본의 전쟁수행을 뒷받침하기 위해 전시체제에 돌입하였다. 전시체제는 알려진 바대로 남성의 군사동원과 노무동원, 여성을 대상으로 한 성적 착취 외에도 한국인 전체의 미시적인 일상생활에 커다란 변화를 가져왔다. 특히 여성에 관하여는 가정생활이 전쟁준비를 위해 세부적인 통제와 개입을 받게 됨에 따라 주부 역할에 있어서도 가정생활의 긴축과 절약, 전쟁을 위한 후방활동에의 참여가 중시되었으며, 여성교육은 군국주의에 의해 강건한 신체의 단련과 정신무장이 중시되었다. 어머니의 역할과 책임에 관한 논의도 신문지면이나 언론매체에 빈번히 등장하게 되었을 뿐만 아니라, 이전 시기와는 확연히 다른 의미로 새로이 규정되었다. 출산과 양육, 자녀교육 등 모든 측면에 있어서 군국주의 체제와 전쟁을 지지하기 위해 모성에는 새로운 역할과 의미가 부여되었으며, 새로이 규정된 어머니의 역할은 국가적인 장려와 더불어 학교, 지역조직을 통한 개입과 통제의 방식으로 주입되었다. 본서에서는 전시 모성에 대한 관념과 정책이 구체적으로 어떠한 성격을 띠었으며, 일본에서의 모성관념과 정책과는 어떠한 유사성 혹은 차이가 있는지, 모성에 대한 통제는 식민통치와 어떠한 관련성을 맺는지 등을 분석하였다. 이와 더불어 당시를 살았던 여성들이 실제로 어떠한 방식으로 어머니역할을 수행하고, 국가정책과 체제가 요구하는 어머니 역할에 대해서는 어떠한 방식으로 인식하고 대응하였는가를 구술사 면접방법을 통하여 고찰하였다. 면접대상자는 1910년에서 1930년 사이에 출생한 열일곱 명의 여성들로, 이들은 일제 말기 여학생이었거나, 주부, 어머니, 교사, 농민, 노동자 등 서로 다른 계층에 속해 있었으며, 도시와 농어촌 등 다양한 지역에 거주하고 있었다. 여성들의 구술사를 듣고자 한 것은 정책과 담론 분석만으로는 드러나지 않는 여성들의 실제 경험을 파악함으로써 여성들의 주체적인 행위성을 밝히고, 주류 역사학과 지배담론 속에서 배제되어 온 여성들의 생활경험을 여성의 목소리로 드러내기 위해서이다.

본서는 필자의 2001년 박사학위 논문의 주내용을 수정, 보완하여 다듬고 일부를 가필한 것이다. 완성한 지 5년이 지난 학위논문을 단행본으로 출간하여 보다 많은 독자들이 편하게 읽을 수 있도록 하자는 출판사측의 요청이 있었을 때, 저자의 입장에서는 이미 논문의 일부를 발췌

하여 학회지에 기고한 데다 본래 책으로 출간될 목적으로 쓰인 것이 아닌 학위논문을 단행본으로 출판한다는 데에 약간의 주저가 있었다. 그럼에도 불구하고 출판에 응하게 된 것은 무엇보다 학술논문의 형태로는 담지 못했던 여성들의 생생한 목소리가 담긴 구술면접의 내용을 독자들에게 소개하고 싶었기 때문이다. 이러한 취지에서 본래 연구 주제였던 모성에 관한 구술 외에 학위논문에서는 생략되었던 전쟁과 관련된 생활경험과 의식, 여학교에서의 교육내용과 이에 대한 생각, 식민체제에 대한 인식과 기억, 가부장제하의 규범과 결혼생활, 그리고 해방이후의 삶의 변화에 따른 식민지시기의 생활에 대한 기억을 이야기하고 자신들의 인생에 대한 해석과 의미부여의 방식을 보여주었던 네 명의 여성들의 구술내용을 정리하여 넣었다. 이러한 여성들의 구술은 공식적인 문헌에는 담겨있지 않은 여성들의 식민지시기의 경험과 일상적인 생활사, 여성과 어머니로서의 정체성 등을 보여주는 소중한 기록이다. 또한 여성들의 식민체제에 대한 인식과 현실적인 생활전략에 대한 구술을 통해서 단지 암흑기로만 뭉뚱그려져 온 일제 말기 민중의 생활이 보다 세밀하게 드러날 수 있다고 생각된다. 그럼으로써 이제까지 일제시기 여성사 연구에 있어서 강압적인 식민체제하에서 여성들이 단순히 체제에 순응하는 수동적인 존재이거나, 혹은 반대로 개인적인 삶보다는 민족을 위해 독립운동에 참여하는 저항적인 주체로 그려져 왔던 단순 이분법적인 기술 경향에서 벗어나고자 하였다. 즉, 여성의 경험은 남성들과는 다르며, 또한 여성들간의 경험도 연령과 계층, 직업, 가족적 배경, 라이프 스테이지 등에 따라 다르기 때문에 이에 따른 다양성을 드러낼 수 있는 것이 중요하다. 이러한 여성들간의 차이와 더불어 여성들이 각각의 사회적 위치에서 어떠한 행위성을 가지고 순응과 저항, 협상의 다양한 전략을 취하며 이 시기를 살았는가 하는 역동적인 관점에서 접근하고자 하였다. 독자들에게도 이러한 측면이 전달되고 읽혀질 수 있기를 바란다.

마지막으로, 노령에도 불구하고 장시간의 면접에 응해주었던 구술자들에게 이 지면을 빌어 감사의 뜻을 전하고 싶다. 처음 구술면접을 요청하였을 때 대부분의 구술자들은 자신들이 살아온 평범한 인생이 학문적 연구의 대상이 된다는 것을 의아해하는 모습이었다. 그러나 개인의 인생에 스며든 사회적 변화와 개개인의 역사적 경험을 보여주는 그들의 구술을 통해 필자는 역사와 개인의 인생이 맞물리는 방식에 대해 소중한 관점을 체득할 수 있었다. 이 책에서 그러한 관점을 생각만큼 충분히 살리지 못한 것은 순전히 필자의 역량부족이나, 앞으로의 연구를 통해 여성들의 삶의 경험에 대한 보다 풍부한 시점을 제시할 수 있게 되기를 소망한다. 2005년 필자의 후속연구를 위해 연락을 재개하였을 때 열일곱 명의 구술자 중 2명이 타계하고 3명은 노환으로 면접이 불가능한 상태였다. 식민지시기 경험자의 고령화가 진행되고 있는 현 상황에서 이 분야 연구자들의 조속한 관심이 필요한 시점이 아닌가 생각된다. 부족한 연구의 첫 번째 성과물인 이 책을 자신들의 살아온 경험을 아낌없이 필자에게 나누어 주신 구술자들께 헌사하고 싶다.

2006년 8월

안 태윤

목 차

표 목차

제1장 식민체제하의 모성연구를 위하여

따라서 육년전 그날밤! 남편이 최후로 남기고 간 그 말이 다시금 생각키웟다. "굳센 어머니가 되여주시오! 굳센 어머니가!" 그때엔 무심히 드럿든 이 말이연만 오늘에 잇어서는 숨이 답답하도록 깨달아젓다. 그때로부터 아니 이 애들을 배는 그 순간부터 자신은 엇던 보이지 안는 쇠철망속에 얽매어 잇음을 새삼스럽게 발견하엿다. 이제까지도 두 어린 것을 친정 어머니에게 맛기고 자신은 남편과 같이 민상과 같이 뛰쳐나려고 몇 번이나 생각하여 보앗든가! 그러나 그는 이 두 어린 것들에게 붙잡혀서 보다도 이 철망속에 걸녀 어떻게 버서날 수가 잇스랴?

－강경애『젊은 어머니』(1933)[1]

1. 식민주의와 전시체제, 그리고 모성의 젠더정치

1990년대 이후 한국여성사연구는 여성학의 발전에 힘입어 여성을 주체로 보는 관점에서 연구하고자 하는 움직임이 활발하게 나타나기 시작했다. 일제시기 여성에 관해서도 이러한 관점에 선 많은 연구들이 나왔지만, 그 대부분의 연구는 1920-30년대에 초점을 맞추어 소수의 근대적인 교육을 받은 신여성에 관한 연구에 집중해왔다. 이에 비해 1930년대 말 이후 일제 말기의 여성문제는 그다지 연구자의 관심을 받지 못했을 뿐만 아니라, 주제에 있어서도 제한된 몇 가지 문제에 편중되는 경향이

---

1) 강경애(1988). 『한국근대단편소설대계 2』(서울: 태학사), pp.438-439.

14

발견된다. 즉, 여성지식인들은 식민권력에 대한 협력적 행위로 인해 민족을 배반하는 오점을 남긴 것으로, 또 강제동원되었던 하층여성들은 가부장제와 제국주의의 수동적인 희생자로서만 요약되어져 있다. 그 결과 이와 같은 스펙트럼의 양극단에 위치한 두 집단의 여성을 제외한 대다수 여성들의 삶과 의식에 관한 문제는 소홀히 되어 왔다. 이러한 연구경향 때문에 식민지시기 여성에 관한 전체적인 조망과 이해는 불균형한 모습을 띠고 있다고 해도 과언이 아니다. 본 연구는 이러한 문제의식을 가지고 전시체제하의 여성문제에 접근해 보고자 한다.

한국사회는 지난 100여 년간 급속한 사회변동을 경험해왔다. 유교규범이 정치적 지배질서와 모든 인간관계의 행위양식을 규정지었던 조선사회는 19세기 말의 개항과 더불어 차츰 근대적인 변형이 이루어지기 시작했다. 정치적으로 국가 존립의 위기 속에서 근대적 세계관과 서양사상을 수용한 개화사상가들은 민족적 위기를 극복하고 자주부강한 근대 국민국가의 건설을 추구하기 위해 여성에게도 새로운 역할을 기대하기 시작했다. 이후 일본의 식민지배에 의해 국가의 주권을 상실한 상태에서 식민주의와 민족주의 그리고 가부장제와 근대성이 서로 착종하는 가운데 식민권력과 남성지식인, 그리고 새로이 형성되기 시작한 근대적 제도교육을 받은 신여성집단 등 사회 내 여러 세력들은 여성의 역할과 가족, 결혼과 성에 관한 다양한 관념과 담론들을 생성해 내었다. 여기에 일제 말기에 이르러 전시체제로 돌입하는 사회적 변화는 여성에 관한 또 다른 인식과 담론을 생성해 내게 하였다.

일제 말기 조선사회는 일본이 만주에서 일으킨 중일전쟁[2]을 계기로 전시체제에 돌입하고, 이후 태평양전쟁[3]의 발발로 더욱 전시체제가 강화되면

---

2) 1937년 7월 7일 만주에서 일본군이 노구교사건을 일으킴으로써 발발한 전쟁.
3) 1941년 12월 8일 일본의 하와이 진주만 공격을 시작으로 발발하여 1945년 8월 15일 패전을 선인하기까지 일본과 미영연합군이 싸운 전쟁.

서 이전 시기와는 다른 커다란 사회적 변화를 겪게 되었다. '국가총동원법'
이 공포되고 전시동원체제가 개시되면서 조선인의 모든 생활과 정신이 일
제의 전쟁수행이라는 하나의 목적을 위해 동원되고 규제되기 시작한 것이
다. 이러한 일제 말기는 식민지시기 전 기간 중 일제의 강점이 가장 강화된
시기로,4) 일제는 천황제 이데올로기와 군국주의, 파시즘 이데올로기로 민중
을 전체적으로 장악하고 통제하고자 했으며, 전쟁수행에 필요한 물적 자원
을 수탈하고 인적 자원을 동원하기 시작했다.5)

　이미 연구된 바와 같이, 일제는 먼저 1938년 '육군특별지원병제도'를
실시하였으나 전쟁이 확대됨에 따라 1943년 12월부터는 학도지원병제를
실시했다. 1944년에는 청년들을 대상으로 징병제를 실시함으로써 보다
본격적으로 남성을 병사력으로 동원하는 한편, 1939년부터는 '국민징용
령'을 공포하여 노동력동원을 개시했다.6) 일제는 남성을 병사력과 노동
력으로 동원하는 데 그치지 않고, 여성들도 '여자근로정신대근무령'으로
동원을 합법화하여 미혼 여성을 중심으로 노동력으로 동원하고, 또한
성동원을 강제했다.7)

---

4) 일제 말기의 시기 구분은 연구자에 따라 1937년 7월 일제가 중일전쟁을 도
　발한 이후부터로 보기도 하고(변은진(1998). 일제 전시 파시즘기(1937-45)
　조선민중의 현실인식과 저항. (고려대학교 사학과 박사학위논문, 미간행,
　pp.1-4; 鹿野政直(1983). 『戰前・家の思想』(東京: 倉文社), pp.178-179), 또
　는 국가총동원법이 성립된 1938년부터로 구분하기도 한다(최유리(1995). 일
　제 말기('38-'45) 「내선일체」론과 전시동원체제. 이화여자대학교 사학과 박
　사학위논문). 본 연구에서는 일본이 자국 내에서 실시한 여성동원 및 정책
　과의 비교를 시도하므로 일본학계의 구분에 따라 1937년부터를 일제 말기
　로 보았다.
5) 변은진(1998). 위 글, pp.5-10.
6) 君島和彦(1987). 조선에 있어서 전쟁동원체제의 전개과정. 최원규 엮음. 『일
　제 말기 파시즘과 한국사회』(서울: 청아출판사), p.187.
7) 한국여성연구회 여성사분과(1992). 『한국여성사－근대 편』(서울: 풀빛), p.298.

일제는 주로 미혼 여성들을 대상으로 그러한 직접적인 동원을 실시하였을 뿐만 아니라, 기·미혼의 모든 여성들을 전쟁수행을 위해 활용할 대상으로 인식하고, 이들의 참여와 협조를 이끌어내기 위해 적극 노력했다.[8] 전시체제가 확립되는 1938년 이후 주요 일간신문의 가정란을 보면, 물자통제에 따른 가정생활의 긴축요령과 시국인식의 필요성을 설명하고, 동맹국인 전시하 독일 여성의 활약상을 소개하는 등 점차 전시색이 드러나기 시작한다. 태평양전쟁 발발 이후부터는 전쟁의 승패 자체를 여성의 후방에서의 참여활동과 직접적으로 관련시키면서, 여성들의 "각성"을 촉구하는 기사가 급증하기 시작했다. 총독부의 기관지역할을 하였던 매일신보에는 여성들을 대상으로 전쟁에 협력시키려는 목적으로 수다한 선전과 정책을 만들어 내어 유포하고, 여성들을 조직화하는 한편, 여성지식인들을 동원하여 여성들을 "교화", "계몽"시킨다는 목적으로 갖가지 강연회와 좌담회 등을 개최하고, 이에 대한 여성들의 적극적인 참여를 요구하였던 것을 볼 수 있다. 다시 말해 식민초기부터 1930년대까지는 식민체제에 순종적인 식민지여성을 양성하는 데 주력하였던 식민지배권력이 전시체제로 돌입하는 정치적 변화 속에서는 다른 어느 시기보다도 여성의 역할에 주목하고 그 역할에 국가적인 의미를

여순주(1994) 일제 말기 조선인 여자근로정신대에 관한 실태연구. (이화여자대학교 여성학과 석사학위논문, 미간행). 일제 말기 여성사 연구에 있어서 노동동원과 성동원 역시 매우 중요한 문제이다. 성동원에 관해서는 국내외에서 이미 많은 연구가 축적되어 있다.

8) 신영숙 역시 30년대 후반 일제는 여성에게 가족을 지키며 황국신민을 잘 육성하여 전쟁에 간접적으로 헌신할 것인가, 혹은 노동이나 성으로 동원되어 전쟁에 직접적으로 기여할 것인가의 두 가지를 요구하였다고 지적한다; 신영숙(2000). 일제시기 여성사 연구에 있어 민족과 여성 문제 – 군위안부 문제를 중심으로 –. 『국가권력과 여성』(2000년도 역사학회 가을심포지움 자료집), p.50.

부여하고자 하였음을 알 수 있다.

여기서 일제 말기 전시체제하의 여성문제를 고찰하기 위해서는 군국주의와 전쟁이 여성의 역할을 어떻게 규정하는가를 살펴볼 필요가 있다. 군국주의란 '한 국가나 사회에서 전쟁 또는 전쟁 준비를 위한 배려와 제도가 최고의 위치를 차지하고, 정치·경제·교육·문화 등 국민생활의 다른 모든 영역을 군사적 가치에 종속시키는 사상 내지 행동양식'[9]을 의미한다. 최근의 여성학자들은 군국주의의 개념과 가치는 가부장정치에 의해 지지되고, 군국주의 국가에는 가부장정치의 구조와 관습이 체현되어 있어서, 군국주의적인 사회일수록 사회의 제도와 가치는 보다 성차별주의적임을 지적해 왔다.[10] 군국주의가 지향하는 전쟁은 국가적 규모의 힘과 폭력에 의한 타자지배인데, 이러한 전쟁의 원리는 가부장제의 원리 그 자체에 내재하고 있다는 것이다.[11] 즉 전쟁이라고 하는 조직화된 구조적 폭력의 기반은 경쟁, 하이어라키, 공격성, 관료제, 감정의 부정, 성·인종·타자의 대상화라고 하는 남성의 경험을 통하여 만들어져 온 가치체계로, 이것은 가부장제의 가치 기반이 되는 것과 동일한 것이기 때문이다.[12]

일반적으로 전쟁은 남성에게만 관계된 사항으로 여성의 역할은 부차적인 것에 불과하거나, 혹은 여성은 남성이 일으킨 전쟁의 피해자라고

---

9) 마루야마 마사오. 김석근 옮김(1997). 『현대정치의 사상과 행동』(서울: 한길사), p.335.

10) Betty Reardon(1985). *Sexism and the War System.* (New York: Columbia University Press), pp.14-15. ベティ・リアドン. 山下史 譯(1988). 『性差別主義と戦争システム』(東京: 勁草書房), pp.28-29.

11) 若桑みどり(2000). 『戦争がつくる女性像』(東京: ちくま學藝文庫), p.31.

12) Betty Reardon(1985). ベティ・リアドン. 山下 史 譯(1988). 위 글, pp.21-31. 리어던은 권위주의적인 가부장제정치는 사회질서를 유지하기 위해서 전쟁을 만들어내어 가부장제를 유지시킨다고 보았다.

만 생각되어져 왔다. 그러나 실제로 전쟁은 여성의 협력을 절대적으로 필요로 해왔다. 와카구와(若桑)에 의하면, 전시체제는 보편적으로 여성에게 전투원을 낳아 기르는 모성의 역할, 남성의 보조적 노동력, 전쟁을 응원하고 병사에게 전쟁에 나가라고 말하는 응원부대의 역할을 요구한다.[13] 이러한 세 가지 역할은 남성은 공적 영역을, 여성에게는 가족이라는 사적 영역을 담당하게 하는 전통적인 가부장제하에서의 여성의 역할을 강제적으로 담당하게 한 것에 다름 아니다.

따라서 전쟁은 가족에 있어서의 가부장제 이데올로기를 국가적인 규모로 확대한 것이라고 할 수 있다. 폭력과 타자지배의 이데올로기에 의하여 타국을 지배하는 논리에 기반하여 여성을 남성의 종속적인 타자로서 지배하여 여성들을 인적 자원의 생산자로서, 또한 물적 자원의 산출을 위해 열등한 남성의 보조적인 노동력으로서 기능하게 하기 위하여 전시의 모든 정책이 입안되고, 이것을 침투시키기 위해 문화적인 주입이 이루어진다.[14] 2차대전의 추축국이었던 독일과 이태리, 일본에서 바로 이러한 군국주의와 가부장정치 간의 밀접한 관계가 나타난다. 전쟁에서 소모되는 인적자원의 재생산을 위하여 모성의 출산자로서의 역할을 강조하고, 출생률을 높이기 위하여 여성을 직장에서 해고하였으며, 산아제한을 금지시키고 낙태를 중죄로 규정했다.[15] 그리고 아들의 생명

---

13) 若桑みどり(2000). 위 글, pp.268-269.
14) 위 글, p.269.
15) 파시즘하의 이태리에서도 출생률 증가를 위해 여성을 해고하는 정책이 시행되었다. 1924년 뭇솔리니는 산아제한과 낙태를 금지했다. 1927년에는 이태리의 인구를 1.5배로 증가시키는 정책을 공포하고, 독신자와 자녀를 두지 않는 부부에 대한 과세정책, 여성에게만 엄격한 간통죄의 제정, 가장으로서의 남편의 권위의 확대 등 남성중심의 가부장 질서를 강화하는 정책을 전개했다. 이태리 파시즘의 여성정책은 나치하의 독일이나 전시하의 일본이나 마찬가지로 여성에게 오로지 아내와 어머니로서의 역할을 요구하

을 국가에 바치도록 하기 위하여 교육자로서의 모성의 역할을 이용하고, 병사를 격려하여 전의를 고양시키는 데에 모성애를 동원하는 등 모성에 절대적인 기대와 책임을 부여하였으며,[16] 나아가 전쟁에서 남편과 자식을 잃은 여성의 희생을 칭송하였다.[17] 여성은 정치에 참여하는 기회를 빼앗기고 모성과 가정중심성이 여성의 역할 중 가장 중시되었으며, 사회 전체에 남성우월적 성격이 강하게 나타났다.[18]

앞서 기술한 바와 같이, 일제 말기 조선사회 역시 일본의 식민지로서 중일전쟁과 태평양전쟁에 인적, 물적 자원이 동원되고 후방에서는 전시체제가 공포되어 전쟁을 경험하였지만, 이러한 정치적, 사회적 변화가 여성의 역할과 그에 관한 인식에 미친 영향 등 전쟁 및 군국주의와 여성과의 연관성을 분석한 연구는 그리 많지 않다. 이 시기 언론매체를 통한 선전과 기사, 강연과 집회에서의 내용, 총독부 관리나 지식인들의 글 등을 분석하여 보면, 전시 여성의 역할은 크게 세 가지로 강조되었음을 발견할 수 있다. 즉 아이를 많이 낳아 황국신민의 가정교육을 하고, 튼튼한 장병으로 길러 나라에 바치는 어머니로서의 역할과, 가정생활을 쇄신하여 근검절약으로 전시의 궁핍한 가정생활을 이끌고, 나아가 지역에서의 각종 후방활동에 힘쓰는 주부로서의 역할,[19] 부족한 남성노동력을 보충하여 생산활동에 기여하는 생산자로서의 역할이라고 할 수 있다.

는 것이었다; 伊田久美子(1995). 男は戰爭, 女は母性. 『母性ファシズム』(東京: 學陽書房), pp.54-61; 若桑(2000). 위 글, p.71.

16) 1차대전 시 영국의 신병모집 포스터에서도 어머니를 이용하여 전쟁에 나갈 것을 촉구하였다. Jean Bethke Elshtain(1987). *Women and War.* (New York: Basic Books).

17) 加納實紀代(1995). 母性ファシズムの風景. 『母性ファシズム』(東京: 學陽書房), p.43.

18) 케이트 밀레트(1976). 정의숙 외 역. 『성의 정치학(하)』(서울: 현대사상사), pp.321-333.

19) 전시 주부역할에 관해서는 졸고(2004)를 참조.

20

이 연구에서는 이 세 가지 역할 중 어머니로서의 역할, 즉 모성에 초점을 맞추어 전시체제가 어머니들에게 무엇을 요구하고, 어떠한 방식으로 출산과 양육 등 모성의 역할을 규정지었으며, 이에 개입하고자 하였는가 고찰하고자 한다. 여기서 모성(motherhood 또는 mothering)이란 넓은 의미에서 '한 개인이 다른 개인을 양육하고 돌보는 관계'로 정의할 수 있는데,[20] 구체적으로 임신, 출산, 수유, 양육의 생물학적이고 사회적인 측면, 그리고 이데올로기적인 측면을 포함하는 개념이다.[21] 여성주의적 관점에서 모성은 생물학적으로 규정된 것이 아니라 다른 관계나 제도들과 마찬가지로 사회적으로 구성된 것이다. 따라서 모성은 여성이면 누구나가 갖는 본질적인 특성이라기보다는 사회 내 각 세력들의 이해관심과 그러한 이해관심의 경합에 의해 구성되고 정의되며, 그러한 정의는 이미 결정되어진 것이거나 고정불변의 것이 아니라, 사회적·역사적으로 변화하며 동시에 하나의 이데올로기로서 형성되고 유포되는 것이다.[22] 여성주의적 관점에서 모성을 이해하고자 하는 이 책에서는 이러

---

20) Alison M. Jaggar(1983). *Feminist Politics and Human Nature.* (Totowa: Rowman and Allanheld), p.256.

21) Linda Gordon(1990). *Woman's Body, Woman's Right: Birth Control in America.* (New York: Penguin Books), p.10.

22) Evelyn Nakano Glenn(1994). Social Constructions of Mothering: A Thematic Overview. *Mothering: Ideology, Experience, and Agency.* Edited by Evelyn Nakano Glenn, Grace Chang, and Linda Rennie Forcey. (New York: Routledge), p.3; Katherine Arnup(1990). Educating Mothers: Government Advice for Women in the Inter-war Years. *Delivering Motherhood: Maternal Ideologies and Practices in the 19th and 20th Centuries.* Edited by Katherine Arnup, Andree Levesque and Ruth Roach Pierson. (New York: Routhledge), p.200; 정진성(1999). 현대일본의 모성 인식. 심영희·정진성·윤정로 공편 『모성의 담론과 현실』(서울: 나남출판), p.262 ; 조은(1997). 모성·성·신분제 ─『조선왕조실록』, '재가금지'담론의 재조명. 한국사회사학회 편. 『사회와 역사』 제51집, p.110.

한 정의에 기반하여, 일제 식민지시기 한국사회에서 모성의 개념과 의미가 어떻게 다양하게 정의되고 구성되는가 하는 역사적·사회적 구성물로서의 모성을 분석하고자 한다. 이러한 분석을 위해 전통사회에서 개화기, 식민지 전반기, 그리고 전시체제로 돌입하는 말기의 사회적 변화에 따라, 또한 식민지배권력과 남성지식인, 그리고 여성지식인 등 사회 각 집단들이 각기 처한 사회적 위치에 따라 어떠한 방식으로 모성에 관한 관념과 담론을 구성해 내는지 검토할 것이다. 특히 일제 말기 여성에 대한 식민지배세력의 정책 분석을 통해, 식민권력이 전쟁을 위해 어머니들에게 어떠한 역할을 수행하도록 제시하였고, 어떠한 모성이데올로기를 형성하고 유포시켰으며, 어떠한 방식으로 어머니들의 협력을 이끌어내고자 하였는가를 밝히고자 한다. 그럼으로써 식민지배세력의 정치적 목적을 위해 모성의 의미가 재규정되어가는 과정과 그것이 이전 시기와는 어떠한 차이점을 가지고 강조되었는가가 나타날 것이다.[23] 이와 더불어 당시를 살았던 여성들의 구술을 통해 공식적인 문헌이나 자료에는 포함되지 않은 여성들의 모성에 관한 실제 경험과 인식을 드러내고자 한다. 그것은 여성을 둘러싸고 다양한 권력들이 작동하고, 이러한 권력들 간의 경합이 이루어지는 가운데 여성들 자신이 실제로 모성을 어떻게 인식하며 경험하였는가 하는 측면은 모성의 성격을 규명하는 데 있어서 이데올로기와 정책 및 담론 분석과 더불어 연구되어야 할 중요한 문제이기 때문이다.[24] 따라서 모성이데올로기의 선전과 주입, 때로는 강제적인 동

---

23) 일제 말기에는 식민지배세력뿐만 아니라 조선인 남성지식인들과 여성들도 전쟁수행에 동조하는 군국주의적 모성을 주창했다. 본 연구에서는 전시체제가 어떠한 방식으로 모성을 이데올로기적으로 동원하고자 하였는가를 밝히는 것이 주목적이므로 식민지배세력에 의한 모성이데올로기에 초점을 맞추어 고찰할 것이다.

24) Adrienne Rich(1976). *Of Woman Born-Motherhood as Experience and Institution.* (New York: W. W. Norton & Company), p.13. 아드리엔느 리

원을 요구하는 사회적 조건 속에서 여성들이 어떻게 그러한 이데올로기적 호명을 인식하고, 어떠한 방식으로 이에 대응 – 순응, 저항, 혹은 협상(negotiation) – 하였으며, 실제로 어떻게 어머니 역할을 수행하였는가 하는 점을 구술면접을 통하여 밝히고자 한다.

따라서 연구방법으로는 역사적 문헌연구와 구술면접의 두 가지를 사용하였다. 먼저 제2장에서 유교규범이 사회의 체제이데올로기로서 공적 영역뿐만 아니라 사적인 인간관계에서 있어서도 중요한 가치규범이었던 조선시대에 모성에 어떠한 역할과 의미가 부여되었는가를 보기 위해 당대의 지배이념이 가장 선명하게 드러나는 여성교육용 교훈서를 이용하였다. 물론 유교의 전통은 현재까지도 한국사회에 중요한 영향력을 미치고 있지만, 조선시대에 편찬된 유교적 여훈서에서 제시하고 있는 이상적인 어머니상은 현대에 막연히 '전통적인 한국적 어머니상'이라고 생각되어지는 모습과는 거리가 있다. 이 절에서는 여훈서를 주 자료로 사용하여 여훈서에서 특히 강조되어진 모성의 역할을 드러내고자 한다. 개화기와 일제 식민지하의 모성에 관해서는 당시에 발행된 여성 및 가정 관련 잡지와 신문의 기사에 나타난 모성에 관한 담론을 분석하였다. 특히 담론 분석에 있어서는 담론 생성의 주체세력이 되는 남성지식인들과 여성지식인집단 그리고 식민지배세력의 담론들을 구분하여 분석함으로써 이들 세력이 각각의 위치(position)에서 그들의 정치적·사회적 이해관심에 따라 모성을 어떠한 방식으로 구성해내는지를 밝히고자 하였다. 그럼으로써 전통과 근대, 식민주의와 민족주의, 계급과 성이 경합을 이루는 역사적 조건 속에서 형성되는 모성개념의 특징을 나타내고자 한다.

일제 말기의 식민지배세력에 의한 모성이데올로기를 분석하기 위해서

치 지음. 김인성 옮김(1995). 『더 이상 어머니는 없다』(서울: 평민사), pp.9-12.

는 총독부의 간행물과 잡지 그리고 신문을 주로 이용하였다. 이 시기의 한글 신문으로는 1940년 8월까지는 조선일보와 동아일보가 간행되었고 총독부의 기관지 성격을 띤 매일신보가 있었다. 매일신보는 병합 직후부터 해방 때까지 35년간 지속적으로 발행되어 조선인을 대상으로 총독부의 시정을 홍보하고 조선인을 식민통치에 협조시키기 위해 설득, 회유하는 역할을 하였다. 특히 1940년 조선일보와 동아일보가 폐간된 이후에는 유일한 한글 신문으로 남게 되어, 일제 말기 총독부의 지배정책과 이데올로기를 연구하는 데에는 중요한 1차 자료라고 할 수 있다.[25]

본 연구에서 초점으로 삼고 있는 전시체제에 의해 형성된 모성이데올로기가 가장 극명하게 드러나는 것은 매일신보에서이다. 그것은 매일신보의 관보적 성격과도 관련이 있겠지만, 또 한 가지는 시기적인 이유에서이다. 조선에서 '국가총동원법'이 공포되고 전시체제가 확립되는 것은 1938년이지만 자료를 분석해보면, 모성이 전쟁을 위해 동원되고 이를 위한 정책과 선전이 언론매체상에 빈번하게 나타나기 시작하는 것은 1940년대 이후, 특히 1941년 12월 태평양전쟁이 발발한 이후이다. 1930년대 말기에는 동아일보와 조선일보뿐만 아니라 매일신보에서도 모성이 직접적으로 전쟁과 관련되어 언급되는 일은 그다지 많지 않았다.[26] 따

---

25) 정진석(1990). 『한국언론사』(서울: 나남출판사), pp.313-316; 이연(1993). 매일신보의 창간배경과 그 역할. 『순국』 1993. 3, pp.81-90.

26) 1930년대 말 동아일보와 조선일보의 가정란에는 주로 의식주에 관한 가정 살림법과 아동의 영양과 위생에 관한 지식, 자녀교육법, 여성의 건강에 관한 내용이 주종을 이루었다. 전시체제하에 들어서는 물자통제에 따른 가정생활의 긴축요령과 시국인식을 가질 것, 전시하 독일 여성의 역할 등에 관한 기사가 등장하는 등 전시색이 드러나기 시작했다; (이하는 모두 조선일보 가정란의 기사) 비상시의 살림살이. 1937. 9. 19; 피납분 인간은 몰려난다! 더 조흔 자손을 생산키 위해서. 1938. 6. 16; 표본 전시형 家計. 1939. 7. 1; 신동아건설에 잇어서 주부의 책임은 일층증대. 1939. 7. 7; 반도부인의 결의. 1939. 7. 9, 11, 12; 신동아건설을 목표로 매월일일은 흥아

라서 일제 말기의 모성이데올로기를 분석하는 데에는 1940년대의 매일 신보를 주 자료로 이용했다. 또한 식민지시기를 살았던 여성들의 자서 전과 자전적 소설, 그리고 모성을 주제로 다룬 소설도 자료로 활용하였 다. 소설의 내용은 허구에 속한다 하더라도 어떤 작가도 그가 살았던 시대의 물리적·사회적 질서를 벗어날 수는 없다는 점에서 문학작품에 는 당대의 지배담론이 투영되어 있으며, 이는 비문학적인 다른 자료들 과 더불어 검토되었을 때에는 한 시대와 사회를 이해하는 하나의 유효 한 방법이 될 수 있기 때문이다.[27]

이러한 문헌연구 외에 여성들의 실제적인 모성의 경험을 연구하기 위 해서 구술면접방법을 사용하였다. 구술면접의 대상자와 구체적인 면접 과정에 대해서는 4장에서 기술하고자 한다.

2. 서구 제국주의국가와 모성의 발명

식민지시기 모성에 관한 관념과 정책을 보다 분석적으로 고찰하기 위 해서는 당시 일본정치의 근간이 되었던 제국주의가 모성을 어떠한 방식 으로 규정하는가를 이해할 필요가 있다. 모성에 관한 서구에서의 사회 사적 연구에 의하면, 현대와 같이 자녀양육이 어머니가 전담하는 역할

봉공일 - 비상시국에 처하여 각 가정에서 새 각오와 새 정신을 발휘합시 다! 1939. 8. 31; 명년봄부터 여성도 산업전선에 대동원. 1939. 12. 5; 여학 교는 나왔지만 - 시국인식과 활동에도 민활해야. 1940. 3. 14; 독일의 총후 여성. 1940. 4. 17; 총후의 일선에는 주부가 대장노릇. 1940. 7. 9; 장기전 살림사리 삼원측. 1940. 7. 10.

27) 피터 라스렛(1982). 사회학과 사회사에서의 문학적 자료. 조성윤 엮음. 『현 대 사회사이론과 역사인식』(서울: 청아출판사), p.253.

로 부상되고 모성이 중요하게 인식되기 시작한 것은 근대 이후라는 점
에 일치하고 있다.[28] 즉 모성은 근대와 더불어 생겨난 개념이라는 것이
다. 댈리도 옥스포드 영어사전에는 16세기 말에야 비로소 모성이라는
단어가 등장하였는데, 그 의미도 단순히 '어머니가 됨(being a mother)'
이라고 언급하였을 뿐이며, 영국에서 모성이 단순한 사실에 관한 언급
으로서가 아니라 하나의 개념으로 등장하게 된 것은 빅토리아시대에 와
서라고 지적한다.[29]

근대에 와서 모성의 개념이 생겨나고 모성이 여성의 중요한 역할로
부상하게 된 배경에 대해서는 몇 가지 원인으로 설명된다. 그 중 하나
는 산업혁명이다.[30] 개별 가구가 생산의 단위로 기능하였던 산업화 이
전 사회에서 여성은 가족 경제에서 중요한 노동력으로서의 가치를 지녔
다. 그러나 산업화와 중상주의, 자본주의의 부상은 가족의 노동과 경제
공동체로서의 기능을 박탈했다. 일터와 가정이 분리되면서 남성은 외부
세계에 여성은 점차 집안으로 활동영역이 국한되었다.

여기에 산업화로 인해 아동이 남의 집에 도제로 가는 일이 감소하고
가정에 머무르는 기간이 길어짐에 따라 어머니와 자녀의 친밀감이 증대
되었다. 산업사회 이전까지 아동은 불완전한 성인으로서 고유한 욕구를
가진 존재로 간주되지 않았다. 아동기는 성인이 되기 이전의 중요하지

---

28) Edward Shorter(1977). *The Making of the Modern Family*. (London:
Fontana Books), p.17. Elisabeth Badinter(1981). *Mother Love-Myth and
Reality*. (New York: Macmillan), pp.117-119.

29) Ann Dally(1982). *Inventing Motherhood-The Consequences of an Ideal*.
(London: Burnett Books), p.17.

30) 서러는 어머니에 관한 사회적 변화 중에서 가장 격동적인 것이 산업혁명
이라고 지적한다. Shari L. Thurer(1994). *The Myths of Motherhood-How
Culture Reinvents the Good Mother*. (Houghton Mifflin Company). 새리
엘 서러. 박미경 옮김(1995). 『어머니의 신화』(서울: 까치), p.256.

않은 이행단계에 불과하다고 생각되었으므로 특별한 관심이 기울여지지 않았다.[31] 아동에 대한 교육은 주로 종교적인 신앙심과 도덕성을 습득 하도록 하는 지도이며, 육아는 먹이고 입히는 기본적인 육체적 욕구에 제한된 것이었다. 양육은 어머니 혼자 전담하는 것이 아니라 아버지나 조부모, 형제, 친척 또는 하인들이 공동으로 담당했다.

전산업사회의 특징인 신분사회에서 지위가 상속되지 않는 산업사회로 이행함에 따라 능력과 지식의 획득이 중요한 의미를 갖게 되고 이에 따 라 자녀교육이 중시되었다. 또 의학과 심리학 등 자연과학의 발달은 인 간의 본성을 개발 가능한 것으로 설명하였다. 의사들은 의학적 예방과 위생의 개선을 강조하였고, 이는 양육에 보다 세심한 노동과 보살핌을 요구하게 되면서 산업화로 경제활동에서 배제된 어머니에게 양육책임이 집중되고, 가정에 머무르는 시간이 감소한 남성은 아동양육에서 멀어지 게 되었다.[32]

프랑스에서도 18세기 초까지 아동은 사회적 관심 밖이었다. 철학과 신학은 아동을 불완전하고 죄가 많은 존재로 가르쳤고 16세기 중엽 신

---

31) 아동양육의 중요성이 부각되게 된 데에는 역사상 아동에 관한 관념의 변화와 밀접한 관계가 있다. 아동에 관한 고전적 연구를 한 아리에스에 의하면, 현재 와 같은 아동에 관한 관념은 프랑스에서 16세기에서 18세기에 걸쳐 형성된 것이다. 아리에스는 16세기 말에서 17세기까지 어린이는 작고 불완전한 어른 이라는 관념이 일반적이어서 어린이는 어른과 같이 일과 오락을 하였으며, 아동기와 청년기를 구분하는 용어도 없었다. 중세의 그림에서는 아동은 어린 이다운 표정의 특징이 나타나지 않고 어른의 축소판으로만 그려졌다. 그러나 점차로 귀족계급과 중산계급을 중심으로 아동이 독자적인 가치를 지닌 보 살핌과 교육을 필요로 하는 존재라는 인식이 퍼지게 되었다. Philippe Aries(1960). Robert Baldick(trans.)(1965). *Centuries of Childhood: A Social History of Family Life.* (New York: Vintage Books).

32) 엘리자베트 벡-게른스하임. 이재원 옮김(2000). 『내 모든 사랑을 아이에 게?』(서울: 새물결), pp.41-62.

학자들은 어머니들의 과도한 애정은 아동을 타락시킨다고 통탄하였다. 당시 프랑스에서는 아기를 어머니가 직접 양육하지 않고 시골로 보내는 일이 보편적인 일이었는데, 이렇게 남의 손에 맡겨진 아기들은 대단히 사망률이 높았다. 그러나 18세기 후반부터 아동에 대한 관심이 고조되고 모성애와 새로운 양육태도를 요구하는 출판물이 범람하게 되었다. 여기에는 평등과 행복을 추구하며 모든 인간을 독립적인 판단력과 사유력을 가진 존재로 보는 계몽철학도 중요한 역할을 하였다. 18세기 계몽사상가 장 자크 루소는 아동의 심신의 건전한 발달을 위해 모유 육아와 어머니에 의한 유아기 교육의 중요성을 제창하고 모성의 역할을 예찬했다. 루소는 여성이 가족을 위해 희생하는 헌신적인 어머니가 되는 것이 자연의 섭리라고 역설했다. 어머니의 사랑이 비판의 대상이 된 지 불과 2세기 만에 모성애는 자연적이고 사회적인 선이며 따라서 사회에 유익하다고 칭송되기 시작하면서 어머니라는 존재는 이데올로기의 스포트라이트를 받게 되었다.[33]

이러한 변화를 가져온 중요한 원인 중의 하나는 아동이 잠재적인 경제적 자원으로서 그리고 병사력으로서 국가의 이익을 위해 중요한 존재로 인식되게 된 데에 있다. 모성애의 중요성을 널리 인식시킨 루소의 『에밀』(1762)이 출판되기 전인 18세기 초부터 프랑스에서는 인구증가에 관심을 가지고 인구조사를 시작했다. 몽테스키외와 볼테르, 루소 등 저명한 사상가들과 고위 관직에 있는 관리들이 인구 감소를 경고하였고, 이것은 상당한 영향력을 미쳤다. 국가 지도자들은 가장 사망률이 높은 생후 1년 이내의 유아사망을 낮추는 데에 보다 많은 노력을 기울였다. 어머니들에게 양육에 소홀하거나 타인에게 양육을 맡기지 않도록 설득하고 모유 육아를 권장하였다. 행정관료들과 의사들, 지식인들은 가정에

---

33) Elisabeth Badinter(1981). *op. cit.*, pp.29-30, 117-127.

서 어머니로서의 의무를 다하는 것이 여성에게 행복과 평등을 가져다준 다는 메시지를 지속적으로 전파시켰다.[34]

미국에서 역시 19세기 초부터 어머니역할에 관한 다양한 지침서들이 간행되기 시작했다. 양육에 관한 지침서에서는 좋은 어머니로서의 역할 이란 어머니 자신과 아이의 행복뿐만 아니라 국가의 운명에도 중요하다 는 것이 여성들에게 역설되었다. 미국은 19세기 전반 급속한 산업화로 인해 여성의 가내 생산이 공장생산품으로 대치되어 여성의 가내노동은 감소하기 시작했다. 이 시기 육아지침서의 범람은 여성의 노동이 줄어 들었고 출산자녀수가 감소하여 자녀에 대해 투자할 시간이 많아졌기 때 문만은 아니다. 다른 중요한 요인은 국가의 아동에 대한 필요성이 증가 한 데에 있다. 즉 국가는 산업사회에 적합한 노동을 할 수 있도록 양육 된 아동을 필요로 하게 된 것이다. 또 다른 중요한 요인은 이민자층과 빈곤층의 출산율이 백인 중산층을 앞서게 되리라는 인종적인 우려에서 였다. 장래 국가의 중심역할을 할 백인의 어머니에게 향해진 모성예찬 은 출산을 장려하기 위해서였다.[35] 따라서 출생률의 감소와 낙태금지법 의 제정(1821-1841), 어머니역할을 찬미하는 자녀양육지침서의 범람이 라는 세 가지 사회적 현상이 거의 동시에 일어난 것은 우연이 아니다. 양육지침서를 통해서 백인 중산계급 여성들에게 국가의 미래의 지도자 를 육성한다는 모성예찬으로 출생률의 감소를 저지하고자 하였던 것이 다. 양육지침서에는 아동양육이 여성만의 배타적인 영역으로서 어머니 만이 아동의 인격 발달과 미래에 책임이 있다고 기술되었다. 동시에 자 녀를 애국적인 시민으로 양육하기 위하여 어머니의 애국심이 강조되었 다.[36]

---

34) *Ibid.*, pp.120-131.
35) 이러한 우려에서 시어도어 루스벨트 대통령은 전국을 순회하며 백인 미국인 들에게 다산을 권장했다: 새리 엘 서러. 박미경 옮김(1995). 위 글, p.316.

뿐만 아니라 서구에서 근대국가가 형성되면서 19세기부터 20세기에 걸쳐 번성하였던 제국주의는 모성을 강조한 중요한 역사적 계기 중의 하나가 되었다.[37] 19세기 말 영국에서는 제국주의자들을 중심으로 맬더스 이래 지배적이었던 과잉인구에 대한 우려를 부정하고, 영국 인종을 가능한 증가시켜야 한다는 주장이 대두되었다.[38] 더욱이 19세기 말 이후 인구조사에서 출생률 감소가 드러나자 제국의 유지는 인구의 힘에 기초한다는 의견이 제시되었으며, 낮은 인구증가율은 노동력의 부족을 초래하리라는 우려에서 출생률이 국가적 목적을 위해서 중요한 문제가 되었다. 이러한 인구의 중요성에 대한 인식에서 아동은 미래의 병사력과 노동력으로서의 가치를 지니는 국가적 자산이라는 인식이 강해졌다. 특히 유아사망률이 높다는 사실이 발견되자 더욱 불안감이 증대하고, 많은 의료당국자들이 높은 유아사망률의 심각성을 지적함에 따라 유아와 출산의 의료 조건을 개선하는 법안이 제정되고 산파의 훈련이 의무화되었다. 출생 신고 후에는 가정에 보건담당자가 파견되었으며, 우량아를 표창하고 아동의 건강에 관한 수많은 전단지가 배부되었으며 공중보건과 가정위생 향상을 위한 자발적 단체들이 다수 조직되었다.

---

36) Maxine L. Margolis(1984). *Mothers and Such.* (Berkeley: University of California Press), pp.28-39.

37) 우에노 치즈코. 이선이 옮김(1999). 『내셔널리즘과 젠더』(서울: 박종철 출판사), p.74; 박지향(2000). 위 글, pp.156-163, 174-177.

38) 영국의 제국주의적 팽창과 모성의 역할에 관해서는 대빈의 선구적인 연구를 참조했다. 최근 서구에서의 제국주의 본국 및 식민지에서 강조된 모성에 관한 연구들 역시 대빈의 연구에 기초하고 있다: Anna Davin(1997). Imperialism and Motherhood. *Tensions of Empire: Colonial Cultures in a Bourgeois World.* Edited by Frederic Cooper and Ann Laura Stoler (Berkeley: University of California Press), pp.87-151. (이 논문은 1978년 동일한 제목으로 *History Workshop* 5, pp.9-65에 게재되었으나, 본 연구에서는 위 책을 참조하였다.)

그러나 중요한 것은 이러한 아동의 건강 증진을 위한 공적 활동의 증가에도 불구하고, 양육의 책임은 어머니에게 있다는 것이 국가와 당국자들의 지배적인 사고였다. 따라서 유아의 생존과 어린이의 건강이 문제시되면 그것은 곧 어머니의 무지와 무책임으로 여겨졌다. 국민의 건강에 대한 국가적인 문제의 해결이 개인적인 차원, 즉 어머니의 역할과 가족에서 취해진 것이다. 이에 따라 여성의 가족 내 역할이 강조되었는데 점차 아내로서의 역할보다는 어머니로서의 역할이 보다 더 중요시되었다. 아동의 양육방식이 나쁘면 국가가 간섭하지만 국가의 책임은 안전망으로서의 감독에 불과하고 실제적인 책임은 어머니에게 있다고 여겨졌다.

국가가 건강한 미래의 시민-이는 병사와 노동자가 될 남성을 의미한다-을 필요로 하므로 모성은 자연적이고 생득적인 것이나 지도와 교육을 통해 어머니의 기준을 향상시켜야만 한다는 인식이 강해졌다. 훌륭한 어머니가 되기 위해서는 이제 다양한 사회세력을 통한 지도가 필요해졌다. 어머니들에게 의료전문가들이 정의하는 모성술(mothercraft)이 요구되기 시작했다. 의사와 간호사, 보건담당자들이 지식과 권위를 주장하고 전통적인 양육법을 폄하하였으며, 어머니 외의 양육자에 의한 양육은 비위생적이고 무책임한 것으로 간주하였다. 개인에 대한 국가의, 아마추어에 대한 전문가의, 전통에 대한 과학의, 여성에 대한 남성의, 노동자계급에 대한 통치계급의 권위가 모성을 새로이 규정하기 시작했다.

이러한 모성이데올로기는 계급을 초월하여 강조되었다. 중상류계층 여성들에 대해서는 이들이 결혼보다 교육과 직업의 기회를 추구하고 결혼하더라도 자녀수를 제한한다는 우려에서 모성을 게을리 하지 않아야 한다는 것이 강조되었고, 노동자계급 여성들에 대해서는 무지를 경고하였다. 의사나 의료당국자들은 수유를 하지 못하거나, 노동을 위해 아기를 데리고 나가는 것 등을 모두 어머니로서의 무책임으로 간주하고 비난했다. 노동자계층 여성의 노동보다는 무지 탓으로 지적하는 것이 국가의 입장에서는 보다 해결가능한 문제로 보였기 때문이었다. 더욱이 1899년 보어전쟁[39]의 발발로 모집된 지원병 중 약 33%가 신체적으로 부적격하다는 것이 드러나자 어머니의 책임은 더욱 강조되었다.

어머니에게 모든 양육의 책임을 전가하고 양육을 위해서는 지식이 필요하다는 논의는 모성 교육의 필요성을 불러왔다. 유아의 질병과 사망에는 어머니의 무지보다 빈곤에 따른 문제가 더 중요한 요인이었지만, 미래의 어머니가 될 여성들에게 학교에서 가정학과 위생, 아동양육을 가르치고, 별도의 교육기관을 설립하는 등 양육을 위한 지식을 가르치는데 주력했다. 사실상 이러한 방법은 사회적이고 의료적인 서비스를 확대하거나 위생적으로 열악한 환경을 개선하는 일보다 국가 재정적으로 비용이 덜 드는 일이어서 과세의 증액과 같은 정치적인 문제가 생길 우려도 없었다. 따라서 교육당국자와 의료당국자들은 여성들에게 아동양육을 가르침으로써 유아와 아동의 사망과 질병이 감소되리라는 기대 하에 모성을 교육하는 일에 의존하였다. 이러한 양육에 관한 새로운 지식의 보급은 중산층의 모성이데올로기가 노동자계층에게 파급되는 계기가 되었지만, 중산층의 모성이데올로기는 사실상 노동자계층에게는 비현실적인 것이었다.

이 외에도 사회적으로 많은 캠페인과 사회개혁의 필요성이 대두되면서 국가적으로 아동의 건강에 많은 관심을 기울이고 있었던 독일, 일본과 같은 다른 제국주의 경쟁국가의 예가 비교되었다. 제국의 유지를 위해서 뿐만 아니라 변화하는 정세 속에서 영국이 미국과 독일, 일본과의

---

39) 1899-1902년에 걸쳐 일어난 영국과 네덜란드의 식민지배를 받았던 남아프리카 보어인들 간의 전쟁.

경제면에서의 경쟁을 위해서 숙련되고 건강한 안정된 노동력을 확보하지 않으면 기득권을 잃으리라는 우려에서 더욱 인종의 질을 중요시하게 된 것이다.

어머니들을 위한 교육기관과 유아복지센터의 설립은 점차 증가하여 1914년에는 400여 개소에 이르렀고, 1차대전 중에는 2배 이상 증가했다. 전쟁으로 병사력의 필요성이 더욱 분명해졌기 때문에 전쟁은 아동복지 문제에 새로운 자극을 주었던 것이다. 전시에는 기혼여성이 노동에 동원되어 탁아소가 일시적으로 증가하였지만, 모성은 전시 중에도 여전히 여성의 중요한 의무로 간주되었다. 2차대전 시에서도 전시 노동력과 병사력의 필요에서 인구의 수적 가치가 다시금 강조되었다.

결론적으로 제국의 미래가 아동에 달려있다는 인구의 중요성을 강조하는 제국주의의 선전은 아동과 가족, 국가의 관계에 대한 새로운 태도를 만들어 내었다. 그 대부분은 여성의 역할에 관한 것으로 모성에 대한 편견을 가져온 것이다. 제국주의는 '인종의 어머니'가 되는 것은 여성의 의무이고 운명일 뿐만 아니라 여성에 대한 위대한 보상이 된다고 선전함으로써 모성에 새로운 '존엄성'을 부여하고자 하였다. 그러나 이와 동시에 유아의 질병과 사망은 어머니의 무지와 무책임이라는 '도덕적 협박'이 뒤따랐으며, 여성의 역할은 자녀양육자와 주부로서의 역할로 고정되었다. 국가의 가족에 대한 개입은 증가하였지만 국가는 모성이데올로기로써 미래의 노동자와 병사가 될 아동을 국가의 최소한의 비용으로 양육하여 국가를 위해 봉사할 수 있도록 하였으며, 이를 위해 기혼여성의 노동을 억압하고 여성의 노동은 1, 2차대전과 같은 위기 시에만 허용되는 여분의 노동력으로만 머물게 하였다.

3. 일본의 제국주의와 모성

제국주의와 모성 간의 밀접한 관계는 아시아에서 뒤늦게 서구 제국주의 대열에 합류한 일본에서도 나타났다. 19세기 말 국내외의 급변하는 정세 속에서 일본은 개국을 단행하고 뒤늦은 근대화를 조속히 달성하기 위해 부국강병(富國强兵)정책을 추진했다.[40] 근대국가 형성을 위한 제도적 정비가 갖춰짐과 동시에 서구 열강의 제국주의에 편승한 일본은 태평양전쟁이 끝날 때까지 제국주의적이고 군국주의적인 팽창 일로를 밟았다. 이 기간 일본은 여성의 모성으로서의 역할을 부각시키고 사회 내에서 여성의 위치를 모성으로 규정지어가는 일련의 과정을 거쳐 갔다.

근대화 초기부터 서구의 사상과 문물을 앞서 수용한 정치지도자와 계몽사상가들은 근대화를 성공적으로 달성하는 데에는 산업의 부흥을 위한 노동력과 국력 강화를 위한 군사력이 필요함을 인식하게 되었고, 이에 따라 인적 자원으로서의 국민의 자질 향상을 제창하였다. 이들은 근대화와 산업화가 앞서 발달한 서구에서 아동의 양육과 교육이 국가를 위해 중요시되고 국력증강으로 이어졌다는 데 주목했다.[41] 메이지 정부가 근대국가를 수립하면서 모성에 관해 실시한 첫 번째 정책은 낙태의 금지였다.[42] 피임약의 판매를 금지하고 산파에 의한 낙태시술을 금지하였으며, 형법에서 낙태죄를 정함으로써 국가적으로 여성의 재생산을 관리하기 시작했다.[43]

---

40) 오이시 가이찌로(1981). 일본근대사 개관. 『일본근대사론』(서울: 지식산업사), pp.137-138.

41) 牟田和惠(1996). 『戰略としての家族－近代日本の國民國家形成と女性』(東京: 新曜社), p.126.

42) 인구조절의 수단이 없었던 봉건시대 일본의 농촌에서는 마비끼라하여 빈곤 등을 이유로 갓 태어난 아기를 압사시키는 풍습이 행해졌었다.

　인구의 양적인 증가와 더불어 질적 향상을 위해서 도입한 것이 자녀교육자로서의 어머니의 역할이라는 이데올로기이다. 봉건시대는 여성에게 어머니로서의 역할보다는 가부장적 가족제도의 질서유지를 위해 가부장에 대한 복종과 며느리로서의 순종을 가장 중요한 규범으로 요구했다.44) 그러나 메이지 정부와 계몽사상가, 자유민권사상가들은 근대국가의 건설을 위해 루소의 『에밀』에 등장하는 교육자로서의 어머니의 역할을 여성에게 부여하여야 한다고 하였다. 특히 계몽사상가들은 어머니의 교육적 역할이 국민의 문명개화를 위한 수단이 된다고 보았으며, 훌륭한 어머니는 지식과 양호한 성격, 건강한 육체를 갖추어야 한다고 하였다. 이들의 사상은 문부성의 정책에 적지 않은 영양을 미쳤는데, 문부성이 여성에게 남자와 등등하게 초등교육의 문호를 개방한 것 역시 장래 어머니가 될 여성의 역할을 중요하게 인식했기 때문이었다.45)

　문부대신 모리 아리노리(森有礼)는 국가주의교육을 추진하면서 여성에게는 자녀에게 애국심을 주입하고 자식을 국가에 바치기 위하여 양육에 충실한 어머니의 역할을 요구하였으며, 따라서 여성교육의 목적이 현모양처를 육성하는 데에 있다고 주장했다.46) 후꾸자와 유키치(福澤諭吉)는 당시 사회개혁의 하나로 논의되던 '인종개량' 즉 국민의 체질개선을 위해서는 모체의 건강이 필요함을 역설하였고, 직접 출산과 수유법, 육아법에 관한 책을 저술하였다.47) 이와 같이 구미 열강의 식민지화의

---

43) 光田京子(1985). 近代的母性觀の　受容と變形 - 「敎育する母親」から「良妻賢母」へ. 『母性を 問う(下) - 歷史的變遷』(東京: 人文書院), pp.103-104.

44) 宮下美智子(1985).　近世「家」における母親像 - 農村における母の實態と女訓書の中の母. 『母性を問う(下) - 歷史的變遷』(東京: 人文書院), pp.29-39; 小山靜子(1991). 『良妻賢母という規範』(東京: 勁草書房), pp.13-24.

45) 深谷昌志(1990). 『良妻賢母主義 敎育』(名古屋: 黎明書房), p.43.

46) 芳賀登(1990). 『良妻賢母論』(東京: 雄山閣出版株式會社), p.14.

47) 이동의 양육에 대한 관심은 '우량아 표창대회'가 이 시기에 시삭된 것에서

위기감 속에서 근대화를 서두른 메이지국가는 부국강병을 위해 장래의 국민을 정신적으로나 육체적으로 서구 문명국의 수준으로 끌어올리는 것을 목표로 하였고, 이러한 국가적 목표 달성을 위한 수단으로써 모성의 역할을 이용했다.[48]

메이지 정부의 국가주도적 근대화는 메이지 중기에 들어서는 정치적으로 보다 더 보수화경향을 띠게 되어, 서구에 대항할 수 있는 근대국가로서 일본을 하나로 통합하기 위해 천황을 일본 국민의 구심점으로 삼았다. 1889년 천황제 확립을 결정짓는 제국헌법이 발포되고 이듬해에는 천황제이데올로기를 체현한 「교육칙어」를 발포함으로써 천황제 국가체제 유지를 위한 제도적이고 사상적인 기반을 마련함과 동시에 여성의 정치적 활동을 법적으로 금지하였다. 새로이 제정된 메이지민법도 가족의 개념을 가족국가관에 두고 부모에 대한 효와 군주에 대한 충을 중첩시켜 천황제를 유지하기 위한 가부장제 이에(家)제도를 기반으로 하는 것이었다. 메이지 여성교육의 이념으로 자리잡은 '양처현모주의'도 이러한 정치적 보수화의 흐름 속에서 초기의 근대적인 서구지향성을 배제하고 남녀역할분담을 강화하였으며 유교도덕을 강조하는 방향으로 전환되었다.[49] 메이지 국수주의의 영향에서 탈피할 수 없었던 계몽사상가들도

도 나타난다. 최초의 우량아 표창대회는 1913년 사립소학교 교장인 니시야마 테쯔지에 의해 개최되었다. 수상자의 어머니들은 기존의 방식과는 달리 아이를 육아지식이 없는 유모나 하인에 맡기지 않고 직접 양육한다는 점을 강조했고, 그러한 점을 홍보하는 것이 바로 이 대회의 목적이기도 했다: 하라 히로꼬(1996). 여성의 '재생산 건강과 권리'의 일본어 번역에 따른 문제: 일본사회정책에서의 여성과 어머니의 이미지. 『아시아 가부장제와 여성의식의 성장』(서울: 이화여자대학교 아시아여성학센터 1996년 아시아여성학대회 자료집), pp.44-45.

48) 光田京子(1985). 위 글, pp.119-121.

49) 田中壽美子 編(1975). 『女性解放の思想と行動－戰前編』(東京: 時事通信社), pp.121-133.

국민으로서의 교육이라는 인식 때문에 양처현모주의의 유교적인 변질에 이의를 제기하지 않았다.[50]

국가를 위해 인재를 양성하여야 한다는 어머니로서의 역할은 일본이 대외적으로 침략을 거듭하면서 더욱 공적인 성격이 강해져갔다. 1894년 청일전쟁이 발발하자 정부는 국민의 천황에 대한 충성심과 애국심을 고취시키기 위해 여성에 대해서는 아동을 양육하고 감화시키는 어머니역할의 중요성을 강조했다. 이 시기 창립된 애국부인회[51]의 여성관 역시 여성의 국가에 대한 의무가 첫째는 건전한 국민을 양육하는 어머니, 둘째는 가계를 절약하여 국가부강에 협력하는 주부임을 규정하였다.[52]

청일전쟁 10년 후의 러일전쟁(1904) 시에는 후방을 지킨다는 목적하에 전국에 부인조직이 다수 결성되었는데, 그 대부분은 '어머니회'라는 명칭으로 소학교를 단위로 하여 어머니들을 조직한 것이었다. '어머니

---

50) 많은 연구에서 일본의 양처현모주의가 조선에 와서 현모양처주의가 된 것은 일본보다 조선에서 아내의 역할보다는 어머니의 역할을 더 중요시했기 때문이라고 하였다. 그러나 이것은 제국주의 일본에서 국가적으로 모성이 얼마나 강조되었는가를 파악하지 않은 채, 단지 한자의 어순으로 역할의 비중을 판단하는 오류라고 지적하지 않을 수 없다. 위에서 기술한 바와 같이 일본에서는 이에(家)제도하에서 사적인 성격을 띠는 부부관계보다 친자(親子)관계가 더 중시되었고, 모성은 어머니의 교육자로서의 역할을 강조하는 공적인 성격이 강했다.

51) 애국부인회는 오쿠무라 이요코(奧村五百子, 1845-1907)가 1900년 북청사변 시 위문단의 일원으로서 전장을 다녀온 후 병사 위문과 유족구호를 제창하여 1901년에 설립한 부인단체이다. 황비를 총재로 하고 화족 부인과 고관의 부인들을 이사와 평의원으로 하는 상류부인 단체로, 러일전쟁기에는 일반 부인에까지 조직을 확대하여 회원수가 60만에 달했다. 일본 군국주의의 해외침략에 발맞추어 위문품만들기, 출정병사의 송영, 유가족 후원 등 여성으로서 전쟁에 협력하는 활동을 한 단체이다; 吉見周子 編著(1977). 『日本ファシズムと女性』(東京: 合同出版), p.141.

52) 光田京子(1985). 위 글, pp.125-127.

회'에서는 육아와 위생, 가정교육 등 양처현모주의에 입각한 어머니로서의 교양을 보급시키고 충군애국사상을 강조하는 것이었다.[53] 도시에서는 교육문제에 관한 강연회가 활발하게 열려 어머니의 가정과 국가에 대한 책임의 자각을 촉구했다. 10년 후의 1차대전(1914-18)기에는 국내에서 활성화되는 민주주의운동과 러시아와 중국에서 일어나는 혁명에 대한 위기감에서 정부는 다시금 국체관념으로 국민을 통합시켜 나갔다. 여성교육에 있어서도 아동의 천황에 대한 충성심의 배양을 위해서는 학교교육 이상으로 가정에서의 어머니의 감화력이 중요하다는 논지에서 어머니의 교육적 역할이 재강조되었다.

이와 같이 국가는 모성으로 여성을 통합하고자 했던 반면에 현실적으로 여성의 모성은 국가의 보호 밖에 놓여 있었다. 1차대전 이후 여성노동자의 수는 2배로 급증하고 기혼여성의 노동참가도 증가하였지만, 장시간 노동과 모성보호의 불비로 여성노동자의 유아사망률은 전업주부의 두 배에 달했다. 1923년 여성노동자의 요구에 의해 11시간 노동과 9주간의 산전산후휴가, 1일 2회 각 30분의 수유시간이 승인되었다. 그러나 국가는 높은 유아사망률의 원인이 여성노동자들의 육아지식의 부족에 기인한다고 보는 시각이 강했다.[54]

메이지 이래의 낙태죄도 여전히 존속해 있었고 피임도 금지되어 있어 여성들은 다산다사의 고통으로 산아제한에 대한 관심이 높아졌다.[55] 이미 1900년대 초기부터 수태조절의 필요성과 그 방법에 대한 저서가 출판되었고, 1920년대에는 사회주의자 등을 중심으로 모자보호와 다자가

---

53) 永原和子(1985). 女性統合と母性－國家が期待する母親像. 『母性を問う(下) －歴史的變遷』(東京: 人文書院), p.195.
54) 暉峻義等(1927). 乳兒死亡の社會的原因. 『日本婦人問題資料集成』6.
55) 1920년 제1회 국세조사에 의하면 평균출생아수는 5.24인이었다. 永原和子(1985). 위 글, p.209.

정의 빈곤문제, 그리고 부인해방의 측면에서 조직적인 산아제한 운동이
전개되고 있었다. 여성지도자들도 산아제한을 요구하였지만 정부는 여
성이 아이 낳기를 거부한다는 것은 가족제도와 나아가 천황제국가에 대
한 반역을 의미하는 것으로 보고 강하게 반대했다.

일본의 근대국가의 형성은 천황제와 국가주의를 기반으로 추진되어
가면서 여성의 모성은 국가적 요청에 의해 국가 근대화를 위해 도구화
되었다. 근대국가 확립을 위해 필요한 국민의 양적 증가를 위해서 여성
의 재생산은 국가의 관리하에 놓여지고, 국민의 질적 향상을 위해서는
자녀교육자로서의 어머니의 역할이 부상되었다. 메이지 초기에 서구의
영향으로 등장했던 근대적인 여성관도 메이지 중기 이후의 천황제이데
올로기의 확립과 대외적인 위기를 거치면서 보수화되어 여성의 역할은
가정 내 어머니의 역할에 고정·강화되고 말았다.

4. 한국 근대여성사 연구의 쟁점과 과제

해방 후 한국사회는 분단과 국제적인 냉전체제라는 정치적 상황 속에
서 정권의 정당화와 국민통합을 위하여 민족주의를 강조해왔다.[56] 국가
는 하나의 거대 담론(master discourse)을 만들어 내고, 이에 대항하는
저항담론(counter discourse)을 억압해왔다.[57] 역사가 과거의 의미에 대

---

56) 해방 후 역대 한국의 정권들이 전제적인 통치를 정당화하기 위해 어떠한 방
식으로 대중적인 민족주의 정서를 활용해 왔는가에 대해서는 이하의 글에
서 자세하다. Seungsook Moon(1998). Begetting the Nation: The
Androcentric Discourse of National History and Tradition in South Korea.
Dangerous Women: Gender & Korean Nationalism. Edited by Elaine H.
Kim and Chungmoo Choi, (New York and London: Routledge), pp.33-66.
57) Gi-Wook Shin and Michael Robinson(1999). Rethinking Colonial Korea.

한 논쟁과 갈등의 장소라는 지적대로, 근현대 한국사 연구의 패러다임은 정치적 이데올로기인 민족주의에 지배되어, 일본의 식민지 지배가 조선의 근대화에 필수적이었음을 주장하는 '식민사관'을 극복하는 데 주력했다.[58] 일본의 식민지배를 정당화하는 식민사관에 대항하는 이러한 '민족사관'은 민족을 하나의 집합적인 아이덴티티(collective identity)로 보고 역사해석의 중심에 놓음으로써 식민지시기 역사를 '제국주의의 착취와 민족적 저항'이라는 이분법적인 관점을 유지해왔다.[59] 이렇게 민족을 단일한 주체로 간주해왔던 데 대해 90년대 이후 일부 학자들이 문제를 제기하기 시작했다. 여기에는 '민족은 상상의 공동체'라는 관점과[60] 국가가 만들어 내는 거대담론을 깨고자(deconstruct) 하는 포스트모더니즘 역사관으로부터 받은 영향이 일정 정도 작용했다. 이들은 민족을 단일하고 균질한 주체로 보는 기존의 역사관에서는 민족주의적이고 남성위주의 부르주아 역사서술이 중심을 이루어 거기에 포함되지 않는 성문제나 계급문제, 지방문제 등을 도외시하여 왔다는 점을 지적하기 시작했다.

민족주의 패러다임은 근현대 여성사연구에도 영향을 미쳤다. 그것은 여성을 역사서술에서 가시화하기 위해 민족해방운동에 여성들이 얼마나 적극적으로 참여해 왔는가 하는 점을 드러내는 것에 주력해 온 것이다.[61] 이러한 역사서술의 문제점은 민족해방의 문제에 우선적인 가치가

Colonial Modernity in Korea. Edited by Gi-Wook Shin and Michael Robinson, (Cambridge and London: Harvard University Asia Center), pp.1-4.

58) 신기욱(1997). 식민지조선 연구의 동향. 『한국사시민강좌』 제20집, pp.44-45.

59) 신기욱(1997). 위 글, p.45; Gi-Wook Shin and Michael Robinson(1999). *op. cit.*, p.5.

60) 베네딕트 앤더슨. 윤형숙 옮김 (1991). 『민족주의의 기원과 전파』 (서울: 나남출판).

부여되었기 때문에, 독립운동에 연관되지 않은 여성의 삶은 무의미한 것으로 간주되어 연구자의 관심을 받지 못했으며, 여성해방의 욕구나 여성 개인으로서의 문제는 정당하게 평가받지 못하는 경향이 강했다. 즉 민족주의 담론은 민족이라는 범주내의 성, 계급과 계층 등 다양한 요소들을 민족이라는 단일한 하나의 범주로 묶음으로써 민족뿐만 아니라, 여성들 사이에 존재하는 차이를 무시하고 '균질화'함으로써 여성의 삶과 경험의 다양성의 문제에 소홀하였으며, 다른 한편으로는 일제 식민주의뿐만 아니라 가부장제와 남성 민족주의 담론하에서의 여성억압과 성차별의 문제를 보지 못했다고 지적되어 왔다.[62] 이러한 민족주의에 대한 비판은 서구학자들의 이론에서도 많은 영향을 받았다. 채터지 등 포스트식민주의 역사학자들은 과거 인도와 같은 식민지사회에서 식민지 배세력에 대항하기 위해서 남성 민족주의자들은 전통과 정신을 강조하는 담론을 만들어 내었고, 여기에서 (중류층)여성은 전통의 담지자로 기표화되어, 교육을 받되 서구화되어서는 안 되며 전통적인 미덕인 희생과 헌신이 요구되는 '새로운 가부장제'의 억압을 받았음을 지적해왔다.[63]

이와 같이 여성연구에 있어서 민족주의 패러다임의 문제점이 지적되는 한편, 민족주의를 지지하는 입장도 있다. 이러한 입장에서는 민족주의 비판론이 식민지시기에 형성된 민족주의가 여성의 정치, 사회참여 의식을 고양시킨 점을 설명하지 못하고, 민족을 계급과 같은 하나의 분석적인 변수로 보지 못한다고 지적한다.[64] 민족주의를 둘러싼 이러한

---

61) 윤택림(1994). 민족주의 담론과 여성: 여성주의 역사학에 대한 시론.『한국여성학』제10권, p.105.
62) 윤택림(1994). 위 글, p.105.
63) Partha Chatterjee(1993). *The Nation and Its Fragments: Colonial and Postcolonial Histories.* (Princeton: Princeton University Press), p.9.
64) 정진성(1999). 민족 및 민족주의에 관한 한국여성학의 논의: 일본군위안부

논의의 대립은 '위안부' 문제에서 첨예하게 양분된다. 보다 여성주의적 관점을 주장하는 입장에서는 민족주의담론이 과거 '위안부'여성의 강간을 민족문제로 보편화시킨다고 지적한다. 즉 한민족이 일본에 의해 강간되었다는 식으로 읽힘으로써 여성의 특수한 경험이 부인되고, 위안부 문제는 '민족적 분노의 공감대'를 형성하는 담론의 장이 되어버렸다고 지적한다.[65] 이에 대해 민족(주의)을 지지하는 입장에서는 위안부문제를 수치스러워 했던 초기의 가부장적 민족주의가 여성운동의 영향으로 점차 변화하고 있으며, 위안부동원에서 나타난 한국 여성과 일본 여성의 민족별 동원의 차이는 위안부문제의 성범죄와 더불어 제국과 식민지 간의 중층적 억압구조를 드러내는 중요한 문제라고 지적한다.[66] 이러한 민족(주의)의 의미를 중요시하는 학자들이 한국 민족주의의 문제점을 간과하는 것은 아니다. 그러나 민족주의를 '제국주의적 도전에 대한 방파제'가 되며, 한국의 민족주의는 서구와는 달리 '자연적으로 주어진 절대불변의 실체'라고 본다.[67] 따라서 민족주의를 지지하는 학자들은 '여성운동이 민족주의운동을 떠나면 여성문제는 여성들만의 하부문화에 격리될 것'이라고 우려하고, 서구페미니즘 이론을 무비판적으로 받아들이기보다는 재검토할 것을 제안한다. 즉 민족주의가 지닌 여성억압적 측면을 수긍하는 한편, '세계화가 진행되고 있음에도 불구하고 민족주의적 갈등과 전쟁이 더 빈번해 지고 있는 현실에서 여성이 과거 민족주의에 의해 어떻게 피해자가 되었는가를 규명하기보다는 민족주의를 어떻게 활용할 것인가'를 고민하는 것이 보다 전략적임을 제시한다.[68] 이러한

문제를 중심으로. 『한국여성학』 제15권 2호, p.36, 45. 그는 '페미니즘의 적은 가부장제이지 민족주의 자체는 아니'라는 입장을 견지한다.
65) 김은실(1994). 민족담론과 여성. 『한국여성학』 제10권, pp.40-43.
66) 정진성(1999). 위 글, pp.42-45.
67) 정현백(2003). 『민족과 페미니즘』(서울: 당대), p.44.
68) 위 글, p.13, 46-47.

주장은 학문적이고 이론적인 분석에 중점을 두는 민족주의 비판론에 비해 위안부여성에 대한 인권과 배상문제, 통일 후의 남북한 여성문제 등 보다 현실적인 문제를 고민한다는 점에서 강점이 있다. 그러나 민족주의가 민족을 균질한 집단으로 보는 문제를 어떻게 극복할 것인가에 대한 대안은 제시하지 못하고 있다. 즉 민족과 국가를 항상 역사서술의 주체로 삼고 민족을 단일한 구성원들의 집합체로 볼 때,[69] 여성뿐만 아니라 최근 사회문제로 대두하고 있는 한국사회 안의 다양한 에스닉 집단(외국인, 조선족, 탈북자 등)이나 성적 소수자, 성매매여성과 같은 사회적 소수자집단이나 하층계층에 가해지는 불평등과 차별, 인권침해에 대한 문제를 어떻게 다룰 것인가에 대한 문제가 여전히 남는 것이다.

이와 같이 한국 근대여성사연구는 민족에 대한 차별과 성차별 중 어느 것을 더 중시할 것인가, 혹은 민족주의는 폐기되어야 할 것인가 그렇지 않은가에 대한 두 가지 상반된 의견이 공존한 채 양적으로는 증가해왔다. 한국여성사연구는 그동안 남성사가들에 의해서 '총체적으로 무시되어 온' 여성에 대한 역사를 드러내고 서술하였다는 점에서 의의를 찾을 수 있을 것이다. 그러나 기술적인 서술방식에 머무르고 있는 경향이 있고, 일반사와의 접맥이 거의 이루어지지 못한 채 역사학 연구의 주변적 위치에서 지엽적인 한 분과로 여겨져 오고 있다.[70] 이러한 연구방식은 조안 스콧이 지적하듯이, 단지 '여성'이라는 주제를 추가함으로써 결과적으로 여성사가 역사의 주류로 여겨지는 남성사와는 별개의 것으로 치부되어 남성중심의 역사이해를 바꿀 만큼의 영향을 미치지 못한다는 한계를 지닌다.[71] 이러한 문제에 대한 대안으로 유용한 것이 스콧

---

69) 윤택림(2002). 탈식민 역사쓰기를 향하여. 『역사비평』 2002년 봄호, p.83.
70) 정현백(1995). 새로운 여성사, 새로운 역사학. 『역사학보』 150호, p.4.
71) Joan W. Scott(1986). Gender: A Useful Category of Historical Analysis. *The American Historical Review*. Vol.91, No.5, p.1055.

이 제안하는 젠더를 역사분석을 위한 하나의 범주로 사용하는 것이다.

스콧은 젠더를 '성차에 관한 지식'으로서 '육체적 차이에 의미를 부여하는 지식'으로 정의하는데, 이러한 의미는 '문화와 사회집단, 시대에 따라 다양'한 것이다. 우리가 가지고 있는 성차에 대한 이해는 신체에 대해 우리가 가지고 있는 지식의 기능이며, 이러한 지식은 담론의 맥락 안에서 그것이 가지는 의미와 밀접한 관계가 있다. 따라서 성차란, 그로부터 사회조직이 도출될 수 있는 원인이 아니라, 오히려 그 자체가 설명되어야 하는 가변적인 사회조직인 것이다. 이러한 접근방법으로 스콧은 역사를 양성의 사회적 조직화의 변화의 기록일 뿐만 아니라, 성차에 관한 지식을 만들어 내는 중요한 요소로 본다.[72] 스콧의 관심은 역사연구에 있어서 차이의 하이어라키(포함과 배제)가 어떠한 방식으로 구축되어 왔는가를 분석하는 데에 있어서 젠더가 유용한 분석카테고리가 된다는 데에 있다. 즉 남녀의 성차나 성역할은 사회적, 문화적으로 형성된 개념이라는 의미에서 젠더라는 용어가 사용되고 있지만, 스콧은 젠더를 양성관계뿐만 아니라 모든 형태의 인간의 상호관계를 이해하는 방법이자 분석개념으로 사용할 것은 제안한다. 포스트구조주의나 포스트모더니즘의 인식론에 기반하여 스콧은 여성과 남성, 차이와 평등, 역사와 같은 것은 그 의미가 자명한 범주가 아니라, 이러한 것들의 의미는 문화와 정치, 그리고 시대의 산물로서 특정한 역사적 맥락 안에서 만들어지고 사용되어 온 것이며, 역사란 보편적 주체에 관한 허구로서, 보편성이란 차이화와 주변화, 배제의 과정을 통하여 얻어진 것임을 주창한다.[73] 따라서 그는 역사가 이미 존재하는 어떤 학문이 아니라 학자들에 의해 현재의 필요성에 의해 만들어진 것이며, 따라서 역사의 목적론적이거나

---

72) Joan W. Scott(1999). *Gender and the Politics of History*(Revised *Edition*). (New York: Columbia University Press), p.2.
73) *Ibid.*

인과관계적, 단선적(linear) 설명을 거부한다. 스콧의 역사개념의 특징은 여성만을 대상으로 하는 여성사에 집중함으로써 게토화하는 현상을 지양하고, 이러한 젠더개념을 도입함으로써 남녀의 경험의 차이를 드러내는 젠더사로 나아갈 것을 제안하는 데에 있다.[74)]

한국에서는 이러한 젠더개념이나 여성사 방법론, 혹은 포스트모더니즘 역사연구에 대한 이론적 논의가 본격적으로 이루어지지는 않았다. 그 주요한 이유는 주로 서양여성사연구자들이 이러한 이론적 논의에 대해 관심을 가진 반면, 한국여성사연구자들 사이에서는 최근의 이론과 방법론의 논의에 다소 소극적이며, 양 분야의 학자 간 교류도 그다지 활발하지 않은 데에 있다. 또한 서양사 연구자들이 이론을 소개했더라도 실제적으로 젠더사관점을 적용하여 한국 여성을 대상으로 하는 연구를 산출하지 못하고 있기 때문이기도 하다. 그럼에도 불구하고 최근 차츰 한국 여성사연구에 있어서 성별사(gender history)중심으로 나아가고자 하는 경향이 발견된다.[75)] 앞서 기술한 바와 같이 기존의 여성사

---

74) 이러한 스콧의 젠더이론에 대한 비판도 있다. 예를 들면, 모한티는 제3세계 여성의 경험은 빈곤과 식민주의, 인종차별의 경험 등 제1세계 백인 여성의 경험과는 다르기 때문에 모든 여성을 하나의 균질한 집단으로 범주화할 수 없다고 주장한다. Chandra Talpade Mohanty(1991). Under Western Eyes: Feminist Scholarship and Colonial Discourses. *Third World Women and the Politics of Feminism*. Edited by Chandra Talpade Mohanty, Ann Russo and Lourdes Torres. (Bloomington and Indianapolis: Indiana University Press), pp.56-57. 또한 스콧은 젠더를 상징체계로 보고 문화적 재현의 분석을 중시하는 반면, 호프는 젠더관계사를 실증적 사회연구에 제한시키고자 하며 스콧의 관점을 비역사적인 것으로 지적한다. Joan Hoff. Gender as a Postmodern Category of Paralysis. *Women's History Review*, Vol.3, No.2, 1994, pp.149-168.

75) 그것은 최근 젠더라는 용어와 관점을 사용한 연구들이 국문학, 사회학, 여성학, 사학 등의 분야에서 증가하고 있는 현상을 보아도 그러하나.

(women's history)가 여성의 경험을 가시화하는 작업에 몰두하였지만, 역사에 대한 이해와 지식 자체가 남녀의 차이에 기반하여 체계화되고 질서화되어 있기 때문에 그것은 결과적으로 기존의 남성중심 역사를 보충하는 것에 그치는 한계를 지닌다는 인식이 생겨나고 있다. 따라서 이제부터는 남성과는 다른 방식으로 체험된 여성의 역사를 의미화하고 해석할 수 있는 관점과 시각이 필요하다.

젠더(성별)사의 방법론은 일제 말기를 분석하는 데 있어서도 유용한 관점을 제공해 줄 수 있다. 이제까지 전시동원체제하의 조선인들은 저항이 불가능한 상태하에서 '전 민족적 협력'을 한 것으로, 따라서 이 시기는 한국 역사의 '암흑기'로만 서술되어 왔다. 그러나 '국민'이라는 이름으로 호명당한 각각의 주체들은 단일한 집단이 아니다. 이들은 젠더와 계급, 연령 등에 따라 각기 황민화과정 속에서 '구체적이고 특정한 자기 정체성에 대한 감각과 의식을 각인'시키는 '다층적이고 복합적인 주체 위치의 구성과정'을 경험하게 된다.76) 이러한 관점에서 젠더라는 범주는 이 시기 한국사회라는 공간에서 식민주의(제국주의)와 가부장제, 민족주의가 서로 경합하는 과정을 드러내 보일 수 있는 하나의 축이 될 수 있다.

정리하면, 이 연구에서는 식민지시기 여성의 경험을 드러내는 데 있어서 우선적으로 다양한 주체를 하나의 민족으로 균질화하는 민족주의의 틀에서 벗어나야 한다는 입장에 서있다. 거기에 젠더를 하나의 분석적인 범주로 사용하여 이제까지 남성의 경험을 민족의 경험으로 서술한 식민지시기의 역사 속에 드러나지 않은 여성의 경험을 드러내고자 한다. 이는 식민주의와 군국주의, 가부장제가 남성과 여성에게 동일한 방

---

76) 권명아(2004). 전시동원체제의 젠더정치. 방기중편. 『일제 파시즘 지배정책과 민중생활』(서울: 혜안), pp.274-277.

식으로 작동한 것이 아닐 것이기 때문이다. 식민권력이 식민사회의 젠더관계에 어떠한 방식으로 개입하고, 가부장제를 유지시키고자 하였으며, 모성과 가정성을 고착, 강화시키고자 하였는가 하는 측면과, 여성들 사이에도 연령과 계급, 직업, 가족적 배경, 라이프 스테이지의 차이 등에 따른 경험의 차별성이 밝혀져야 한다. 또한 기존의 식민지시대 역사서술이 기초하고 있는 일본 제국주의에 대한 저항은 곧 선이고, 협력은 악이라는 도식적인 흑백논리에서 벗어나 인간생활의 복잡하고 다양한 측면을 고찰해야 하며, 억압과 수탈에 초점을 맞추어 한국인을 식민통치의 수동적인 대상으로 고정시키는 관점도 수정되어야 한다. 특히 여성들 간의 차이와 더불어 여성들이 각각의 위치에서 어떠한 행위성(agency)을 가지고 순응과 저항, 협상의 다양한 전략을 취하며 이 시기를 살았는가 하는 역동적인 관점에서 접근하고자 한다.

제2장 모성담론의 변화

내가 읽은 책들이 가르치듯이 모성애가 세상의 무엇보다도 가장 강하
고 고귀하고 또 그것처럼 참된 것이 없는 것을 알면서도 그 강한 것,
그 고귀한 것, 그 참된 것 때문에 내가 가진 다른 감정을 버릴 수는
없었습니다.

– 최정희 『天脈』(1941)[1]

「어떤 위인이던지 그의 뒤에는 반드시 위대한 어머니가 있단 말이 있다.
오늘 우리에게 위대한 인물이 없는 건 오늘 우리에겐 위대한 어머니가 없
었기 때문이다. 못생긴 어머니들이 못생긴 자식들만 남겨놓은 때문이다!
순모야? 그렇지 않으면 아니라고 해보아라?」, 「……」, 「위대한 자식은 위
대한 어머니에게서……그렇다. 얼마던지 위대한 힘을 이 세상에 펼쳐볼 수
있는 건 남성이기 전에 여성이다. 너는 그 큰, 그 거룩한 야심이 없단 말
이냐?」 순모는 눈을 번쩍 떴다.

– 이태준 『聖母』(1936)[2]

1. 전통사회에서의 모성

상고시대부터 한국의 역사나 설화, 민담에는 어머니나 모자관계에 관
하여 언급된 것이 많다. 이 절에서는 전통사회를 유교적 윤리관이 성립

---

1) 최정희(1941, 1977). 『天脈』(서울: 성바오로출판사), pp.132-133.
2) 이태준(1988). 『이태준 전집』(서울: 깊은샘), pp.249-250.

된 조선시대에 한정하여, 조선시대에 편찬된 여성교훈서를 중심으로 유교 규범이 여성의 모성을 어떻게 규정하였는가 하는 측면을 고찰하고자 한다. 이는 유교적 가부장제 이데올로기가 조선시대뿐만이 아니라 식민지시기와 근대화, 산업화를 거쳐 현재까지도 한국사회의 가족관계와 성역할 규범에 영향력을 미치는 중요한 요소이기 때문이다.

조선을 건국한 사대부들은 조선사회를 근본적으로 재편성하기 위하여 국가의 문물제도뿐만 아니라 가족 내의 질서유지를 위한 기본이념으로서 유교 이데올로기를 효과적인 도구로 사용했다. 국가는 효를 핵심으로 하는 가족 규범을 바탕으로 하여 가족 내 질서를 확립하고, 가족제도의 안정을 통해서 사회질서를 확립하며 나아가 국가체제의 안정을 이루고자 하였다. 조선 초기부터 여성역할의 규정에 관심을 가지고 있었던 위정자들은 고려 말기 이래로 여성들의 풍기가 문란해졌다고 판단하고,[3] 여성이 지켜야 할 유교적 규범을 제시하기 위해 각종 여성교훈서를 발간하였다.

세종 14년에 간행된 『삼강행실도』(1432)와 『내훈』(1475), 『계녀서』,[4] 『사소절』(1775) 등 여성의 행실을 다스리기 위해 편찬된 여성교훈서에서는 여성이 며느리, 아내, 어머니로서 갖추어야 할 도리를 자세히 기술하고 있다. 이들 여성교훈서는 쓰여진 시기와 저자의 입장 및 집필 동기는 다르지만, 유교 윤리를 최고의 가치로 하는 조선시대에 있어서 여성을 이상적인 정도로까지 교화하는 것을 목표로 하는 것이어서 실질적으로 그 내용에 있어서는 대동소이하다.

---

3) 한희숙(1994). 양반사회와 여성의 지위. 『한국사시민강좌』 제15집(서울: 일조각), pp.84-105.

4) 『계녀서』의 간행년도는 정확하게 알려져 있지 않다. 국문학계에서는 1650년 전후로 추측하고 있다. 권영철(1980) 『규방가사연구』(서울: 이우출판사), p.208.

『내훈』5)은 1. 言行章 2. 孝親章 3. 婚禮章 4. 夫婦章 5. 母儀章 6. 敦睦障 7. 廉儉章으로 구성되어 있고, 유학자인 우암 송시열(1607-1689)의 『계녀서』는 1. 부모 섬기는 도리 2. 남편 섬기는 도리 3. 시부모 섬기는 도리 4. 형제 화목하는 도리 5. 친척 간에 화목하는 도리 6. 자식 가르치는 도리 7. 제사 받드는 도리 8. 손님 대접하는 도리 9. 투기하지 말라는 도리 10. 말씀을 조심하는 도리 11. 재물을 존절히 하는 도리 12. 일 부지런히 하는 도리 13. 병환 모시는 도리 14. 의복·음식하는 도리 15. 노비 부리는 도리 16. 꾸어 주며 받는 도리 17. 팔고 사는 도리 18. 소원하는 도리 19. 중요하게 경계하는 말 20. 옛사람의 착한 행실을 열거하였다.6) 또한 며느리에게 주기위해 지었다는 秋谷老身의 『內訓』은 1. 婦道 2. 心志 3. 容貌 4. 氣象 5. 動止 6. 言語 7. 德行 8. 風度 9. 職業 10. 規模(1. 事父母·舅姑 2. 事夫 3. 奉祭祀 4. 友愛 5. 訓子 6. 御婢僕 7. 性品 8. 接賓客 9. 辨惑)으로 구성되어 있다.7)

위에서 열거한 목차에서 나타나듯이, 여러 여훈서에서 공통적으로 삼고 있는 주된 내용은 혼인한 여성은 시집에서 시부모와 남편을 잘 섬기

---

5) 『내훈』은 세조의 큰며느리이자 성종의 생모인 소혜왕후 한씨(1437-1504)가 성종 6년(1475년)에 궁중의 비빈(妃嬪)과 부녀자들의 교육을 위해 펴낸 책이다. 내훈서(內訓序)에 의하면, "한 나라 정치의 치란과 흥망은 비록 남자 대장부의 어질고 우매함에 달려 있다고는 하지만, 역시 부인의 선악에도 달려 있는 것이다. 그러니 부인도 가르치지 않으면 안 된다"고 한 것으로 보아, 소혜 왕후는 조선 초기에 여성 교육의 중요성을 인식한 인물이라 하겠다. 이 책은 중국의 『소학』, 『열녀』, 『여교』, 『명감』 중에서 중요한 것을 취합하여 일곱 장으로 엮은 것인데, 그 주목적은 성인의 가르침으로 수신(修身)의 도를 이루어 덕행을 쌓으라는 것이다: 소혜왕후 한씨. 육완정 역주 (1984). 『내훈』(서울: 열화당), pp.15-18.
6) 이훈석 엮음(1990). 『한국의 여훈』(서울: 대원사), pp.10-37.
7) 정양완(1985). 규범류를 통해서 본 한국 여성의 전통상에 대하여. 하현강 외. 『한국 여성의 전통상』(서울: 민음사), p.56.

고 집안의 화목을 위해 노력해야 한다는 것이다. 구체적으로 보면, 남편을 섬기는 도리로서는 '투기하지 않는 것이 으뜸 행실이니 일백 첩을 두어도 본 체하지 말고', '내 집에 오는 손님이란 친척 아니면 지아비의 벗이요 시집 식구들의 벗이니 음식을 잘 하여 대접하고,' 행실에 관해서는 '말을 삼감이 으뜸 행실이요 행실 중에서 더욱 경계할 일이라'고 하였다. 이 밖에도 재물을 절약하는 생활과 '시부모와 남편과 노비와 자식이 다 가모(家母)에게 달렸으니 가모가 부지런하면 그 집이 보전'되므로 부지런히 일할 것과, '내 부모나 내 시부모나 남편이 병환이 계시거든 매사에 지극 정성을 일시라도 잊지 말라'고 하여 여성이 대가족제도 내의 가족생활 속에서 수행해야 할 역할의 규범들을 상세히 기술하고 있다.

즉 앞서 언급한 바와 같이 조선시대는 유교적이고 가부장적인 가족 질서를 확립함으로써 국가체제의 안정을 이루고자 하였던 사회였으므로, 대가족 내의 질서 유지를 위하여 여성의 순종을 최고의 미덕으로 강조한 것이다. 그런데 이러한 의도는 어머니로서의 역할 규범을 규정함에 있어서도 나타나는데, 그것은 친모자관계에 대해서는 그다지 다루지 않은데 비해 계모와 계자의 관계에 대해서는 대부분의 여훈서에서 특별히 강조하고 있다는 점이다. 조선 후기 실학자인 이덕무가 선비 집안에서 지켜야 할 예절을 기록한 『사소절』 부의(婦儀)장에 의하면 정자(程子)의 어머니인 후부인(候夫人)이 '겸손하고 공순함으로써 자신을 단속하고 여러 서출들을 자기의 소생과 다름없이 사랑하였다'고 하여, 남편의 첩의 자식을 자기 친자식처럼 사랑한 점에서 그를 현숙한 부인으로 칭송하였다. 그 이유는 첩의 자식은 '내 자식의 동기이고, 내 남편, 내 시부모의 혈육'인데 이를 모르고 박대하는 일은 자식이 어머니를 본받아 그 형제들을 업신여기고, 남편도 본처를 두려워하여 푸대접하므로 이 때문에 천륜이 무너지기 때문이라는 것이다. 또한 남의 후처가 된 사람은 본처의 자식을 친자식처럼 사랑하여야 하는데 이것은 내 남편의 자식이면 또한 나의 자식이기 때문이라고 하였다. 『사소절』에서 예시한 구체적인 예를 보면, 중국의 한(漢)나라 진문거의 아내 이씨는 남편이 죽은 후, 전처의 아들들이 그를 낳은 어머니가 아니라고 미워하고 헐뜯었다. 그러나 온자하고 인애한 이씨는 그들을 매우 사랑하여 친자식보다 더 극진히 보살펴 주었다. 이에 전처의 아들들도 잘못을 뉘우치고, 군수는 이씨의 행실을 표창하여 가요(家徭)를 면제해 주었다. 이덕무는 이러한 예를 세상의 후처된 자의 경계로 삼아야 한다고 하였다.[8]

소혜 왕후의 『내훈』에서도 계모의 역할을 중요하게 다루었다. 『내훈』의 모의장(母儀章)은 중국의 훌륭한 어머니의 사례 열 가지로 구성되어 있는데, 그중의 세 가지는 후처로서 전처의 자식들을 친자식 이상으로 사랑하고 보살핀 행실을 칭송한 사례이고, 나머지 한 사례에서는 여러 첩의 자식들과 남편의 어린 형제를 친자식과 똑같이 대접한 부인의 이야기를 들었다.[9]

계모로서의 역할을 예시한 사례에서 나타나는 공통점은 후처가 된 여성은 본처 자식을 사랑하지 않는다는 점을 기본 전제로 하고 있다는 점이다. 이러한 전제의 배후에는 생물학적인 어머니만이 훌륭한 어머니가 될 수 있다는 사고, 즉 여성이면 누구나 자기가 낳은 자식에 대해서는 본능적으로 모성애를 지니고 있고 완벽하게 베풀 수 있다는 당대 사회의 통념이 내재되어 있다.[10] 또 다른 공통점은 계모가 된 여성은 의붓자식의 학대에 가까운 수모를 견디어 내고 친어머니 이상의 사랑을 베

---

8) 이훈석 엮음(1990). 위 글, pp.72-87.
9) 소혜왕후 한씨. 육완정 역주(1984). 위 글, pp.145-165.
10) 강유리(1998). 계모이야기: 모성 이데올로기의 비극. 서강여성문학연구회 편. 『한국문학과 모성성』(서울: 태학사), p.71.

풀어, 결국은 의붓자식을 개과천선하게 하고 훌륭한 어머니로 거듭남에 따라 세상의 칭송을 받게 된다는 점이다. 여기에는 후처가 된 여성은 낳은 어머니가 아니기 때문에 친어머니보다 더욱 희생하지 않으면 안 된다는 모성이데올로기에 의한 가부장제의 억압기제가 작용한다.

여훈서에서 의붓자식과 서출에 대한 사랑과 의무를 특히 강조한 것은 전통사회에서 인간의 평균수명이 짧음으로 인해 계모-계자 관계가 드물지 않았던 데에도 연유하겠지만, 중요한 것은 유교사회에서 중시된 부계가족제도의 질서 유지와 안정이라는 목적을 위해 모성을 하나의 도구로 사용한 것이라고 볼 수 있다. 즉 남성이 첩을 두는 행위가 보편적으로 인정되는 사회에서 자연히 일어날 수 있는 여성의 투기는 칠거지악으로 엄중히 다스려지고,[11] 바람직한 모성이란 인간이면 당연히 일어날 수 있는 감정을 억제하고 인내와 자기희생을 하여야 한다고 교화시킴으로써 가부장제 가족제도의 질서를 유지하고자 한 의도였던 것이다.

여훈서에서 어머니의 역할 중 강조한 또 한 가지 특징은 태교를 중시한 점이다. 유교적인 생명관과 가족관에 의하면, 인간의 생명은 후손을 통해 지속적으로 이어지는 것이어서 가족은 제사를 통해 삶의 근원적인 의미를 가질 수 있다.[12] 맹자는 세 가지 불효 중에서 후사가 없는 것을 가장 큰 불효라 하였고, 자식을 낳지 못하는 것은 칠출(七出)의 첫째 조건이 되었다.[13] 혼인의 가장 중요한 목적도 제사를 받들 후손을 계승하기 위한 것이었으며,[14] 제사는 부계사회를 이룩하기 위한 가장 효과적인 방법 중의 하나였다.[15] 따라서 부계가족의 계승과 확대를 위해 모

---

11) 여훈서에서는 투기란 "부인의 제일가는 악행이므로 다시 쓰노라……내 몸 버리고 집이 패하고 자손이 망하는 것이 모두 투기에 달렸다"고 하였다: 이훈석 엮음(1990). 위 글, pp.20-21.
12) 최봉영(1997). 『조선시대 유교문화』(서울: 사계절), pp.162-164.
13) 최홍기(1994). 유교와 가족. 『현대가족과 사회』(서울: 교육과학사), pp.67-91.
14) 금장태(1989). 『한국유교의 이해』(서울: 민족문화사), pp.85-90.

성의 역할 중에서 남아의 출산은 필수적인 것이었다.[16)]

여훈서에서 태교를 강조하여 임신 중의 몸가짐에 대해서 세세하게 많은 주의를 서술한 것도 부계가족의 계승을 위해 후계자 생산이 그만큼 중요한 일이었기 때문이다. 따라서 태어나는 자식이 '단명하고 장수하는 것, 부귀하고 빈천한 것, 미련하고 총명한 것, 선하고 악한 것, 독한 병이 있고 없는 것, 정의롭고 사특한 것 등이 모두 그 어머니의 기운을 받아서 되는 것'[17)]이라고 하여 건강한 아기를 낳는 것을 어머니의 책임으로 규정하였고, '임신부가 행동과 음식을 삼가지 않으면 자식으로 하여금 일찍 죽거나 병들게 한다'[18)]고까지 경고하였다.

출산 전 태교뿐만이 아니라 유교사회에서는 자식을 낳아 양육하고 교육하는 일도 모두 가(家)의 존립과 직결된 문제이다.[19)] 『내훈』 모의장(母儀章)에 나타난 자식교육의 목적은 '고생스럽게 애써 자식을 기르고 그 자식이 성공하기를 바라는 것은 선조들의 뒤를 이어 가문을 이어가며, 죽은 사람을 잘 보내고 살아 있는 사람을 잘 봉양하려는 것이다. 그러므로 그 맡겨진 소임은 지극히 무겁고, 짊어진 짐은 소홀히 할 수 없는 것이다. 그러니 만약 가르치지 못한다면 기대는 무너지고 집안이 몰락하는 것을 어찌 피할 수 있을 것인가'[20)]라고 하였다. 다시 말해 어머

---

15) M. 도이힐러(1994). 한국의 유교화과정: 사회와 이념에 대한 연구.『한국사시민강좌』 제15집 (서울: 일조각), p.201.

16) 전혜성은 조선시대의 한국 여성들이 동시대의 중국과 일본의 여성들보다 장남의 상속권이 중시되고 입양의 경우 일본과 달리 같은 씨족 내에서만 가능했기 때문에 아들을 생산할 책임이 더 무거웠다고 지적한다: 전혜성 (1994). 조선시대 여성의 역할과 책임.『한국사시민강좌』 제15집 (서울: 일조각), p.109.

17) 이훈석 엮음(1990). 위 글, pp.44-46.

18) 위 글, p.78.

19) 최봉영(1997). 위 글, p.173.

20) 소혜왕후 한씨. 육완정 역주(1984). 위 글, pp.147-148.

니가 출산 전 열 달부터 사대부가의 경우 자식이 경쟁을 뚫고 관직을 획득할 때까지 자녀교육의 소임을 소홀히 할 수 없는 이유는 자식의 성공 여부에 가문의 존속이 달려있기 때문이다. 이러한 목적달성을 위해서 어머니는 자식에게 사랑을 베풀고 너그럽게 대하기보다는 엄격하게 가르칠 것을 강조했다.[21] 뿐만 아니라 어머니의 지나친 사랑을 경계하고 부정적으로 취급하며, 어머니의 사랑이 자식교육에는 적합지 않은 것으로 보았다. 『내훈』에 의하면 자식이 잘못 되는 것은 모두 어머니의 사랑 때문이라고 지적하고, 어머니는 자식이 제대로 자라게 하기 위해서는 때려서라도 철저히 가르쳐야 한다고 하였다:

> 이는 다른 탓이 아니다. 사랑이 그 원인이 된 것이다. 자식을 사랑할 줄만 알고 가르치지 않는다면, 자라서 어질지 못하게 된다. 그러므로 자식이 제 뜻대로만 좇지 못하게 하며, 조금이라도 멋대로 굴면 그때마다 단속을 게을리 말아야 한다. 나쁜 짓을 두둔하지 말 것이며, 한 번이라도 고개를 쳐들면 그럴 때마다 때려서라도 가르쳐야 한다.[22]

『계녀서』에서도 아들자식도 글 배우기 전까지는 어머니에게 있으니 지나치게 어여삐 말라고 하였다.[23] 사소절에서도 마찬가지로 '어린아이는 두 손 가득 물건을 거머쥐고도 오히려 부족해 한다. 아무리 그러하지 못하게 하여도 듣지 않는다. 그런 때에는 그가 가진 것을 모두 빼앗아야 한다. 죽을 듯이 울어대도 그것을 되돌려 주지 말아야 옳다'[24]고

---

21) 여기에는 유교사회가 지향하는 인간관과 밀접한 관계가 있다. 즉 유교에서는 수양을 통해 인격적 이상의 모범인 성인 혹은 군자에 도달하는 것을 목표로 하였는데 이를 위해 인간의 자연적 욕망을 억제하고 천시하였다. 금장태(1999). 『한국현대의 유교문화』(서울: 서울대학교출판부), pp.101-130.

22) 소혜왕후 한씨. 육완정 역주(1984). 위 글, p.148.

23) 이훈석 엮음(1990), 위 글, p.17.

하였다. 즉 어머니가 어린 자식을 어여삐 여기는 것을 바람직하지 못한 모성으로 제시하고 이를 극복하고 때로는 가혹할 정도로 엄격하게 가르칠 것을 강조한다. 『내훈』에서 제시한 예에 의하면, '신국부인은 성품이 엄격하고 법도가 있어서 비록 몹시 여형공(아들)을 사랑하였으나, 아들을 가르치는 데 있어서는 일일이 법도를 좇아서 행하게 하였다. 여형공이 갓 열 살이 되었을 때, 지독한 추위와 더위와 빗속에 하루 종일 부모를 모시고 서 있으면서도 앉으라는 명령을 아니하였으므로 감히 앉지 못하고 있었다'25)는 것이다.

그런데 딸에 대한 교육은 아들에 대한 것보다도 한층 더 엄격해야 한다.26) 『사소절』에서는 '자녀들을 가르치는 데는 먼저 음식 탐내는 것을 금해야 한다. 딸은 더욱 조금이라도 용서해서는 안 된다……음식을 탐내는 부녀치고 남의 집을 망치지 않는 것을 나는 보지 못했다'27)고 하였다. 시집간 딸이 시집에서 순종하며 살도록 가르치는 것은 가문의 영속과 발전을 위해 아들을 잘 키워내는 것 못지않게 중요한 어머니의 역할이다. 어머니는 그 자신이 가부장제에 순종하는 여성이 되어야 할 뿐만 아니라 그러한 역할을 딸에게 사회화시켜 전승함으로써 가부장제 기제가 원활히 재생산될 수 있도록 하는 의무가 부과되었던 것이다.

또한 『사소절』에서는 '딸을 시집보낼 때 혼수를 너무 사치스럽게 마

---

24) 위 글, p.75.
25) 소혜왕후 한씨, 육완정 역주(1984), 위 글, p.153.
26) 박용옥에 의하면, 『난곡존고』에 나오는 난곡 이건방의 부인은 딸에게 후에 가난한 선비에게 시집갔을 때 어떻게 생활해야 하는가를 가르치기 위하여 딸의 속옷을 백 군데도 더 기워 입혔고, 배고픔을 견디는 것을 가르치기 위해 굶는 훈련을 시켜서 이 딸의 얼굴에서는 항상 배고픈 기색이 떠나지 않았다고 한다; 박용옥 외(1996), 한국의 전통여성. 『한국인과 한국문화』 (김포: 김포전문대학 출판부), pp.105-106.
27) 이훈석 엮음(1990), 위 글, p.75.

련하여 심지어는 가산을 탕진하는 경우까지 있다. 이것은 딸을 지나치게 사랑하여 그 사치를 조장하는 처사로 가장을 졸라 제멋대로 혼수를 갖추므로 결국 조상의 재산을 모두 팔아 버려 제사를 받들지 못하게 되니, 한 가지 일을 잘못 거행하여 세 가지의 악을 동시에 범하게 되는 것이다'[28]라고 하였다. 여기서 보면 어머니는 자식 사랑에 눈이 어두워 남편을 졸라 지나친 혼수를 마련하는 어리석은 존재로 그려지지만, 가장으로서의 아버지는 아무 책임도 없는 존재로 서술된다. 『계녀서』에 의하면 '일찍 가르쳐야 문호를 보전하고 내 몸에 욕이 되지 아니하니라. 이런 일은 어머니에게 달려 있으니 아버지에게 책망 말고……'[29]라고 하여, 어머니는 부모 역할을 그르치기 쉬운 존재로 그리면서 그럼에도 불구하고 자녀교육의 모든 책임은 전적으로 어머니에게 두고, 아버지에게는 자녀교육의 책임을 추궁하지 말라고 하였다. 『내훈』에서도 어머니를 자녀교육의 주된 책임자로 기술한다:

어린 아이에게 허물이 있는 것은 모두 어머니의 양육 탓이다. 그렇게 기르다 장성하게 되면 비록 뉘우친다 해도 이미 때는 늦은 것이다. 자식이 어리석고 못난 것은 진실로 어머니에게 책임이 있는 것이니, 어머니여 어머니여! 자칫 그 허물을 다른 곳에 핑계하지 말 것이다.[30]

마찬가지로 『사소절』에서 역시 '아들이 불초하게 되는 것은 어머니가 아들의 허물을 숨겨 아버지가 알지 못하게 하는 데서 연유한다'[31]고 하였다. 전통사회에서 대개 열 살 이후의 아들의 지식 교육은 아버지가

---

28) 위 글, p.63.
29) 위 글, p.18.
30) 소혜왕후 한씨. 육완정 역주(1984). 위 글, p.148.
31) 이훈식 엮음(1990). 위 글, p.73.

주로 담당하지만, 거의 모든 여훈서에서 아들 교육이 제대로 되지 못한
경우의 책임은 어머니에게 있다고 규정하였다. 반면에 아버지의 자녀교
육의 의무와 책임은 최소한으로만 제시하고 있다:

여자의 명령에 고분고분하는 일이며, 청소하는 일, 길쌈하는 일, 음식
을 만드는 일들이 오로지 어머니의 가르침에 의지하게 되고, 그 아버
지가 된 사람은 때때로 시서와 도사(圖史)를 가지고 설명하여 경계하
는 데 불과할 뿐이다. 남자가 갓나서부터 7내지 8세될 때까지의 출입
하고 행보하는 일이며 언소하고 기거하는 일, 의복과 음식에 관한 일,
그리고 조심하고 화목하는 일과 덕성을 배양하는 일 등도 역시 어머니
의 훈계에 의지하게 되니 그렇다면 어머니된 직책이 또한 중대하지 않
은가?[32]

자녀교육자로서의 어머니에게 부과된 또 하나의 책임은 아들에게 군
주에 충성할 것을 가르치는 일이다.[33] 『내훈』 모의장(母儀章)에서는 중
국 제나라의 재상이 뇌물을 받아 그 어머니에게 드리자 어머니는 자식
을 크게 꾸짖었고, 나중에 이를 안 왕은 그 어머니의 의로움을 크게 칭
찬하여 재상의 죄를 용서하고, 그 어머니에게는 상금을 내렸다는 일화
를 소개한다. 그 어머니는 아들에게 이렇게 말한다:

마땅히 있는 힘과 능력을 다하여 충정과 신의를 바치어야 할 것이며,
속이는 일이 없어야 할 것이며, 청렴결백하고 공정한 것으로 임금에게

---

32) 위 글, p.78.
33) 박용옥도 전통사회에서의 어머니상은 사사로운 정을 극복하고 공도공의
    (共道共義)를 가르치는 모습으로 그려진다고 하였다; 박용옥 외(1996). 위
    글, p.96.

58

보답하여야 할 것이다. 그런데 이제 네가 이런 것에 어긋나는 행동을 하고 있으니 신하로서는 충성스럽지 못한 것이며 자식으로서는 효도를 하지 못한 것이다.[34]

여기에서 중요한 점은 전통사회에서 여성의 역할은 전적으로 사적인 영역에만 제한되지만 모성으로서는 공적인 이데올로기 실천의 협조자여야 한다는 것이다.[35] 다시 말해 모성을 국가의 정치적 지배이데올로기 침투를 위한 하나의 도구로 사용한 것을 알 수 있다. 『여사서』[36]의 권4 여범에서도 임금에 대한 의를 저버린 아들을 책망하는 제나라 왕손의 어머니의 일화가 나온다.[37] 뿐만 아니라 관리가 된 자식에게 청렴을 가르치는 어머니의 예도 『내훈』과 『여사서』에 제시되어 있다.[38]

그런데 여훈서에서는 이렇게 자녀교육자로서는 전적인 책임과 의무를 부여하지만 어머니로서 누릴 수 있는 권리 측면에 있어서는 제한을 가하며 오히려 견제하는 양상을 띤다. 『계녀서』에 의하면, 자녀의 혼취에 있어서 어머니는 '인간대사이니 신랑·신부를 자세히 알아서 하되 지아비께 맡기고, 자세히 모르면 아는 체하지 말고 약간의 소견을 말하되

---

34) 소혜왕후 한씨. 육완정 역주(1984). 위 글, p.159.
35) 실제적으로는 여성이 직포를 생산하고 부업을 경영함으로써 공적 영역에 간접적으로 기여하였다고 볼 수 있겠지만, 규범적으로는 내외법에 의해 거처를 집안에 제한시키고 공적인 세계에 참여하는 것을 금했다: 조경원 (1996). 유교 여훈서의 교육원리에 관한 철학적 분석. 『여성학논집』 제13집 (서울: 이화여자대학교 한국여성연구원), p.281.
36) 『여사서』는 청나라 때 왕상이 예부터 전승되어오던 여성 교양서인 여계, 내훈, 여논어, 여범을 한 권으로 묶은 것을 영조가 영조10년(1736년)에 번역, 출판하게 하고 직접 서문을 썼다.
37) 김종권 역주(1987). 『女四書』(서울: 명문당), pp.142-147.
38) 소혜왕후 한씨. 육완정 역주(1984). 위 글, p.160; 김종권 역주(1987). 위 글, pp.142-147.

판단하지 말라'39)고 하였다.40)

이상에서 본 바와 같이 조선시대의 여훈서에서는 비현실적이리만치 완벽하고 희생적인 어머니상을 제시하고 있다. 여성의 어머니로서의 역할은 며느리, 아내, 주부로서의 역할과 마찬가지로 부계 가부장제 가족제도의 질서와 안정 유지라는 목적에 부합되도록 규정된 것이었다. 따라서 남편 집안에서의 질서와 화목을 위해 아내와 며느리로서 절대적 순종이라는 인위적 노력을 여성에게 강조한 것 못지않게, 어머니로서의 역할에 있어서도 자연적 감정을 억제하고 전처 자식과 서출들을 친자식보다 더 사랑하고 희생할 것을 비범한 여성들의 예를 제시함으로써 강조했다. 한편으로 여성은 본능적인 모성애에 빠져서 자녀교육을 제대로 수행할 수 없는 비이성적인 존재라는 관념을 밑바탕에 두고 있으면서, 그렇기 때문에 교화를 통해 부단히 자녀교육의 주된 책임이 어머니에게 있음을 강조하고, 대조적으로 아버지의 자녀교육에 대한 책임은 최소한으로 규정하며 이를 추궁하지 않는 것을 훌륭한 어머니의 덕목으로 추가하였다. 이와 더불어 모성에는 국가적 이데올로기인 군주에 대한 충성과 관리로서의 청렴을 가르쳐야 하는 공적인 의무도 부과되었다.

결론적으로, 조선시대의 이상적 모성관이란 유교라는 국가통치이념과 가부장제에 의해 구성된 것이며, 여훈서의 모성이데올로기는 이러한 모성관념을 제도화함으로써 가부장제의 모순을 극복하고, 나아가 부계가족제도를 지탱하기 위해 여성에게 희생과 인내를 요구하는 기제로 존재

---

39) 이훈석 엮음(1990). 위 글, p.33.
40) Deuchler 역시 자녀의 혼약에 있어서 어머니의 동의가 필요하였지만, 이러한 어머니의 공식적인 권위는 어머니가 자녀의 지적, 정서적 성장을 위해 기울여야 하는 노력에 비하면 극히 제한된 것이라고 지적한다. Martina Deuchler (1992). *The Confucian Transformation of Korea: A Study of Society and Ideology.* (Cambridge and London: Council on East Asian Studies, Harvard University), p.265.

하였다고 볼 수 있다.

2. 개화기의 모성담론

이 절에서는 19세기 말 개항에서 1910년 일제의 식민지지배에 들어가기 전까지의 기간을 개화기로 보고 이 시기에 제기되었던 모성에 관한 담론을 분석해 보고자 한다.

개화기는 정치적으로 국가의 존립이 위태로운 상황에서 근대적인 사회로의 변화를 모색하던 남성지식인들을 중심으로 여성의 역할에 관해서도 이전의 봉건사회와는 다른 새로운 주장과 담론들이 나타나기 시작했다.[41] 개화파인 박영효, 유길준, 서재필, 윤치호 등은 천부인권사상에 입각하여 여성개화사상을 주장하기 시작했는데, 여성의 모성에 관한 언급으로 최초의 것이라 생각되는 것은 유길준의 『서유견문』(1895)에서이다. 이 책에서 그는 직접 경험한 구미의 여성에 대해 소개하면서, 여성이 지식이 없이 자녀를 교육하면 자녀의 인생을 망치기 쉬우므로 의식주의 기술보다는 지식교육이 필요하며, 전통적인 내외법은 여성을 한 곳에만 거처하게 하여 양반집 여자는 농민에 비하여 몸이 약하고 아이를 낳지 못하는 경우가 많은 등 건강한 아이를 출산할 수 없게 한다고

---

41) 개화사상의 태동과 더불어 여성의 개화에 대해서도 언급되기 시작했는데, 예를 들면 사민평등을 주장한 박영효가 국왕에게 건의한 8개조의 개혁안 중에는 부녀자가 음독하여 낙태하는 일을 금지할 것과 남편의 처에 대한 폭력 금지, 남녀 모두 6세 이상은 학교에 입학시킬 것, 남녀 및 부부의 평등, 축첩금지, 과부의 재가를 허용할 것이 포함되었다: 최숙경·정세화 (1976). 개화기 한국 여성의 근대의식의 형성. 『논총』 제28집 (서울: 이화여자대학교 한국문화연구원), pp.331-332.

비판했다.[42] 즉 유길준은 모성의 주된 역할을 아동교육과 출산자로서의 역할로 보고 아동교육을 위해 여성에게도 교육이 필요하며, 건강한 아이를 출산하기 위해서는 모체의 건강이 중요함을 지적한 것이다. 이후 독립신문이 간행되면서 독립신문의 논설에서도 여성에게 교육이 필요하다는 주장이 활발히 제기되었다. 독립신문은 서재필의 사민평등사상에 기반하여 남녀평등과 가부장적 전제주의, 조혼과 축첩제도, 과부재가 금지제 등 구제도의 폐해를 비판했는데,[43] 이 중에서 가장 역설한 것은 여성교육 문제였다:[44]

> 녀자를 교육ᄒ여 노케되면 대단히 유죠ᄒ 일이 여러 가지 잇스니……어린 ᄋ해들이 十세이젼에ᄂ 항상 그 모친 휘하에 자라며 언행과 동정을 배호나니 그 어마니가 학문이 잇스면 학교에 보내기 젼에ᄂ 그 모친이 ᄀᆯᄋ치리니 이것은 양육ᄒᄂ 모친믄 될 뿐 아니라 즈녀의 스승이 되ᄂ 리치라. 녀즈의 학문잇는 것이 엇지 나라와 백성의게 유익됨이 젹다ᄒ리요……지금 정부에셔 녀학교를 셜시ᄒ야 실디 공부로 녀즈를 ᄀᆞ아칠진대……즈녀되ᄂ ᄋ해들은 사랑ᄒᄂ 스승을 엇을 것이오……나라히 즈연 문명ᄒ 디경에 이르리니……[45]

이 논설에서 나타난 바와 같이 여성에게 교육이 필요한 이유 중의 하

---

42) 최숙경·정세화(1976). 위 글, pp.332-333.

43) 이효재(1996). 『한국의 여성운동-어제와 오늘(증보판)』(서울: 정우사), pp.34-35.

44) 독립신문은 교육문제에 있어서 학교 설치와 신학문 수용의 필요성을 주장하고, 남녀노소, 상하빈부 등 신분에 상관없이 모두 신학문을 배워야 한다는 입장이었으나, 특히 여성교육의 필요성을 강조한 논설이 양적으로 가장 많았다; 조남현(1985). 한국 개화사상의 단면-독립신문의 논설. 『전통문화와 서양문화(Ⅰ)』(서울: 성균관대학교출판부), pp.349-351.

45) 『독립신문』 1899. 5. 26.

나는 어머니로서 자녀의 양육과 교육을 담당하는 데 필요하기 때문이고
그러한 모성의 역할은 국가와 민족에게 유익하며 그럼으로써 국가는 문
명국이 될 수 있다는 논지이다:

> 여자를 교육하는 것이 첫째 큰 일이라 대저 여자가 자녀를 생산한 후에
> 그 애비도 그 자녀를 가르치려니와 그 어미가 항상 좋은 학문으로 가르
> 쳐서……조선은 여자 교육 없는 까닭에 아해가 나서 어미 슬하에 있을
> 때에 좋은 것을 배우지 못하고 아비에게도 배우지 못하고 선생에게서
> 비로서 배운다하되 학문없는 선생에게 글자만 배울 따름이라……[46]

이렇게 아동교육 담당자로서의 모성의 역할이 중요시되게 된 데에는
문명개화국이 되기 위하여 2세 국민으로서의 아동의 양육과 교육이 중
요하게 인식되기 시작했다는 데 있다. 독립신문의 1897년 8월 26일자
논설에서도 '죠선에 뎨일 급선무는 죠선 사람들이 아해와 백성과 츙성
과 나라 네 글즈이 무슴 뜻인 줄을 알아야 홀지라'고 하면서 국가의 장
래를 이어나갈 아동에 대한 교육문제가 방치되어 있다고 비판하였다.[47]
개화사상가들은 당시 조선사회가 직면한 민족적 위기를 극복하기 위
하여 자주부강한 근대 국민국가의 건설을 추구했었다. 따라서 국민의
힘을 나라의 독립을 지키고 발전시키는 데 모으기 위해서는 신지식을
갖춘 인재를 양성해야 한다고 인식하고 근대적 국민 형성을 위한 교육
과 계몽이 가장 급선무라고 보았다.[48] 이에 따라 근대적인 학교의 설립

---

46) 『독립신문』 1897. 5. 18. 논설란; 이현희(1980). 『한국근대여성개화사』(서
  울: 이우출판사), pp.118-119에서 재인용.
47) 조남현(1985). 위 글, p.335.
48) 서영희(1995). 개화파의 근대국가 구상과 그 실천. 한국사연구회 편. 『근대
  국민국가와 민족문제』(서울: 지식산업사), p.271; 신용하(1994). 『한국근대
  사회의 구조와 변동』(서울: 일지시), pp.7 99. 예를 들면 1899년 4월 15일

을 추진함과 동시에 새로이 가정에서 아동을 교육하는 어머니의 역할이 중요함을 인식하기 시작한 것이다. 즉 '인민의 교육을 넓히 하여 지식을 배양하려면 동몽교육과 여인교육이 시급'하다고 한 것도, 그 이유가 '사람마다 세상에 나면서부터 지각을 배우는 동안은 어머니 슬하에 자라는 고로, 그 어머니의 지식과 학문 유무가 자녀의 교육에 크게 관계가 되는 것'으로 보았기 때문이었다.[49] 풍전등화의 상황에 있는 국가를 위해서 가정교육담당자로서의 어머니역할의 중요성을 인식한 것은 서구 계몽주의 사상에 영향을 받은 개화사상가뿐만은 아니었다. 박은식, 장지연 등 개신유학자들도 가정교육의 담당자는 어머니이므로 '一國의 母가 學이 有하면, 一國의 子가 儀를 奉할 것'[50]이므로 여성교육이 필요하다는 주장을 폈다.

자 논설에서는 다음과 같이 근대적 지식교육의 필요성을 주장했다. "지금 형편이 예전과 대상부동하야……정치 법률의 긴절함과 기계 공장에 편리함을 우리나라 사람으로는 일초도 따라갈 수 없는 까닭은 다만 구습에 저진 학문으로 시속을 비방하고 자포자기함이니 어찌 개탄치 아니하리오. 지금 시급히 각 군 각 방에 학교를 설치할 것은 우리나라 이전 학문과 외국의 각색 간절한 여러 가지 학문을 분등 참작하야 전국중 남녀를 물론하고 칠팔세 이상으로는 몰수히 학교에 보내여 각색 학문을 정밀히 가르쳐 ……": 이현희(1980). 위 글, p.120에서 재인용.

49) 『독립신문』 1898. 9. 13; 강재언(1981). 정창렬 역. 『한국의 개화사상』(서울: 비봉출판사), pp.325-326에서 재인용. 제1장에서 기술한 바와 같이, 일본에서도 메이지유신 이후 구미사상의 영향을 받은 계몽주의자들에 의해 아동교육자로서의 모성역할의 중요성이 인식되기 시작하였다. 이들은 서구에 비해 뒤늦게 시작한 근대화를 추진하기 위해 국가발전의 차원에서 다음 세대의 국민을 양성하는 어머니의 교육적 역할의 중요성을 인식하고, 여성교육의 필요성을 주장하였다; 小山靜子(1990). 「家庭敎育」の登場 －公敎育における「母」の 發見－. 『規範としての文化－文化統合の近代史』(東京: 平凡社), pp.243-267.

50) 『皇城新聞』 1898. 11. 3. 논설; 박용옥(1984). 『한국근대여성운동사 연구』(서울: 한국정신문화연구원), p.47에서 재인용.

64

개화기 이래 국가를 위해 자녀교육자로서의 모성의 역할이 중요하다
는 인식은 1905년에서 1910년 사이에 국권회복을 목적으로 애국계몽운
동이 전개됨에 따라 더욱 강해졌다. 1905년 을사조약에 의해 실질적으
로 국권을 빼앗긴 상태가 되자 개화자강파를 중심으로 민족의 실력을
양성하기 위해서는 국민을 '신국민'으로 만들어 민력을 양성해야 한다는
주장이 대두되었는데,[51] 여기서 신국민이란 '애국심을 가진 시민적 국
민'을 의미했다.[52] 애국과 계몽은 이 시기 지식인들의 공통된 인식이었
고 따라서 애국심을 가진 국민을 만든다는 것의 중요성이 부각되기 시
작했던 것이다.

이러한 상황이 여성에게는 어머니로서 자녀에게 애국심을 고취시키는
교육을 하여야 한다는 애국주의적이고 구국주의적인 모성론의 형태로
나타났다. 박은식은 어머니는 자녀를 국가가 요구하는 인물로 양육하여
야 하며, 전장에 나간 다섯 아들의 사망에 슬퍼하지 않고 전쟁의 승패
를 염려한 스파르타의 부인과 같은 상무정신이 필요하다고 역설하였
다.[53] 그는 또한 '여자가 학문이 없으면 가정교육을 제대로 할 수 없다.
지금 시대는 소수가 다수를 敵치 못하며 野昧者가 文明者를 抗치 못한
다'고 하면서 당시 침략야욕을 뻗치고 있던 일본을 의식하여 이에 대항
하기 위해서는 자녀교육을 담당하는 여성의 교육이 필요하며 여성교육
은 '인종의 생존상에 제일 긴절한 관문'이라고까지 강조하였다.[54]

---

51) 독립협회든 대한자강회든 이 시기의 개화파 지식인들은 모두 교육 진흥과
   식산흥업을 통해 국권 회복을 이룬다는 '선 실력양성, 후 독립'을 공통적으
   로 주장하였고, 이를 추진해 나가기 위해서는 애국심의 고취가 필요하다고
   강조했다; 박지향(2000). 위 글, pp.133-135.
52) 신용하(1994). 위 글, pp.51-53.
53) 박은식(1907). 文弱之弊는 必喪其國 『西友』 제10호, p.5; 박용옥(1984). 위
   글, pp.48-49에서 재인용.
54) 박은식(1908). 『女子指南』 제1권 제1호, pp.1-2; 박용옥(1984). 위 글, p.49

자녀교육자로서의 모성의 역할을 중시한 남성지식인들의 인식은 정부
의 여자교육 방침에 있어서도 잘 나타난다. 1908년 설립된 최초의 관립
여학교인 한성고등여학교의 설립취지에 의하면, '보통교육은 남녀의 別
이 無한 것이니, 여자는 嫁하여 夫를 翼하고, 家를 理하며, 자녀를 扶育
하는 책임을 負하여 일가의 행복을 증진하고, 이를 推하여 국운을 裨補
함도 큰 것이니, 국가가 어찌 자녀교육을 중요시 여기지 아니하리요'라
고 하여, 여성은 어머니로서 자녀교육을 원만히 수행함으로써 당시 위
태로운 국가를 위해 기여할 수 있다고 보았다.[55]

모성으로서의 여성교육의 필요성이 대두된 보다 본질적인 이유는 장
래의 국민이 될 아동교육의 필요성이 구국적 차원에서 절실하게 인식되
었기 때문이다. 여기서 모성이 공적인 목적을 위해 기여하여야 한다는
인식은 전혀 새로이 등장한 개념은 아니다. 앞 절에서 보았듯이 유교의
여성교훈서에서는 어머니의 역할 중 하나로써 아들에게 왕에 대한 충성
을 가르칠 것이 기대되었었다. 군주에 대한 충성이 근대적인 국가의 개
념이 등장하고 국권 침탈의 사회적 위기하에서 애국이라는 명칭으로 변
화되었을 뿐, 이 시기 남성지식인에 의해 인식된 모성 역시 구국이라는
공적인 목적에 기여할 것이 요구되었다.

한편, 남성지식인들에 의해 국가를 위한 구국주의적인 모성이 제창되
었던 이 시기에 여성들은 모성을 어떻게 인식하였을까. 천주교의 전래와
동학사상, 개화사상가들의 천부인권사상 등의 대두와 그에 따른 사회적
인 변화는 일부 여성들에게 점진적으로 의식의 변화를 가져오는 계기가

에서 재인용.
55) 한명희(1987). 교육이념에 나타난 성의 구조, 『한국여성학』 제3집, pp.21-23.
　　또한 한성고등여학교의 교장인 어윤주는 '인재양성은 현모의 손으로'라는 교
　　육이념에 입각하여 종종 신사임당에 대해 언급했다; 瀬地山角(1996). 『東ア
　　ジアの家父長制 - ジェンダーの比較社會學』(東京: 勁草書房), p.139.

되었다. 1898년 「女權通文」의 발표와 찬양회의 조직은 개화기 여성들이 남녀동등권과 교육권을 희구하고 이를 획득하기 위해 여성들 스스로 자발적인 행동을 일으킬 만큼 의식이 성장하게 되었음을 보여준다.

그러나 이 시기 비록 '신체와 수족과 이목이 남녀가 다름이 있는가……이왕에 먼저 문명개화한 나라를 보면 남녀가 일반 사람이라'[56] 하여 남녀가 동등하다는 의식의 각성은 생겨났지만, 이들의 권리주장에는 뚜렷한 한계가 있었다. 여성교육을 목적으로 조직된 찬양회가 관립여학교의 설립을 위해 고종에게 상소한 상소문에 의하면, '찬양회를 설시하여 忠愛 두 글자를 규중으로부터 온 나라에 흥왕'[57] 하게 하려는 목적에서 여학교가 필요하다고 요구하였고, 이들이 지어 부른 '찬양회 애국가'를 보면,

> 三千里 넓은 강토/ 二千萬 중 만한 동포/……단군기자 기千년에/ 부인 협회 처음일세/……문명동방 대한국에/ 황제폐하 처음일세/ 성상의 높은 은덕/ 하늘 아래 하늘이라/ 구미각국 부러마소/ 문명동방 더욱좋다 /……황제폐하 億萬세라/ 대한제국 億萬세라/……동궁전하 萬千세라 /……우리동포 千百세라……[58]

라고 하였다. 즉 이들이 인식한 여성교육의 필요성은 여성 자신을 위한 것이라기보다는 충군애국과 애민애족의 연장선상에 있었음이 드러난다. 찬양회는 이 밖에도 독립협회운동을 지지하고 자강개혁운동에도 참여하였는데, 1898년 찬양회의 여성회원들은 관민공동회에 '爲國忠君의 뜻'을

---

56) 「女權通文」 (1898). 『皇城新聞』 1898. 9. 8. 논설: 박용옥(1984). 위 글, p.58에서 재인용.
57) 박용옥(1984). 위 글, pp.64-65.
58) 위 글, pp.66-67.

가지고 참석하여 정치적 활동을 통하여 여성들도 국민의 구성원이라는 인식을 확고히 나타내고자 하였다. 관민공동회가 의회를 설립하지 못하고 강제로 해산됨에 따라 만민공동회가 설립되었는데, 찬양회의 부인회원들은 여기에도 적극 동참하였고, 이 회를 지지하는 일반 부인들도 자발적으로 의연금을 기부했으며,[59] 이에 대해 당시의 언론들은 남자도 따를 수 없는 '忠愛之擧'라고 격찬하였다.[60]

이러한 일련의 사건에서 보듯이 이 시기의 여성들은 국내외의 정세에 대한 지식과 정보를 가지고 있었고 적지 않은 정치적 관심도 가지고 있었다:

독립협회 연셜소문 졀졀이 츙군이오 수수이 애국이라. 우매혼 녀즈들도 연셜을 들러보니 츄애지심 격발하나 녀즈몸이 도얏스니 보국안민 홀수잇소. 녀학교 셜시하야 개명규칙 브온후에 남즈와 동등되여 츙군으국 목격숨아 황실을 보호하고 민생을 구제하면 그 아니 죠흘잇가.[61]

그러나 위의 제국신문의 여성독자의 기고에서도 나타나듯이 여성들의 국가관은 충군애국의 관념에서 국권과 왕권을 동일시하는 봉건적인 의식에서 탈피하지 못한 상태이며,[62] 여성으로서의 주체적인 권리를 주장하기보다는 여성도 국민으로서 개화와 자강이라는 국가적인 목표를 위해 일조하고자 하는 방향으로 나타났다.

이 시기에 우리나라에서 최초로 일본과 유럽에 유학하고 한성고등여학교의 교사가 된 윤정원은 아직 여성이 자신의 이름으로 글을 발표하

---

59) 콩나물장사의리. 『독립신문』 1898. 11. 9; 여인충애. 『독립신문』 1898. 11. 11; 婦人捐助. 『제국신문』 1898. 11. 11. 위 글, p.76에서 재인용.
60) 위 글, pp.76-77.
61) 『제국신문』 1898. 11. 5.
62) 이효재(1996). 위 글, pp.41-43.

는 일이 드물었던 당시에 몇 편의 글을 발표하였다:

> 여자라 하는 것은 국민지모(國民之母)요 사회지화(社會之花)요 인류지
> 태양(人類之太陽)이니 국민지모라 함은 불비다언(不備多言)이라도 가
> 지(可知)할 것이오……한 가정에서 중심이 되는 주부는 항상 태양과
> 같이 밝은 얼굴로 가정의 평화와 안녕을 보존해야 할 것이다……어찌
> 하면 실로 여자의 책임을 헛되게 아니하고 자기의 천 명을 완연히 득
> 달할까……이 대답에는 다만 교육 이 자밖에는 없으니……63)

윤정원은 사회구성원으로서의 여성의 존재를 국민의 어머니, 사회의
꽃, 인류의 태양에 비유하여 '한 가정에서 가정의 평화와 안녕'을 주는
것이 여성의 책임이라고 보았다. 즉 여성을 남성이 주체인 사회에서 남
성의 보조적인 역할을 담당하는 존재로 위치시키고, 그러한 역할을 제
대로 수행하기 위해서는 교육이 필요하다는 논지를 폄으로써 이 시기
남성지식인들의 모성교육론과 동일한 시각을 가지고 있었음을 알 수 있
다. 또한 여성잡지의 여성 필자에 의한 글도 가정에서의 어머니의 올바
른 자녀교육이 이루어져야 국가와 사회의 발전에 기여할 수 있다는 사
고에 입각하여, 태교나 자녀양육법 등 자녀교육에 관한 근대적인 신지
식을 전달하는 내용이 주종을 이루었다.64)

이 시기 비록 여성들이 남녀동등권을 제창하고 여성교육을 요구하였

---

63) 윤정원. 본국 제형제매에게. 『태극학보』 제2호 1906년 9월; 이상경(1996).
　　여성의 근대적 자기표현의 역사와 의의. 『민족문학사연구』 제9호 (서울:
　　창작과 비평), p.63에서 재인용.
64) 리정숙. 어린아이 교육론; 윤경자. 잉태한 부인의 조섭하는 법; 변옥. 어린
　　아이 기르는 법. 모두 『자선부인회잡지』 제1호; 신영숙(1994). 대한제국
　　시기 가부장제와 여성생활. 『여성학논집』 제11집(서울: 이화여자대학교 한
　　국여성연구원), p.102에서 재인용.

지만, 그것은 여성의 어머니로서의 정체성에 대한 문제제기를 가져올 정도로 주체적이지는 않았다. 그보다는 모성역할을 여성의 천부적인 역할로 인식하고, 여기에 근대적인 교육을 통해서 가정에서의 어머니역할을 보다 잘 수행해내는 것을 지향하였다. 결국 이러한 인식은 남성지식인들이 주창했던 구국적이고 애국주의적인 모성역할을 그대로 수용하게 하는 기반이 되었다고 보아진다.

3. 1920-30년대의 모성에 관한 다양한 논의

(1) 민족주의와 모성예찬

3.1 독립운동 이후 일제는 소위 문화정치를 표방하여 동아일보와 조선일보 등 신문과 잡지의 발간을 허용하였는데, 1940년 전시체제로 폐간되기까지의 20년간에는 이들 매체를 통하여 모성에 관한 담론이 활발하게 전개되었다. 식민지배에 들어가기 전의 시기와 마찬가지로 이 시기에도 여전히 가정교육의 중요성과 훌륭한 국민을 양육해 내기 위해서는 훌륭한 어머니가 필요하다는 담론이 계속되었지만,[65] 이미 국가의 주권을 상실한 상태였으므로 애국이나 구국 또는 상무정신과 모성을 연관시키지는 않았다. 그 대신 남성지식인들은 '민족의 장래', '미래의 조선'과 같은 민족주의와 모성의 역할을 결부시켰다:

---

65) 유억겸. 어머니.『신가정』1933. 5.

70

녀자교육은 모성중심의 교육(母性中心敎育)이라야 한다. 녀자의 인생에 대한 의무의 중심은 남의 어머니가 되는 데 잇다……조흔 어머니가 되며 조흔 아희를 길러내는 것이 오즉 녀자의 인류에 대한 의무요 국가에 대한 의무요 사회에 대한 의무요 또 녀자가 아니고는 하지 못할 것이다. 한 나라에서 조흔 국민을 만히 나게 하려면 먼저 조흔 어머니를 만히 만드러 노아야만 한다. 더구나 우리나라와 가티 특수한 경우에 잇서 민족적 개조가 긴급한 국민에게는 무엇보다도 만흔 조흔 어머니가 필요하다……신성한 새국민을 길러내는 어머니되는 일을 조곰도 배우지 아니하고 할 수가 잇스리오……오늘날 우리 조선녀자에게는 모성중심의 교육을 깁히 깁히 너허주지 아니하면 녀자를 교육 식힌다는 것이 아모 의미가 업는 줄 안다.[66]

이 시기 많은 남성지식인들은 서구의 진화론적 사상의 영향을 받아 문화의 우열과 사회발전에 관한 의식을 갖게 되었는데, 이들 중 식민지배를 현실로 받아들이고 식민지 근대화를 통해 민족이 개량되어야 한다고 보았던 개혁론자들은 민족문화의 본질을 부정적으로 보는 입장이었다. 특히 이광수는 조선의 열등성을 민족문화에 기인하는 것으로 보고 민족성의 개조를 주장하였는데, 조선민족의 의식구조, 가치관, 윤리체계 및 일상에서의 행위양식과 관습의 개조를 역설하면서,[67] 우리 민족에게 긴급한 민족적 개조를 위해 '새 국민'을 길러내는 역할을 모성에 부여하였다:

모성의 귀중함은 그가 종족을 위하야 노력하고 전 민족을 기초로 하는

---

66) 이광수. 내가 女學校 當局者이면! ―母性中心의 女子敎育. 『신여성』 1925. 1.
67) 김광억(1998). 일제시기 토착 지식인의 민족문화 인식의 틀. 『비교문화연구』 제4호, pp.87-91.

무한한 창조력을 가진 소이라고 할 수 잇다……어너 민족의 흥망이든
지 문명이 고하되는 일반의 이유는 전혀 여성의 흥망 여하에 잇는 것
이다……여성의 발전 - 여성의 노력 여하에 따라 그 민족의 운명이 좌
우되는 것이다……영원히 그 민족의 장래에 부여하는 모든 것이 그 모
성인 여성의게 잇지 안코 어데 잇겟느냐. 이것이 곳 모성의 임무이라
고 한다……그럼으로 또 여성을 모성의 의미에서 이탈시키면 그도 亦
아무런 귀중함이 업다고 생각한다……결함만을 소유한 조선의 여성이
기 때문에 결함만을 소유한 조선이다. 인격적으로 사회적(광의)으로
아모 것도 업는 여성이기 때문에 인격적으로 사회적(광의)으로 아무것
도 업는 조선이다. 위대한 조선 - 장래의 조선을 잉태하여줄 조선의 여
성들아, 인간건축 - 민족건축 - 을 맛흔 조선의 여성들아……자연성적
모성임에 머리를 숙여라……완전한 새 국민의 모성이 되기를 - [68]

식민지배하에서 남성지식인들은 여성의 공적 영역에서의 활동에 저항
감을 가지고 있었다. 그러나 모성에는 '민족의 운명'을 좌우하고, '장래의
조선을 잉태하여' 준다는 공적인 의미를 부여하였다. 이것은 '민족의 운
명과 장래'라는 레토릭을 사용함으로써 이제 막 움트기 시작한 여성들의
사회진출 욕구를 억압하고 여성을 가정에 귀속시키고자 하는 남성집단
의 의도를 보여준다. 동시에 남성들은 교육받은 신여성층에게 현모양처
역할을 부여하고 '신가정'담론을 만들어 내었다. 과거의 어머니란 권리가
없는 노예에 불과하였지만 현대의 가정이란 동등한 두 인격의 결합이라
는 근대적인 부부관계와 안락한 가정, 즉 '스위트 홈'의 메시지를 제시함
으로써 여성들에게 모성과 아내의 역할에 충실할 것을 요구했다.[69]

---

68) 이은상. 朝鮮의 女性은 朝鮮의 母性. 『신여성』 1925. 6 · 7.
69) 신보석. 신여성의 가정철학. 『신동아』 1932. 6; 이용○(판독 불가). 『신동아』
1932. 10; 현제명. 신가정노래(즐거운 내집 살림). 『신가정』 1936. 1; 우리

모성이 민족을 위하여 의미 있는 일이라는 레토릭에는 여성은 누구나 어머니가 된다는 것이 전제되어 있었으며,[70] 그래서 '여성을 모성의 의미에서 이탈시키면 그도 亦 아무런 귀중함이 업다'고 보았기 때문에 결혼을 기피하는 현상은 비판되었고, 결혼하지 않고 사회적 활동을 하는 여성들은 견제의 대상이 되었다. 식민지라는 상황은 여성보다 남성의 기득권을 박탈하고 여기에는 전통적인 유교적 가부장제하에서 남성들이 여성의 정조에 대해 가지고 있던 권리를 포함한다. 남성들은 여성을 성이 배제된 어머니라는 존재로서 가정이라는 울타리 안에 제한시키고자 하였으며,[71] 이것은 정조이데올로기와 모성이 결합되는 담론으로 나타났다.

이러한 남성의 논리가 잘 드러나는 것이 주요섭의 『사랑 손님과 어머니』(1932)이다. 옥희의 어머니는 18세에 결혼해서 19세에 과부가 되어 옥희를 낳았다. 작가는 '풍금을 타고 예배당에도 다닐 만큼 개화된 신여성'인 스물네 살의 옥희 어머니에게 보수적인 내외법을 벗어나지 못하

가정의 위생적 생활개선. 『동광』 1932. 8; 명사가정 방문기. 『신동아』 1932. 8; 남성이 필자인 이들 기사에서는 가정이란 과거와 달리 두 인격의 결합이며 동반자로서의 부부관계와 자녀양육에 있어서 부부가 협력할 것 등 가정의 단란과 가정중심주의를 강조했다. 그러나 대조적으로 여성들은 남편들의 가정에 대한 무관심과 부인을 무시하는 관념, 가족일에 상호 논의가 없음을 토로하고, 인격적으로 동등한 대우와 가정중심성을 가져달라고 요구했다; 신가정 내용 공개. 『신동아』 1932. 6; 신여성과 구여성의 행로. 『신여성』 1933. 1.

70) "녀학교를 졸업하고 나오는 학생들에게 「당신이 할 일이 무엇이오?」 하고 무러본다하면 「나는 조흔 어머니가 되어 조흔 국민을 만들겟소」 하고 대답하는 이가 한 사람이나 잇슬가 업슬가. 그러나 그들은 학교 문을 나서기가 무섭게 남의 안해가 되고 남의 어머니가 된다" 이광수. 모성중심의 여자교육. 『신여성』 1925. 1.

71) 최정무(1999). 유색여성주의와 식민후기 문제. 『역사 속의 페미니즘 우리 곁의 페미니즘』(서울대학교 여성학 협동과정 창립기념 심포지움 자료집), p.8.

게 하고, 재가도 허용하지 않았다. '열녀는 불경이부'라는 전통적 가부장
제 이데올로기가 부녀자의 개가를 허용한 갑오개혁 이래 40년이 지나도
록 극복되지 못하고 있는 것이다.[72]

> 얼마나 순결을 잃은 타락한 여자이냐? 그에게는 참된 영혼도 없고 아
> 름다운 별도 없고 따라서 여성 최고의 임무인 어머니될 자격도 없
> 다……모성이라는 처지에서 보면 순결은 여성의 제일의 부덕일 것이다.
> 물론 순결은 소극적 덕이오 다시 자애(慈愛) 용기(勇氣) 이지(理智)
> 등 모든 부덕이 합쳐서 처음 이상(理想)의 여성이 되는 것이나 여성으
> 로서 순결이 제일조건임은 다시 말할 필요가 없는 것이다.[73]

식민지배하 인도에서의 반식민주의 민족주의 연구에 의하면 남성은
외적이고 물질적인 것을 대표하고 여성은 내적이고 정신적인 것을 상징
하는 것으로 나타난다.[74] 영국 식민자의 물질적 우월성에 의해 그들의

---

72) 임종국(1991). 패배와 좌절의 미학 – 주요섭의 〈사랑 손님과 어머니〉. 『한
  국문학의 민중사』(서울: 지리산), pp.191-204. 이 작품은 뒤에 언급할 백
  신애의 『아름다운 노을』에서 여주인공이 모성보다 여성으로서의 정체성을
  추구해나가는 모습과 뚜렷한 대조를 이룬다. 남성작가가 그리는 모성과 여
  성작가가 그리는 모성이 정반대되고 있음은 이 시기 모성론을 이해하는
  데 매우 중요한 지점이다.
73) 盧子泳. 文藝에 나타난 母性愛와 「永遠의 별」. 『신가정』 1934. 3.
74) 채터지에 의하면, 식민지배하 인도에서의 민족주의는 식민 사회에서 주권
  적 영역을 확보하기 위해 사회 제도와 관습을 물질과 정신이라는 두 개의
  영역으로 분리시킨다. 물질적 영역이란 경제와 정치, 과학, 기술과 같은 외
  부적 영역으로, 여기에서는 서구가 우월하여 동양은 이에 굴복할 수밖에
  없다. 반면에 정신적 영역은 문화적 정체성의 본질을 지니는 내적인 영역
  이다. 식민 사회에서는 물질적 영역에서 압도적으로 우월한 서구의 기술과
  문명을 모방할수록 정신문화의 특징을 보존해야 하는 필요성이 커진다. 채
  터지는 이러한 영역의 구분이 아시아, 아프리카의 반식민주의적 민족주의

본래의 영역을 빼앗긴 인도 남성들은 식민자에 대항하여 여성 문제를 식민종주국과의 정치적 경합에서 멀리 떨어진 주권의 내적 영역에 위치시키고, 여성의 영역인 내적 정신성의 추구를 강화하였는데, 최정무는 식민 조선에서의 남성들의 민족주의 담론도 이와 유사하게 나타난다고 지적한다.[75] 민족주의자들은 조선의 문화와 역사의 고유한 전통성을 강조함으로써 이를 본질화시켜 민족정신을 강조하였다.[76] 그러나 부권(夫權)을 상실당한 식민지 조선의 남성들에게 있어서[77] 민족정신, 민족의 정체성이란 가부장적 공동체성으로 인식되었고,[78] 이것이 여성에게는 장래 민족을 위해 일할 자녀를 양육하는 모성을 예찬하는 담론으로 나타났다:

민족의 가장 큰 일이 무엇이냐 그것은 씨를 잇는 일 – ……

어머니의 고통과 인내와 사랑과 희생을 무엇에나 비기리?……

사내가 전장에 나아가 싸우고 죽드라도 일터에서 뼈가 휘도록 일생을 일하드라도

어머니의 그것에는 못 비기리 어머니의 사랑은 끝없는 사랑……

의 기본적 특징이라고 지적한다; Partha Chatterjee(1993). *The Nation and Its Fragments: Colonial and Postcolonial Histories.* (Princeton: Princeton University Press), p.6, 117-120.

75) Chungmoo Choi(1998). Nationalism and Construction of Gender in Korea. *Dangerous Women* (New York and London: Routledge), pp.9-17.

76) 조은·윤택림(1995). 일제하 '신여성'과 가부장제 –근대성과 여성성에 대한 식민담론의 재조명–. 『광복50주년 기념논문집』 8 (서울: 한국학술진흥재단), pp.196-197.

77) 최정무는 이상의 소설 『날개』(1936)가 이러한 식민지 조선 남성의 무기력함을 나타낸다고 지적한다; Chungmoo Choi(1998). *op. cit.,* p.15.

78) 김수진(2000). '신여성', 열려 있는 과거, 멎어 있는 현재로서의 역사쓰기. 『여성과 사회』 제11호 (서울: 창작과 비평사), p.13.

찬양의 말을 가젓느냐. 그것은 모다 어머니께 바치라

우리의 살을 준 이, 피를 준 이, 말을 준 이 민족의 권하는 정신을 아울러

준 이……

아! 거룩하여라 어머니시어 내 어머니신 동시에 우리 나라의 어머니시

로다.[79]

모성에 대한 예찬은 모성이 여성의 본성, 즉 모든 어머니는 아이에 대한 사랑을 천성적으로 가지고 있다는 모성애의 담론으로 발전되었다.[80] 유교의 여훈서에서는 오히려 부정적으로 취급되던 모성애가 이 시기에 와서는 여성의 자연적 본성일 뿐만 아니라 민족의 부흥과 사회적 선, 나아가 민족의 미래를 구원한다는 메시지와 결부되어지게 된 것은 주목할 지점이다:[81]

母性愛라는 人類의 感情中에 가장 아름답고 가장 强한 感情……만일 女子들이……母性의 사랑이라는 것을 鍊出하야 純潔한 戀愛로부터 곧 聖潔한 母性愛에 들어가고……만일 朝鮮의 女性이 이렇게 된다 하면 朝鮮은 新生의 和平과 快樂과 繁榮을 얻을 것이다……女子들이 앗불사

---

79) 이광수. 어머니. 『신가정』 1933. 4.
80) 김림. 모성애는 자연이 인류에게 준 다른 한 개의 태양이 아니고 무엇이랴. 『신가정』 1933. 4; 보라! 動物도 어미사랑 이러하다. 『신가정』 1933. 5; 모성애는 거룩하다, 이를 모독한 엄마, 어머니의 본성을 일른다면 금수만 훨신 못한 존재이다. 『동아일보』 1932. 6. 23.
81) 이러한 현상은 1장에서 기술한 바와 같이, 18세기 말 프랑스에서 모성애에 대한 관념이 하나의 새로운 사고로 부활되었던 것과 유사하다. 2세기 전에는 학자들에 의해 비판의 대상이었던 모성애가 아동양육이 국가적으로 중요하게 인식되자, 사회적으로 유익한 것으로 칭송되었다. 즉 모성애의 의미가 국가나 사회 또는 주체세력의 관심과 목적에 따라 다르게 규정되었던 것을 알 수 있다; Elisabeth Badinter(1981). *op. cit.*, pp.117-119.

民族과 人類에 對한 우리의 使命이 이러하고나 그리하고 女子의 使命의 主體가 母性임에 있고나 하고 慌然大覺하는 時代가 오늘이라 하면 아아 朝鮮의 오늘은 再開闢의 初日이다.[82]

모성이 '우리나라의 어머니'로서 '거룩함'으로 예찬[83]되는 기저에는 식민 세력의 우월성에 의해 본래의 영역에서의 권위를 상실당한 나약한 부권(父權)이 존재한다. 새로운 근대적 지식체계를 갖추지 못한 무능한 아버지는 전통사회에서와 같은 아들의 교육자로서의 역할도, 식민세력에 대항할 만한 능력도 갖추지 못한 채 조선의 암담한 현실 속에서 '조선의 미래'인 아들 세대에게 기대를 걸었고,[84] 그러한 기대는 결국 취약한 부권을 대신하여 '조선의 신생과 번영'을 가져올 다음 세대를 낳아서 양육하는 여성의 민족에 대한 '사명'으로서의 모성예찬으로 나타난 것이다.

(2) 여성주의와 모성

식민지하의 남성들이 일관되게 한 목소리로 가정교육자로서의 모성의 역할을 강조하고 모성애에 민족의 구원이라는 의미를 부여하여 이데올

---

82) 이광수. 女大學 – 母性. 『女性』 1936. 5.

83) 이광수. 女大學 – 母性으로의 女子. 『女性』 1936. 6.

84) 최원식은 1930년대 근대소설에 있어서 아버지가 등장하지 않는 아버지 부재현상을 지적하며, 소설의 주인공들은 일종의 고아의식에 사로잡혀 있다고 지적했다. 또한 이 시기 가족사소설에서 아버지는 무능하거나 위선적인 인물로 희화화되어 있다고 하였다; 최원식(1987). 여성주의와 아버지 부재의 문학적 의미. 『여성해방의 문학(또 하나의 문화 3호)』(서울: 평민사), pp.342-343.

로기적으로 모성을 예찬한 데 반해, 이 시기 여성들은 현실적으로 부딪히는 모성의 문제들을 제기하기 시작했다. 이제까지 전개되던 가정교육자로서의 모성의 역할에 더하여, 여성이 직업활동을 함으로써 생기는 자녀양육의 문제가 제기되었고, 빈곤한 생활 때문에 자녀를 적게 두어야 한다는 산아제한 담론도 대두되기 시작했다. 또한 사회주의 여성운동가들은 여성노동자들의 산전산후와 같은 모성보호를 요구하였다. 이러한 다양한 담론들을 성격상 크게 모성교육론, 모성자유선택론, 산아제한론 및 모성보호론의 네 가지로 구분하여 분석하고자 한다.[85]

◆ 모성교육론

여성에게도 근대적 제도교육의 기회가 열림에 따라 교육받은 여성들이 점차 증가하게 되었다. 이 중 일찍이 교육의 수혜를 받고 여성교육에 종사하게 된 여성들은 모성을 여성의 본성으로 받아들이고 전통적인 성별체계하에서의 가정교육자로서의 모성의 역할을 중시하였으며, 새로이 대두되기 시작한 여성해방론을 경계하는 입장을 견지했다:[86]

---

85) 문소정은 한국의 여성운동에 나타난 모성담론을 모성교육론과 모성보호론, 모성자유(선택)론의 세 가지로 구분했다: 문소정(1999). 한국여성운동과 모성담론의 정치학. 『모성의 담론과 현실』(서울: 나남출판), pp.76-78. 이 절에서는 그의 분류에 의거하여, 모성교육론은 자녀교육자로서의 모성의 역할을 의미하는 것으로, 모성보호론은 임신·출산·수유와 같은 생명의 재생산을 위한 생물학적인 모성역할로, 모성자유선택론은 모성이 여성의 본성임을 비판하고, 사회적 제도로서의 모성은 여성을 억압하는 기제가 될 수 있다고 보는 입장이다. 여기에 산아제한론을 추가하고자 하는데, 그것은 이 시기 논의된 산아제한론의 성격이 자녀를 둘 것인가 말 것인가 하는 모성의 선택적 차원은 포함하지 않은 채, 자녀수를 줄이는 문제를 주로 논하였기 때문에 모성자유선택론과는 구분되어야 한다고 보기 때문이다.
86) 문소정은 이러한 모성교육론을 강조한 여성들은 부르주아 페미니즘을 기

우리 여자로서 내조의 실을 나타내고 일국의 장래운명을 ㅏ할 제이국민 즉 자녀교육의 책임을 다함이 어찌 우리 여자의 불명예한 천역이요, 노예적 봉사라 하겠습니까?……[87]

개화기와 애국계몽기를 거치면서 남성지식인들에 의해 강조되어 오던 미래의 국민을 양육한다는 공적인 의미로서의 모성은 근대적인 교육을 받은 여성이 증가함에 따라 보다 많은 여성들에게 확대되고 내면화되기 시작했다.[88] 식민지하의 근대적 여자교육의 내용이란 현모양처교육이념을 바탕으로 한 것이어서,[89] 여성교육이 확대될수록 여성의 의식은 더

반으로 근대적 교육을 받은 인텔리 여성계층이며, 이들은 모성을 근대화시킴으로써 조선의 발전에 기여할 수 있고 동시에 이것은 여성지위 향상의 전략이 된다고 파악함으로써 반봉건적 개혁과제로 표출되지 못하였다고 지적한다: 문소정(1999). 위 글, pp.76-78.

87) 이일정. 남녀의 동권은 인격의 대립.『동아일보』1920. 4. 3.

88) 일본에서도 여자의 취학률이 증가하면서 가정교육담당자로서의 어머니의 역할이 강조되기 시작했다. 새로이 정착하게 된 학교교육에 걸맞은 가정교육이 필요성이 요구되어졌고 이에 따라 가정교육을 담당하는 어머니의 중요성이 새로이 인식되자 여성교육의 필요성은 가정교육자로서의 '현모'를 양성하기 위해 강조되었던 것이다. 일본의 여자 소학교 취학률은 1904년에 이미 90% 정도에 달했다; 小山靜子(1990). 위 글, pp.246-254. 조선에서는 1935년 전국 아동취학률이 25.8%로 이중 도시 여자의 취학률은 43.4%, 남자는 79.8%, 농촌에서는 여자가 9.1%, 남자가 38.3%였다: 문소정(1991). 일제하 한국농민가족에 관한 연구: 1920-30년대 빈농층을 중심으로 (서울대학교 사회학과 박사학위논문, 미간행), pp.171-174.

89) 한명희(1987). 위 글, pp.18-21; 관립이나 사립여학교뿐만이 아니라 미션계 여학교의 교육이념도 기독교적 신앙을 가진 한국사회에 맞는 여성을 양성하는 것에 있었다. 한명희는 미션계 여학교의 교육이념은 당시 기독교가 가지고 있었던 가부장적 가치관과 한국사회의 가부장적 가치관을 동시에 가지고 있었다고 본다. 에번스는 당시 미국의 여선교사란 중산층 여성들이 가정을 벗어날 수 있는 기회가 되었지만, 이들은 선교 대상이 되는 여성들에게는 가정성의 중요성을 가르치는데 헌신하였다고 지적한다; 사라 에번

욱 모성교육론을 수용하는 결과를 빚었다:[90]

> 우리의 자녀를 교육하려면 학교교육보다도 가정교육이 더욱 필요하고 특히 모친에 교육이 제일이다……조선명사들도 그 역사를 보면 그 배후에 반다시 유명한 모친이 잇섯스니 우리의 現수사정과 형편이 어서 어서 조선에 나파레온이나 조선에 모ー세가 나도록 조선에 싹들을 잘 길너야 하겠다. 우리 사회를 개혁하며 전도를 개척함은 단상에서 큰 소래로 사회봉사를 절규하고 잇는 유지 신사며 종교가 대교육가들이 아니오, 우리 가정에서 유약한 어린이를 기르는 국민의 어머니된 우리 여자이다.[91]

가정교육의 중요성뿐만 아니라 여성들은 보다 적극적으로 모성에 사회에 대한 기여, 민족의 미래를 건설하는 국가적 사명으로서의 모성이라는 공적인 의미를 부여하였다:

> 비참한 오늘의 조선을 광휘있는 새 조선으로 만들 수 잇는 인물을 길러내일 어머니!……우리 사회가 갈망하는 어머니는 리기주의적 행동을 버리고 사회를 위하야 봉사할 아름다운 정신의 소유자입니다……새 조선은 이 사명을 다하는 어머니들의 노력 여하에 달렷음이 사실임을 어

스 지음. 조지형 옮김(1998). 『자유를 위한 탄생』(서울: 이화여자대학교 출판부), p.239.

90) 김경일(1998). 한국 근대 사회의 형성에서 전통과 근대ー가족과 여성 관념을 중심으로. 『사회와 역사』 제54집, pp.30-31. 여기서 중요한 것은 교육이 반드시 여성의 사회적 지위향상이나 자아실현으로 연결되는 것은 아니라는 점이다. 즉, 교육이란 사회화과정의 한 부분이므로 그 사회의 지배적인 이념을 내면화시키고 그 사회가 지향하는 인간형을 육성해내고자 하기 때문이다. 따라서 여성의 입장에서는 교육의 기회가 주어지는 것 못지않게 어떠한 교육이 베풀어지는가가 중요해진다.

91) 유각경. 어떤 어머니가 될가?! 『신여성』 1931. 6.

찌 하리까![92]

    여기서 중요한 것은 모성에 대한 공적인 의미부여는 단지 남성들에 의해 부과된 이데올로기만은 아니라는 점이다. 개화기 이후부터 여성들 자신이 공적 영역에 대해 생겨나기 시작한 관심과 참여욕구[93]를 현모양처로서의 가정에 대한 헌신에 적절히 조화시킴으로써 창출한 이데올로기라고 할 수 있다. 여성의 사회 참여가 견제되는 사회적 조건하에서 이러한 타협은 여성에게는 여성교육의 필요성을 지속시키는 기반이 되었고, 남성은 모성에 공적인 의미를 부여함으로써 여성을 가정에 귀속시키고 공적 영역에서의 여성의 배제를 통해 신여성의 대두에 따른 딜레마를 해결할 수 있었다.[94]

◆ 모성자유선택론

    1920-30년대에는 개화기와는 달리 일부 진보적인 여성들을 중심으로 '종래의 현처양모주의는 무보수의 여하인주의'[95]이며 '신여성이든 구여성이든 조선식 가정에 들어가면 철저한 가정노예가 되어야 한다'[96]고

---

92) 황신덕. 조선은 이러한 어머니를 요구한다. 『신가정』 1933. 5.
93) "현대녀자로서……희망하는 바도 만습니다. 대개 이럿습니다. 우리도 사람이다……남자와 평등으로 대우를 바더야겟스며 교육을 바더야겟다……경제력으로 독립하야 생활을 보장하여야겟다. 정치덕 자유가 잇는 곳이면 당당히 참정권을 요구하야 가튼 인격을 갓고 가튼 인권을 가저야 하겟다 하는 그런 문뎨임니다. 모다 훌륭한 문뎨가 아님닛가……": 요령잇는 녀자가 됩시다. 『신여성』 1925. 5.
94) 이 시기의 공적 모성에 관한 담론은 18세기 말 미국의 공화주의적 모성과 상당히 유사한 맥락을 지닌다; 사라 에반스 지음. 조지형 옮김(1998). 위 글, pp.97-102.
95) 金麗生. 여성해방의 의의(2). 『동아일보』 1920. 8. 17.
96) 심은숙. 『여성』(여성월평란) 1936. 6.

현모양처주의를 비판하고, 여성의 사회활동을 주장하는 담론들이 나타나기 시작했다. 그러나 대부분의 여성지식인들이 모성교육론을 제창하고 여성교육이 현모양처주의를 교육이념으로 하고 있었기 때문에 모성자유선택론이 제기되는 것은 아직 시기상조였다. 여성의 직업활동에 대하여도 대부분이 '남의 손에 아이를 기르는 것은 좋지 않으므로 자녀가 생기면 직업을 희생해야 한다'거나, '자녀교육의 책임은 어머니에게 있으므로 기혼부인이 직업을 갖는 것은 옳지 않다'는 입장이었다.

그러나 현재까지도 한국사회에 있어서 모성자유선택론이 보편적으로 수용되고 있지 않은 상태임을 고려하면,[97] 이 시기에 '경제적 독립을 위해 모성애를 눌러도 된다', '아버지에게도 아동교육의 책임은 있으며', '(자녀를 둔 어머니가 직업을 가지는 문제에 대해) 경제문제뿐이 아니고 성격과 자격의 문제다. 아이를 잘 기를 성질이면 아이를 기르고 사회적으로 나설만한 사람이면 나서야 한다. 흔히 시집가면 드러안고들 마는데 그러면 조선부녀를 위해서 일할 사람은 누구인가'[98] 하는 의견이 표출되었다는 사실은 주목할 만하다. 자녀양육을 부부공동의 책임이라고 보는 것과, 모성과 여성의 직업을 개인의 선택적인 문제로 보는 시각은 분명히 가부장제하에서 제도로서의 모성이 여성의 억압이 될 수 있다는 인식에 기반하기 때문이다.

이러한 모성자유선택론의 맹아라고 할 수 있는 담론의 표출은 여성작가들의 소설 속에서 보다 풍부하게 나타난다. 1930년대에 모성을 다룬 여성작가들의 소설에는 희생적이고 헌신적이기만 한 종래의 어머니상에 반기를 들고, 모성에 가해지는 가부장제의 억압성을 표출하고 가부장제를 존속시키기 위한 모성이데올로기의 해체를 시도한 작품들이

---

97) 문소정(1999). 위 글, p.83.
98) 여성문제에 대한 여성좌담회. 『신동아』 1932. 4.

등장했다.[99] 백신애의 소설 『아름다운 노을』(1939-40)은 남편과 사별한 후 일본 유학을 다녀온 젊은 화가인 여주인공이 재혼 상대의 동생인 아들 또래의 소년을 사랑하게 된다는 이야기다. 아들을 둔 어머니가 아들 또래의 소년에게 사랑을 느끼고 이를 추구한다는 것은 전통적인 사고방식과 윤리체계뿐만 아니라, 모성과 정조이데올로기를 결합시키고 '성이 배제된 어머니역할'에 여성을 제한시키고자 했던 당시 남성들의 모성관념에서 보면, 상당히 파격적인 모성에 대한 모독이며 반항이라고 할 수 있다. 작가는 이 작품에서 모성보다는 한 개인으로서 자신의 본성에 충실한 여성을 그림으로써 여성은 곧 어머니라는 여성과 모성과의 관계의 필연성에 대해 이의를 제기했다.[100]

최정희의 소설 『地脈』(1939)과 『人脈』(1940), 『天脈』(1941)은 모두 모성의 문제를 다루면서 당시 가부장제하에서 남편 없이 아이를 기르는 데 부딪치는 문제들을 제기하고 있다. 『地脈』의 경우, 주인공 은영은 남편이 죽자 사생자인 아이들을 옛 애인과 재혼함으로써 상대 남성의 호적에 입적시키는 손쉬운 해결을 택하지 않고, 끝까지 혼자 몸으로 아이들을 양육하는 결정을 내린다. 당시 사회적으로나 경제적으로 여성 혼

---

99) 이진희(1997). 1930년대 소설에 나타난 모상(母像) 연구. (서강대학교 국문학과 석사학위논문, 미간행).

100) 서정자(1999). 『한국근대소설 연구』(서울: 국학자료원), pp.224-234. 서정자는 이 소설을 '모성으로 대변되는 전통에의 반역'이라고 평가한다. 한편, 백신애의 소설 중에도 『赤貧』과 같은 작품은 모든 고난을 수용하고 자손을 잉태하고 키워내는 한국적 모성의 전형을 그리고 있는데, 여기에서는 아버지가 부재한 식민지 현실 속에서 가족의 생계를 담당하고 무보상의 분배와 헌신의 원형을 그림으로써, 가부장제를 재생산하기 위한 도구적 역할을 하는 전통적 모성의 모습을 보여주었다; 서정자(1999). 위글, pp.219-221; 김미현(1995). '사이'에 집짓고 살기-백신애론. 『페미니즘과 소설비평-근대 편』(서울: 한길사), p.228; 안숙원(2000). 백신애의 반미학과 페미니즘. 『여성문학연구』 제4호 (서울: 태학사), pp.346-348.

자 힘으로 아버지 없이 아이를 양육하는 것이 불가능에 가까운 일임을 고려하면, 주인공이 모성에 충실하고자 한 것을 단순히 전통적인 어머니역할에의 복귀로 볼 수는 없다. 그보다는 오히려 가부장제에로의 복귀를 거부하고 편모(single mother)로서 독립적으로 역경을 헤쳐 나가고자 하는 주체적인 선택으로 볼 수 있다.

또한 『天脈』에서는 개인적이고 본능적인 차원에 머물러 있는 모성을 사회적 확대와 승화를 통해 공동육아의 문제까지 제시하고 있다. 『人脈』에서는 주인공 선영이 남성의 설득에 의해 가정으로 돌아가는 것은 당시 신여성들이 가진 여성해방의식의 한계를 드러내는 것이라고도 지적할 수 있지만, 그럼에도 불구하고 모성으로서의 여성의 역할이라는 냉엄한 사회적 현실 속에서 점차 여성으로서의 개인적 정체성을 획득해 나가고 있는 과정을 엿볼 수 있다.[101]

김일엽의 소설 『자각』(1926)의 여주인공 순실은 남편으로부터 버림받은 후에 낳은 아이의 양육을 위해서 자신의 삶을 포기할 수 없다는 결정을 내린다. 작가는 이 작품을 통해 모성을 위해서 모든 것을 희생하는 여성이 훌륭한 어머니라는 전통적 모성관념을 거부하고, 아버지에게도 양육의 책임이 있음을 제기하였다:

나는 자식의 사랑으로 인하여 나의 전 생활을 희생할 수는 절대로 없나이다. 자식의 생활과 나의 생활을 한데 섞어 놓고 헤매일 수는 없나이다. 물론 남의 부모가 되어 자식을 기르고 교육시켜서 한 개 완전한 사람을 만드는 것이 당연한 직무이겠지요. 그러나 부모의 한 사람인 아이 아버지가 아이의 양육을 넉넉히 할 수 있음도 불구하고 여지없는 모욕을 당하면서 자식 때문에 할 수는 없나이다.[102]

---

101) 서정자(1999). 위 글, pp.191-192.
102) 김일엽(1974). 『未來世가 다하고 남도록』(서울: 인물연구소), pp.172.

문학은 시대와 사회를 반영한다고 볼 때, 여성 작가들의 이러한 작품에는 가부장제의 제도권밖에 있는 여성들의 보호받지 못하는 모성의 문제에 대한 비판이 담겨 있으며, 나아가 그들이 모성에 관한 전통적인 틀에서 벗어나 보다 주체적인 사고로 모성을 인식하고자 한 문제의식을 가지고 있었음을 간과할 수 없다.[103]

◆ 산아제한론

1920년대부터 일부 남성지식인들을 중심으로 조선이 처한 경제적 빈곤이나 우생학적 이유에서 출산자녀수를 줄여야 한다는 산아제한론이 대두되었다.[104] 그러나 기본적으로 남성들은 모성을 민족의 모성으로 이상화하고 모성애를 예찬하였기 때문에 산아제한의 목적을 어디까지나 질적으로 우수하고 건강한 민족구성원을 낳아야 한다는 이념적인 사고에 두고 있었다.[105] 이러한 가운데 여성들 사이에서는 주로 근대적 교

---

103) 1930년에는 영아살해로 수감 중인 여성도 72명이었다. 자녀를 영아살해하여 수감된 여성들 중 71%는 과부로 아이를 낳은 경우였고, 23%는 남편이 생사불명인 경우로, 살해된 영아의 거의 대부분은 사생자이다. 살해의 원인별로 제시한 수치를 보면, 수치심에서가 94%이고 재혼한 남편의 입양 기피가 3%이다: 工藤武城, 朝鮮婦人嬰兒殺害の婦人科學的考察, 『朝鮮』 1930. 2-4. 여기서 일본인 연구자가 지적한 대로, 수치심을 단순히 실절한 데서 온 수치심으로만 보기는 어렵다. 구체적으로 살해동기를 제시한 몇 사례를 분석해보면, 좌절된 결혼과 편모 가정의 절대 빈곤과 같은 중요한 요인을 발견할 수 있다. 모성이 예찬되는 사회일수록 모성에의 억압이 강한 사회라는 여성주의자들의 지적대로, 1930년대 남성지식인들에 의한 모성 예찬의 이면에는 이러한 사회로부터 보호받지 못하는 모성과 아동이 있었음을 지적하고 싶다.

104) 1924년 서울청년회 주최로 산아제한토론회가 개최되었고 지식인들 사이에 산아제한은 근대적인 사고로 받아들여지기도 했었다.

105) 일제와 남성들을 중심으로 한 산아제한 담론에 관해서는 소현숙(2000).

육을 받은 여성들을 중심으로 자녀를 많이 낳기를 원하지 않는 경향이
나타나기 시작했다. 여성들이 산아제한을 주장하는 이유는 크게 다섯
가지로 나타난다. 즉, 여성의 사회적 지위 향상을 위해서, 우생학적 견
지에서, 경제적 빈곤 때문에, 모성보호 혹은 모체의 건강상, 어린이의
건강과 교육과 같은 복지의 차원에서 산아제한이 필요하다고 보았다.

> 아해낫는 것을 무슨 까닭으로 제한하느냐? 그 까닭은 우리가 불생산적
> 노동에서 우리 자신을 해방하는 점에 잇슴니다. 그것은 性의 노예인
> 우리 자신을 해방하는 까닭에 잇슴니다. 어린 아이를 만히 나어 놋는
> 다는 것은 결단코 생산적 노동은 아님니다. 오히려 불생산적임니다. 우
> 리는 이 불생산적 노동에서 해방될 것만을 생각하야도 마음이 가벼야
> 와지는 늣김을 금하지 못함니다……경제적으로 빈궁의 절정에 서잇는
> 우리들이 자식만 나오노흐면 무엇함닛가? ……이것이야말로 생명의 필
> 연의 취로일 것임니다.106)

아이를 많이 낳는 것은 '불생산적 노동'이어서 이 불생산적 노동에서
해방되기 위하여 아이를 적게 낳아야 한다는 생각은 확실히 자식이 노
동력이고 재산이 된다는 전근대적인 농경사회적 사고로부터 벗어나 있
음을 보여준다. 필자인 이 여성이 '우리 자신'이 '성의 노예'라고 한 것
은 피임의 기술이 민간적인 방법 이외에 별달리 없었던 당시에 생기는
대로 아이를 낳을 수밖에 없는 여성의 처지를 비참하다고 생각했기 때
문일 것이다.107)

일제 식민지시기 조선의 출산통제 담론의 연구(한양대학교 사학과 석사
학위논문, 미간행)에 상세하므로 이를 주로 참고하였다.
106) 김명희. 『신여성』(時評) 1925. 1.
107) 제4장에서 언급하였지만 필자의 구술면접조사에 의하면, 해방 전에 아이

> 어린애 건강으로 보든지 또는 의학상으로 보아 산아제한은 할 필요가
> 잇겟서요. 더욱이 조선과 가튼 처지에 잇는 가정에서는 조밥도 업서
> 굶는 상태인데 작고만 나으면 어린애나 어머니의 건강으로 보아 또한
> 교육상으로 보아서 제한하는 것이 매우 유리할 줄 압니다.[108]

경제적인 이유나 모체의 건강, 그리고 어린이의 건강과 교육적인 이
유에서 산아제한이 필요하다는 것은 산아제한에 찬성하던 남성들과 공
통된 의견이다.

> 다산은 모체를 약하게 하고 약한 모체는 필연적으로 건강한 생명을 출
> 생할 수 없다……부인의 지위향상을 위하야 여자가 오늘 가장 불합리
> 한 지위에 있게 된 것은 궁극적으로 그 원인을 소급한다면 모성의 직
> 능 때문이다. 보모로서 시간의 전부를 잃어바리고 자기수양을 위한 독
> 서라든가 생활의 혜택을 입을 여유가 없이 또한 취직의 자유를 잃고
> 인류의 일원으로서의 요구 인격자로서의 요구가 저지되어 있다. 그러
> 므로 어느 정도까지 생산을 적당하게 제한하야 그 틈을 자기수양에 이
> 용케 하고 동시에 그것은 자력이 되어 진정한 妻母性으로서의 완전한
> 역할을 기획하도록 할 것이다.[109]

여기서 교사인 필자가 '진정한 妻母性'으로서의 역할을 어떻게 규정하
고 있는지는 확실하지 않지만, 그는 분명히 모성의 역할이 여성의 불합

> 를 출산한 여성들도 결코 자식을 많이 낳기를 원한 것은 아니었다. 단지
> 방법과 기술을 모르는 상황에서 생기는 대로 낳을 수밖에 없었다고 구술
> 하였다.

108) 이동좌담 – 내가 理想하는 男便. 『신여성』 1932. 12.
109) 조현경. 산아제한을 해야 하나? – 모두들 해야 한답니다. 『여성』 1936. 4.
　　　조현경은 당시 협성여신학교 교사였다.

리한 지위를 초래한 원인이며, 독서와 같은 지적인 생활의 혜택을 차단시키고 여성의 사회진출에 장애가 되는 것으로 보고 있다. 현모양처가 지배담론인 당대에 이것은 사회가 요구하는 '어머니로서의 여성'이라는 정체성에 만족하지 않고, 자녀의 존재를 지적인 욕구와 사회진출에의 욕구를 제한시키는 장애물로서 인식하는 여성들이 있었음을 나타내 준다.110)

1930년대 초 한 잡지사가 실시한 조사에 의하면 근대적 교육을 받고 직업을 가진 여성들은 모두가 산아제한에 찬성하였고 원하는 자녀수는 2-4명이라고 대답했다.111) 교육받은 여성들에게서 먼저 자녀수를 제한하고자 하는 욕구가 나타난 것은112) 서구에서와 유사한 현상이다.113)

---

110) 산아제한을 반대하는 입장도 있었다. 그 이유 중 하나는 '아이가 많아 귀치 않다'는 여성들의 사고는 '향락적 기분'이며, 출산을 배제한 성적 결합은 비도덕적이라는 것이었다: 소현숙(2000), 위 글, p.23.

111) 명류부인과 산아제한.『삼천리』1930. 9: 그러나 이 조사에서도 산아제한 방법에 대해서는 대부분의 여성들이 구체적으로 언급하지 않았거나 방법을 몰라 실시하지 못한다고 하였다. 나혜석만이 '부자연'한 방법이라고 했고, 의사인 허영숙은 '현재 수유 중'이라고 하였다. 이상적인 자녀수에 있어서는 작가인 김일엽만이 자녀는 있어도 좋고 없어도 좋다고 하였다: 소현숙(2000). 위 글, pp.23-25.

112) 선교사들이 농촌부인들에게 피임을 계몽하고 장려했으나 잘 받아들여지지 않았다고 한다: 연세대 인구 및 가족계획연구소(1972).『인구문제와 가족계획』p.46: 소현숙(2000), 위 글, p.24에서 재인용.

113) 서구에서는 19세기 중반과 후반 이후 부르주아계급 여성들 사이에 어머니역할에 대한 회의를 표현하는 담론들이 나타났지만, 당시 모성이 이상화되는 지배담론 속에서 이러한 여성들의 생각은 초기에는 개인적인 서신이나 일기에만 한정되었다. 그러나 여성들의 사적인 영역에서만 발견되는 산아제한에의 욕구가 예외적인 경우가 아니라는 반증은 19세기 전반기의 미국에서 나타난 출산율의 감소와 19세기 중엽에 나타난 낙태의 증가이다. 데글러는 19세기 중반 미국의 중류층 여성들에게서 나타난 산아제한의 움직임은 유럽에서보다 먼저 침투된 계몽주의 사상의 영향으로 여성을 '인격체이자 시민'으로 보는 가치관이 생겨났기 때문이라고 지적

이 시기 조선에서 여성의 제도교육의 이상이 현모양처를 양성함에 있었고 당시의 산아제한론에는 아이를 아예 낳지 않는다는 개념은 포함되어 있지 않았으므로, 대부분의 교육받은 여성들에게 있어서 산아제한이란 소수의 자녀에게 보다 세심한 보살핌을 줄 수 있다는 측면에서 현모양처적 이상과 근대적인 가족상과도 부합되는 측면이 있었던 것이다.

◆ 모성보호론

모성보호론은 1920년대에 사회주의 여성해방사상이 도입되면서 이러한 사상을 가진 여성들이 조직한 단체들에 의해 대두되기 시작했다. 사회주의 여성해방사상은 여성의 해방은 결국 경제적 독립에 있다고 보고 여성도 직업을 가질 것을 주장하였다:

> 본인은 남자차별대우가 전혀 경제적 관계에 원인되는 줄로 밋습니다. 그럼으로 해방을 요구하는 여자는 먼저 경제적 독립을 각성하고⋯⋯먼저 직업에 종사치 안하면 안 될 것임니다. 그럼으로 여자직업문제의 발생 원인을 해방의 필연적 요구라고 하엿슴니다⋯⋯부인이 모성된 직무이외에 凡他事를 포기할 필요가 업슴은 물론이고⋯⋯노예적으로 사는 여자 남자의 연민에 사는 여자는 위대하고 건전한 이상을 가진 인간 즉 우수한 종족을 출생치 못할 것임니다⋯⋯길만부인은 모성을 존

했다. 그는 또한 출생률 저하의 원인에는 농지의 크기 등 여러 가지가 있지만, 개별 가족이 자녀수를 적게 두려는 경향은 아동에게 특별한 관심과 사랑이 필요하다는 관념과 동시에 생겨났다고 지적한다: Carl N. Degler(1980). *At Odds* (New York: Oxford University Press), p.156: 벡-게른스하임은 데글러와 같은 맥락에서 교육이 여성을 가족의 삶에서 분리시켜 여성들 나름의 시각과 인생 계획을 촉진시킨다고 보았다: 엘리자베트 벡-게른스하임 지음. 이재원 옮김(2000). 위 글, pp.94-111.

중하는 부인일수록 직업에 종사치 안하면 안 된다고 하엿습니다. 그뿐
만 아니라 만일 이상사회가 건설되여서 아동의 양육을 국가사업으로
하게되면 타-벨 여사의 소위 모성보호는 문제도 안 될 것 안 임닛
가……114)

독자논단에 투고한 이 글의 필자는, 모성을 존중하고 보호하는 것, 자
녀를 양육하는 것이 부인의 천직이므로 부인의 노동을 반대하는 타벨의
사상을 비판하고, 샬롯 길만의 유물주의적 여성주의를 지지하였다. 이
여성은 여성이 직업을 가져 경제적으로 독립하여야 모성의 역할도 훌륭
히 수행할 수 있으며 그러기 위해서는 아동양육을 국가사업으로 하는
문제까지 제시하고 있어서, 당시에 이러한 사상을 가진 여성들이 있었
다는 점은 주목할 만하다:115)

봉건적, 유교적 구도덕은 신여성을 지배할 권위를 잃은 지 오래다. '히
킨슨의 『어머니되기 전에도 어머니된 후에도 녀자는 인간이다』한 것
은 오늘 이 땅의 동모들의 부르지짐이 아닐가!'……단순히 가정에서
나고 가정에서 자라고 가정에서 木乃伊가 되여 버림만이 녀자의 職務
가 아니다. 녀자는 家庭人인 동시에 社會人이여야 한다……우리 녀성
도 일헛든 自我의 存在를 發見햇고 社會的 任務를 이행하려 할 때에
문득 逢着되는 것은 사회制度와 因襲에서 오는 바 過重한 「핸디캡」이
다. 이것이 持續하는 동안은 人格的 確立도 生活獨立도 한갓 水泡가

---

114) 이경숙. 여자해방과 우리의 필연적 요구 -길만부인과 타-벨 여사의 의
　　견상위-.『신여성』1925. 1.
115) 1920년대 사회주의 사상이 도입되면서 사회주의운동에서는 여성의 경제
　　적 자립을 위해 탁아소가 필요함을 주장했다; 강정숙(1993). 일제 말
　　(1937-1945) 조선 여성 정책-탁아정책을 중심으로.『아시아문화』제9호
　　(서울: 한림대학교), p.5.

되고 말 것임으로 여기에 녀자에게만 지녀진 課題가 잇다. 卽 녀자의 경제적 獨立, 敎育의 機會均等, 母性保護, 參政權等等의 문제다……[116]

여성이 '가정인인 동시에 사회인'이 되고자 할 때 가장 큰 '핸디캡'으로 다가오는 것은 모성보호의 문제이며, 이 문제는 식민지하의 열악한 노동환경 속에서 일해야만 하는 공장의 기혼여성 근로자들에게서 현실적으로 가장 절실해진다:

정미소나 고무공장에서 보는 애기딸린 어머니들의 노동이란 너무나 비참하였다. 고무찌는 냄새와 더운 김이 훅훅 끼치는 공장 속에서 애기에게 젖을 빨리며 쇠로 만든 롤러를 가지고 일하는 것이다. 정미소에 돌가루가 뽀얗게 날리는 데서 갓 까논 병아리같이 마른 자식을 굴리는 것을 볼 때는 가슴이 메어지는 것 같았다……가여운 어머니들과 사망률 높여주는 애기들을 어둠 속에서 건져줄 힘이 어디서 올 수 있을까? 어머니들이 공장으로 나오지 않으면 안 될 이유가 가난이라면 이 가난의 책임을 그 애기에게까지 지우는 일은 너무 가혹한 일이 아닐까? 비위생적인 공기 속에서 병이 들고 약은 커녕 먹지도 못하다가 죽어버리는 이 저주받을 운명의 책임은 누가 져야 할 것인가? 탁아소! 만일 공장으로 밀려나온 어머니들에게 산아제한을 근본적으로 허락치 않는다면 탁아소만이라도 그들을 위해 세워줄 필요가 있다……[117]

기혼여성들이 주로 고용되었던 정미공장이나 고무공장에서는 육아를 대행해 줄 사람이 없는 경우 비위생적인 노동현장에 아기를 데리고 나와 수유를 해야 하는 비참한 상황이었다:

---

116) 조현경. 女子여 賢明하라. 『신여성』 1934. 1.
117) 『신가정』 1935. 2.

문을 열고 들어서자마자 고무찌는 냄새가 코를 찌른다. 가마문이 열리자 130도나 뜨거운 열기 속에서 쩌진 검고 흰 고무신들이 지독한 냄새를 피우며 쏟아진다……옆에서는 어린애들이 젖을 달라고 보챈다. 이렇게 고생을 해야 하루에 80전 그나마 봄과 가을에는 일거리가 얻기가 힘이 든다고 한다.[118]

사회주의 여성운동가들은 바로 이러한 비참한 근로여성의 모성파괴 상황에 주목했다. 1924년 조직된 사회주의 여성단체인 조선 여성동우회는 저임금으로 혹사당하는 근로여성들의 문제에 관심을 보인 최초의 여성단체라 할 수 있는데, 그 활동목표 중에는 농촌에서의 탁아소 설치문제가 있었다.[119] 이후 보다 본격적으로 모성보호에 대한 요구가 나타난 것은 근우회의 1927년 창립대회 행동강령에서이다. 근우회는 부인노동의 임금차별 철폐와 산전산후의 임금지불을 요구하였고, 일제의 탄압으로 중지된 1928년의 전국대회 토의안에서는 분만 전후 8주의 휴업과 그 기간 중 임금을 지불할 것, 수유 중 모친을 위한 시설을 마련할 것, 임신 및 수유 중인 부인에 대한 해고를 반대하였다. 또한 1929년 제2회 전국대회의 행동강령에도 산전산후 2주간의 휴양과 임금지불을 포함시켰다.[120] 그러나 근우회가 해체되고 30년대 중반 이후에는 거의 모든 여성운동단체들이 탄압당함으로써 모성보호에 대한 요구는 아무런 성과를 얻을 수 없었다.

이러한 상황에서 실제로 노동에 참가하고 있었던 기혼여성들은 파업

---

118) 레뷰화한 근대생활 – 도회가 낳은 근작 7경. 『신동아』 1932. 6.
119) 정요섭(1971). 『한국 여성운동사』(서울: 일조각), p.143. 이 시기 농촌 기혼여성의 농업노동도 가중되어 아동의 탁아문제가 사회적으로 제기되었다; 강정숙(1993). 위 글, pp.3-4.
120) 김준엽·김창순(1986). 『한국공산주의운동사3』(서울: 청계), pp.72-101.

에서 모성보호를 요구조건의 하나로 내세웠다. 1930년 8월의 평양고무공장 총파업에서는 산전 산후 3주간의 휴양제의 실시와 수유시간의 자유를 요구하였고,[121] 1931년 경성방직 파업에서도 수유의 자유를 요구하였으나, 공장 측에 의해 모두 거부되고 말았다.[122] 이렇게 일제가 조선에서의 모성보호 요구를 전면적으로 수용하지 않은 데 반해, 일본에서는 1922년 여교원의 산전산후 휴가가 승인되었고, 그 이듬해에는 산전 4주 산후 6주의 휴가와 1일 2회 각 30분의 수유시간이 인정된 것은 식민지 여성에 대한 차별을 드러내는 측면이라고 하지 않을 수 없다.[123]

(3) 식민통치를 위한 모성의 도구화

일제의 조선인에 대한 교육은 한마디로 조선인에 대한 일본제국신민화를 추구하는 '비교육'으로 일관되었다.[124] 여성교육은 여기에 '부녀자의 덕목'을 기르고 '생활에 유용한 지식기능'을 가르치는 현모양처주의의 교육이념에 따라 식민지체제에 순응할 수 있는 순종적인 식민지 여성을 양성하는 데 주력하였다.[125] 이러한 현모양처주의의 식민지 여성

---

121) 김중렬(1975). 평양 고무공장 파업. 『노동공론』 1975. 1·2월호, p.109.
122) 김경일(1992). 『일제하 노동운동사』(서울: 창작과 비평사), pp.539-551.
123) 櫻井絹江(1988). 『母性保護運動史』(東京: ドメス出版), pp.162-165.
124) 小澤有作(1967). 『民族敎育論』(東京: 明治圖書出版株式會社), p.64.; 앤더슨은 일본이 제국주의적 팽창을 추진하면서 영국의 매콜레이식의 일본화가 국가정책적으로 추진되었다고 지적한다. 인도에 설립된 공공교육위원회의 의장이 된 매콜레이는 '혈통과 피부에서는 인도인이지만 취향, 견해, 도덕, 그리고 지성 면에 있어서는 영국인인 부류의 사람들'을 만들어낼 완전한 영국식 교육제도를 인도에 도입하였다; 베네딕트 앤더슨. 윤형숙 옮김(1991). 『민족주의의 기원과 전파』. (서울: 나남출판), pp.119-120, 126-128.
125) 한국여성연구회(1992). 『한국여성사 - 근대 편』(서울: 풀빛), p.61.

교육이념은 일본에서의 양처현모주의의 여성교육이념을 반영하는 것인데, 이를 교육목적과 교과과정을 통해서 분석해보면 일제가 점차 조선여성의 모성역할에 주목해나가고 있음이 드러난다.

1911년의 제1차 조선교육령의 중등교육목적에 의하면 '여자고등보통학교는 여자에게 고등의 보통교육을 실시하는 곳으로서 부덕을 기르고 국민된 성격을 도야하고 생활에 유용한 지식기능을 부여한다'고 하였다.[126) 이에 따라 여자고등보통학교 교육과정은 '여자교육을 생활실제에 접근하게 하려는 취지'에서 주당 총 31시간 중 재봉 및 수예가 10시간, 이과와 가사가 합쳐서 4시간(1학년은 2시간)으로 총 수업시간의 거의 반을 차지한다. 수학은 남자고등학교는 주당 4시간이었지만, 여자는 산술이라는 과목명으로 주당 2시간에 지나지 않았다.

1922년의 제2차 교육령의 교육목적에서 1911년과 달라진 점은 '신체의 발달'이 추가된 점이다.[127) 실제로 이것은 교과목에 있어서 1911년

---

126) 大野謙一(1936). 『朝鮮問題管見』(京城: 京城朝鮮敎育會); 이규환(1969). 일제시대의 중등학교 교육과정에 대한 연구.『논총』제15집 (서울: 이화여자대학교 한국문화연구원)에서 재인용.

127) 1922년 제2차 교육령 제9조 교육목적에 의하면 "여자고등보통학교는 여생도의 신체의 발달 및 부덕의 함양에 유의하고 여기에 덕육을 실시하고 생활에 유용한 보통지식기능을 부여하여 국민된 성격을 양성하고 국어에 숙달하게 함을 목적으로 한다"고 되어 있다; 朝鮮敎育會 編(1927). 『朝鮮敎育法規例規大全類』. 이규환(1969). 위 글, pp.226-231에서 재인용; 1920년 일본에서 발포된 고등여학교 개정 제1조에는 "고등여학교는 여자에게 필요한 고등교육을 수행함을 목적으로 하여 특히 국민도덕의 양성을 위해 노력하고 부덕 함양에 유의해야 할 것이다"라는 문구가 삽입되었다; 가와모토 아야(2000). 일본: 양처현모사상과 '부인개방론'.『역사비평』제52호 (역사문제연구소), p.361에서 재인용. 여기서 일제가 식민지 조선에서와 자국 일본의 여자교육에 있어서 분명한 차이를 두고 있었다는 것이 나타난다. 일본에서는 '여자에게 필요한 고등교육'을 수행하는 것이 목적이지만, 조선에서는 '생활에 유용한 보통지식기능과 국어(일본어)를 숙달'

교육령에서 음악과 체조가 합하여 3~4시간이었던 것이, 1922년부터는 체조만 주 3시간으로 개정되었다. 체조시간을 늘인다는 것은 단순히 여학생의 체력증진만을 위한 것이 아니라 일제가 장차 건강한 식민지인을 낳기 위한 모체의 건강에 주목하게 되었음을 나타낸다. 일제는 식민지배 초기부터 안정적인 노동력의 확보라는 의미에서 조선의 인구증가에 관심을 가지고 있었다.[128] 그래서 당시 조선의 다산다사의 인구형태에서 인구를 증식시키기 위해서는 높은 유아사망률을 낮추는 것이 필요하다고 보았는데,[129] 모체의 건강이란 바로 튼튼한 식민지인을 낳기 위한 전제조건임을 인식한 것이다.

또한 2차 교육령에서는 지역사회의 실정에 따라 교육이라는 과목을 교육과정에 부과할 수 있도록 하였는데, 교육은 가정에서의 자녀양육을 가르치기 위한 것이 주목적으로, 교수내용은 아동심리의 대요, 신체양호와 지덕도야에 관한 일반적 지식, 가정교육과 학교교육 및 사회교육과의 관계를 가르쳤다.[130] 실제로 당시 여학교를 다녔던 여성들에 대한 구술사 연구에 의하면 학교에서 모성애에 대해서 철저히 배웠고, 아이가 아프면 어떻게 하는가 하는 실제적인 양육지식을 배웠으며,[131] 아이

시키는 것에 그쳤다. 게다가 '신체의 발달'과 같은 모체의 건강과 관련된 내용이 조선에서 먼저 등장하였다는 것은 앞으로 더 연구되어야 할 중요한 문제로 생각된다.

128) 소현숙(2000). 위 글, p.4.

129) 1923년에 발족한 조선사회사업연구회(1929년 조선사회사업협회로 개칭)는 유아사망률을 낮추는 문제에 관심을 가지고 주로 선전을 목적으로 아동의 건강 향상을 위한 사업을 하였는데, 유아사망률을 낮추기 위해서는 국가가 적극적으로 가정에 개입해야 한다고 보았다: 김혜경(1997). 일제하 자녀양육과 어린이기의 형성. 김진균·정근식 편저. 『근대주체와 식민지 규율권력』(서울: 문화과학사), pp.241-242.

130) 이규환(1969). 위 글, p.234.

131) 조은·윤택림(1995). 일제하 '신여성'과 가부장제 ─근대성과 여성성에 대

낳는 법에 대해서도 일본인 교사로부터 배웠다고 하였다.[132]

1927년 개정된 여자고등보통학교 규정에서는 공민과가 새로운 교과목으로 등장한다. 공민과의 교수목표는 '국민의 공민적 생활을 잘 할 수 있도록 지덕을 함양하고 특히 존법(尊法)의 정신과 공존공영의 본의를 회득(會得)시켜 공공을 위해 봉사협동하여 사태에 직면하는 기풍을 기르고 국민된 소지를 육성'하는 것으로 말하자면 일본 국민으로서의 정신과 자세를 가르치고자 한 과목이라고 할 수 있다. 이러한 취지의 과목을 남학교에서보다 여학교에서 먼저 가르치도록 하였다는 것은 일제가 장차 가정에서 자녀를 교육하게 될 여학생들의 '미래의 충량한 일본 국민을 교육하는 어머니로서의 역할'을 염두에 두고 보다 철저히 국가의식을 주입시키고자 한 의도라고 볼 수 있다. 다시 말해 체조시간을 늘리고 교육과목과 공민과목을 채택한 것이 모두 아이를 낳고 양육하는 모성역할의 중요성을 발견하고 이를 식민통치를 위해 점차 도구화하고자 하였음을 보여주는 예이다.

동시에 일제는 여성교육이 보급되어 사회적으로 진출하는 여성이 증가하자, 여성의 직업활동이 결혼과 아이를 낳는 모성 역할을 거부하는 것으로 이어지지 않을까 우려하며 가부장제와 성적 역할분업을 고착화시키고자 노력하였다:

한 식민담론의 재조명 - 『광복50주년 기념논문집 제8권 여성』(서울: 한국학술진흥재단), p.192. : 구술자는 1921년생으로 경기여고를 졸업했다.

132) 정미경(2000). 일제시기 '배운여성'의 근대교육 경험과 정체성에 관한 연구 (이화여자대학교 여성학과 석사학위논문). p.36; 구술자는 1911년생으로 경기여고보 졸업자이다.

부인은 고래로 남성과는 다른 처디에서 ㅅ회의 진보발뎐에 진력하야왓
다. 남셩은 대개 적극뎍 활동뎍 급진뎍으로 행ᄒᆞᄂᆞᆫ 반대로 녀셩은 소
극뎍이요 보슈뎍이며 됴화뎍이얏다. 이것은 남자와 부인의 심리와 밋
생리가 다른 까닭으로 생긴 당연한 결과로 거긔에 남셩은 남셩다운 녀
셩은 녀셩다운 것으로서의 장단이 잇ᄂᆞᆫ 것이다. 엇더한 녀셩이라도 녀
셩이 된 이상에는 반다시 녀셩에 부대하야 잇ᄂᆞᆫ 것을 생각지 아니함이
불가하니 임신하얏스면 신테의 격동을 피하여야 할 것이요 또 생산ᄒᆞᆫ
아해를 포육하지 아니할 슈 업ᄂᆞᆫ 것이다. 이러한 ㅅ실에 대하야는 엇
더한 학자든지 엇더한 녀권옹호론자라도 반항할 슈 업슬 것이니……녀
셩은 녀셩으로서의 귀하고 뎍당한 일이 잇ᄂᆞᆫ 것을 자각함이 가장 긴요
할 줄로 생각한다……133)

이것은 일제가 당시 신여성들 사이에 여성해방주의가 대두되고 특히
여성의 경제적 독립을 주창하는 사회주의 여성운동 등이 전개되던 것을
견제하고 있었음을 나타낸다. 그래서 남자와 여자는 본래부터 심리와
생리가 다르기 때문에 부인이 경제적 독립을 하지 못한 것은 결코 여성
의 치욕이 아니며, 여성은 여성으로서 귀하고 적당한 일인 아이를 낳아
기르고 가정을 지키는 일에 주력해야 함을 강조한 것이다:

우리 됴션에도 남녀동등이임 부인해방이다 독신주의다 하야……이와
갓흔 동모를 볼 때에는 이 독한 말이 가져오는 위험성을 절실히 늣기
는 바임니다……여긔에 「부인해방의 비극」이 잇슴니다. 녀자가 남자와
대항하여 텰뎌히 독립하겟다 하면 필경 독신생활이 좃타고 그를 쪼차
가게 됨니다. 결혼을 하기 실혀하고 아히를 낫키 실혀하고야 말게됨니

___

133) 신문화건설에 대한 현대여성의 임무. 여성은 여성다운 성능으로써 가뎡연
장과 모셩확대를 노력.『매일신보』1925. 1. 1.

다. 련애의 파산, 가뎡의 파괴, 모성의 파괴는 곳 녀성의 뎨삼성화(第
三性化)를 만들게 함니다……경제생활의 독립이라하야 로동하는 직업
녀성도 그러함니다. 결혼할 나히에 시집을 안가고 자본쥬의의 경제조
직아래에서 사지가 피곤하도록 일을 함니다. 그리고 독신생활을 함니
다. 이러한 녀자는 뎜뎜 그 성질까지 변하야 짐니다. 뎨삼성화의 위험
이 또 이곳에 잇슴니다……인성자태로서의 출발뎜을 가진 부인운동이
엽길로 드러서서 탈션할 때에 그곳에 비극이 잇슴니다.[134)

일제는 식민통치 초기부터 사회의 기본단위가 되는 가정에서의 여성
의 역할에 주목하여 효과적인 식민통치와 내선융합을 위해 여성을 식민
지인을 '감화'시키기 위한 수단으로 보았다. 이것은 다음의 인용문에서
도 잘 나타난다:

조선인 여자교육은 남자교육에 비해 뒤지지 않는 중요한 의미가 있다.
경제적 융합과 사회적 융합은 식민정책의 근본토대가 되지만 그 가운
데에도 뒤의 것 곧 사회감정의 융합이 한층 더 곤란하다. 그러나 일단
성공하면 경제적 융합보다도 더 힘 있는, 사회의 근본 토대를 굳게하
는 시멘트가 된다. 이것은 어떻게 해서든지 부녀자를 감화시키는 데서
부터 들어가는 것이 지름길이다……여자가 감화하면 남자는 저절로 감
화되는 것이다……조선인의 가정을 風化하는 것은 곧 전 사회를 풍화
하는 것이니 이와 같이 하여야 비로소 우리와 저들과의 감정적 융합이
란 것이 영구히 될 수 있는 것이다. 따라서 선생들도 될 수 있는 대로

---

134) 金順子, 부인과 가정, 사회생활의 진화와 여성의 제3성화의 위험, 『매일신
    보』 1925. 1. 18; 이 글의 필자는 한국 여성인 것 같지만, 총독부의 어용
    신문인 매일신보의 편집의도와 다르다면 게재되지 않았을 것이다; 이 외
    에도 今春, 高女졸업생들에게, 여자사회의 주인공들이여 「됴선의 어머니」
    로서의 각오와 준비가 잇는가, 『매일신보』 1925. 3. 6.도 마찬가지이다.

일본 부녀자를 써서 학생이 학교를 나올 지라도 자유로이 가정에 출입
하면서 영원히 풍화의 근원이 되도록 힘쓰지 않으면 안 될 것이니 여
자교육의 의미도 또한 심히 중요하고 심원한 것이다.[135]

여기서 드러나는 것은 조선 여성을 일본 여성과 직접적으로 접촉하게
함으로써 조선 여성을 일본 여성화하고자 한 것인데, 그것은 전체 사회
를 감화시키기 위해서는 가정을 먼저 감화시켜야 하고, 남자를 감화시
키기 위해서는 먼저 부녀자를 감화시키는 것이 효과적이라고 보았기 때
문이다.[136] 일제가 조선 여성에게 요구하는 것은 식민통치라는 조건으
로 인해 보다 이데올로기적인 측면이 강하게 나타난다. 그러한 예 중의
하나는 일제의 천황제 가족국가 이데올로기 안에 포섭되는 현모양처여
성상이라고 할 수 있는데, 구체적으로는 일본의 황실을 모범적인 가정
으로, 일본의 황후를 조선 여성의 이상적인 모성상으로 제시하는 방법
을 사용하였다.

텬황황후 량폐하꺼압서 결혼하압신 후 금년이 이십오년이 됨으로 금십
일에 은혼의 셩뎐(聖典)을 거행하압시게 되얏다. 우리 국민은 일제히
이 깃분 날을 축복하는 동시에 량폐하의 셩덕(聖德)을 사모하며 아울
너 황실의 번영과 국운의 융성을 긔도하지 안이하면 안이될 것이다.
현숙하신 御婦德. 典型的 御母性 황후폐하의 자애. ……이갓치 모든 국
민에게 눈물을 먹음는 감격을 주압시는 황후폐하 꺼압서는 여름이면
일광에 겨울이면 소진의 어용뎌에서 성상폐하의 어간호를 진심으로 하

---

135) 大野謙一(1936). 『朝鮮敎育問題管見』, 『植民地朝鮮敎育政策史料集成』 28.
　　　 pp.307-308; 홍양희(1997). 위 글, pp.25-26에서 재인용.
136) 이렇게 여성을 먼저 "감화"의 대상으로 인식한 것은 후에 전시체제하에
　　　 서 적극적으로 모성이데올로기를 주입시키는 것으로 이어진다.

압시고 또하나는 뎐형덕 御母性으로 황태자뎐하의 교육에 류의하시고
칠천만 적자의 어머니로도 창성에게 인자하심을 베푸시는……137)

　일제의 천황제 가족국가 이데올로기란 국가를 하나의 커다란 가(家,
이에)로 보아 천황은 '아버지' 황후는 '어머니'로 상정하고, 국민 개개인
의 가(家)가 모여 국가라는 하나의 거대한 가(家)를 구성한다고 보는
관념이다. 즉 천황과 국민의 관계가 부모와 자식의 관계로 유추되어 있
으며 국가는 가(家)를 확충한 것이라는 국가상이 제시되어 있다. 국가
는 천황을 정점으로 하는 피라미드형 대가족으로 천황에 대한 충과 부
모에 대한 효가 유기적으로 결합되어 천황의 명령에 절대 복종하고 천
황을 사랑하는 일은 국가를 사랑하고 가족을 소중히 하는 것이라는 천
황제 가부장적 가족도덕이 강조되었다.138) 이러한 천황제 가족국가관은
식민지인 조선을 천황을 중심으로 한 체계 내에 포함시켜 천황을 정점
으로 하는 피라미드의 가장 하층계급에 위치시켰다.139)
　또한 메이지 정부는 근대적인 국가체제를 정비하는 과정에서 호적법
을 만들었는데, 호주에게는 군사 및 징세, 교육 등 정부의 행정 일반에
협력하는 역할을 부여하여, 그 결과 호주는 가장이면서 동시에 국가행
정조직의 최말단에 위치하게 되고, 가(家)와 국가라고 하는 두 개의 조

---

137) 양폐하聖德의 一斑.『매일신보』매일신보부록 은혼봉축호. 1925. 5. 10.
138) 이러한 천황제 가족국가 이데올로기는 천황의 정치적·종교적 권위를 법
　　　적으로 공고히 한 1889년의 제국헌법과 1890년의 교육칙어 발포로 더욱
　　　확고한 이데올로기가 되었다. 교육칙어는 학교교육의 기본방침을 제시하
　　　고 나아가 천황제이데올로기로서 국민을 교육하기 위한 것이었다: 伊藤
　　　幹治(1982).『家族國家觀の人類學』(東京: ミネルブア書房), pp.2-17.
139) 정진성(1999). 동아시아의 公私 개념과 성(gender): 근대국가와 민족, 성
　　　－한국과 일본의 비교를 중심으로.『동아시아를 다시 묻는다』(서남 이양
　　　구회장 10주기 추모 국제학술대회 자료집), p.162.

직체의 접점이 되었다. 1898년 시행된 메이지민법의 가족법은 가(家)제도를 기초로 하여 제정된 것으로 그 주개념은 다음과 같다. 즉 일본 사회에는 가(家)라고 하는 세대를 초월한 집단이 있는데, 모든 사람들은 가(家)에 귀속되어 있고, 가(家)에는 호주라는 통솔자가 있어서 다른 성원들은 모두 호주의 지배를 받는다는 것이다.[140]

이러한 일본의 호적법이 적용된 민적법이 조선에서 시행됨에 따라,[141] 천황제 가족국가 이데올로기는 조선 여성에게 호주인 가장에게 복종하고 천황에게 충성을 다할 것을 요구하였다. 일제가 식민통치를 실시하면서 효부와 절부를 표창한 것도 조선인으로 하여금 천황숭배의식을 갖게 하고 천황제 이데올로기를 정책적으로 선전하기 위해서였다. 이것은 궁극적으로는 식민체제의 모순으로 인한 식민지의 궁핍한 상황 속에서 효부와 절부를 여성의 미덕으로 칭송함으로써, 여성의 인내와 희생을 통하여 안정적인 식민통치의 기반이 되는 가부장적 가족제도를 유지시켜 나가기 위한 것이었다.[142]

---

140) 伊藤幹治(1982). 위 글, p.5.

141) 이효재(1990). 한국 가부장제의 확립과 변형. 『한국가족론』(서울: 까치), pp.24-25.

142) 메이지시대 일본에서도 효자와 절부 등을 표창하고 상금을 내렸는데, 이것은 천황숭배를 강요하고 천황제국가에 대한 의식을 갖게 하기 위한 목적에서였다: 吉見周子(1989). 第四篇 近代. 『日本家族史』(東京: 木辛出版社), pp.192-198.; 효자절부표창. 『매일신보』 1925. 1. 3.; 孝子節婦篤行者 天聽에 달하야 특별표창. 『매일신보』 1925. 5. 10.

제3장 전시체제와 모성의 식민화

1. 일본에서의 전시체제와 모성

일본은 근대국가의 형성과 더불어 제국주의적 팽창을 시도하면서 국내외에 여러 문제가 발생하자 이를 해결하기 위해 아시아 여러 나라에 대한 침략을 개시하였다. 1931년을 전후로 하여 전쟁준비를 본격화하면서 일본에서는 파시즘체제가 형성되기 시작하였다.[1]

1930년 문부성은 당시의 사회풍조가 방종에 흐른다고 지적하고 그 원인을 가정교육이 소홀하기 때문이라고 규정짓고, 「가정교육진흥에 관한 문부대신훈령」을 발표하여 어머니의 책임의 중요성을 역설하고 자각을 촉구했다. 이와 더불어 모든 기혼여성들을 지위와 직업, 계층, 지역 등을 불문하고 대일본연합부인회라는 하나의 조직으로 통합하였는데, 그 통합의 원리로 이용된 것이 모성이다. 그것은 대일본연합부인회가 '가정은 심신육성과 인격함양의 장소로써 가정교육의 부진에서 사상국난과 경제국난이 배태된다'고 선언하고, '가정교육의 진흥과 가정생활의 개선'을 조직 목적의 하나로 규정한 것에서도 잘 드러난다.[2] 그런데 이 부

---

1) 요시미 요시아끼(1981). 일본 파시즘의 성립. 『일본근대사론』(서울: 지식산업사), p.297. 마루야마는 1차대전 종전 후 1919년부터 만주사변 무렵에 이르는 10년간을 일본 파시즘 운동의 '준비기'로 보고, 이 시기부터 이후 국가총동원의 전시체제에 돌입하는 1936년까지를 파시즘운동이 파시즘적 이데올로기를 내세워 정치·경제·문화 등 사회 모든 분야의 혁신을 요구하였던 시기로 분석하였다; 마루야마 마사오. 김석근 옮김(1997). 위 글, pp.65-67.

인회는 황후의 탄생일인 지구절(地久節)을 '어머니날'로 정하고 매년 성대한 행사를 개최하였는데, 이것은 황후를 일본 어머니의 최고의 이상으로 칭하고 황후를 예찬함으로써, 단순히 모성을 강조하는 데서 끝나지 않고 모성을 천황제와 국체관념에 결부시킴으로써 국가적으로 여성을 통합하는 원리로 이용하고자 하였던 것을 의미한다.[3]

1931년에 만주사변이 발발하고 1937년에는 중일전쟁이 개시되자 일본 정부는 국민정신총동원운동을 일으켜 전시체제에 돌입하면서 국민의 사상적 통합을 강화하기 시작하였다. 메이지 중기의 제국헌법과 「교육칙어」에 반영된 충군애국의 가족국가 이데올로기가 이 시기에 다시금 강조되어, 일본의 가족관계는 서구와 같은 부부중심의 가족이 아니라 부모-자식 관계를 근본으로 하므로 자녀양육은 개인적인 것이 아니라 조상의 대를 잇고, 장래 국가에 봉공할 국민을 양육하는 것이라는 공적인 의미가 강조되었다.[4]

전쟁이 확대됨에 따라 국가사상의 강조는 지속적으로 강화되었고, 이와 더불어 국가의 모성역할에 대한 기대와 요구도 점차 많아졌다. 국정교과서에서 모성에 대한 언급이 급격히 증가하고 모성을 찬양하는 책들도 다수 출판되었다.[5] 전시하의 여성교육도 종래의 양처현모이데올로기의 부덕과 정숙에 더하여 모성관념의 함양을 주입시키기 위한 강력한 매개역할을 하였다.[6] 고등여학교의 「국민과」의 교수방침에서는 '교육칙

---

2) 鹿野政直(1983). 『戰前·「家」の思想』(東京: 倉文社). pp.187-188.

3) 永原和子(1985). 女性統合と母性. 『母性を問う(下)』(京都: 人文書院), pp.205-207.

4) 마루야마 역시 이러한 가족주의가 국가의 구성 원리로 내세워진 가족주의적 경향을 일본 파시즘 이데올로기의 특징으로 지적하였다. 그는 일본의 국가구조가 국민의 총 본가로서의 황실과 그 '적자(赤子, 천황의 백성)'에 의해 구성된 가족의 연장체로서의 가족국가로 표상되고 이는 충효일치의 사상을 파생하였다고 본다: 마루야마 마사오. 김석근 옮김(1997). 위 글, pp.78-79.

5) 中蔦邦(1984). 國家的母性. 『女のイメージ』(東京: 勁草書房), p.253.

어의 취지를 받들고 다음 세대 국민의 어머니로서의 덕조와 신념을 함양할 것'과 '우리나라의 家'와 '황국의 어머니'에 관해서 반복해서 가르칠 것을 규정하였으며, 장차 어머니가 되기 위하여 그리고 어머니의 대역을 담당할 수 있도록 하기 위한 보육실습도 중시되었다.[7]

러일전쟁을 계기로 전국적으로 조직되었던 '어머니회'도 중일전쟁 이후 급속히 확대되었다. 문부성은 전시 가정교육의 진흥을 위해 '어머니회'를 정기적으로 개최하여 지역을 기반으로 한 가정교육의 실천망으로 활용했다. '어머니회'의 회원들을 대상으로 '총후(후방)의 부인으로서의 임무와 강한 일본인을 양성하는 책임을 지닌 어머니로서의 자각'을 환기시키는 목적으로 소학교에 가정교육강좌를 개설하였다. 강좌의 내용은 시국에 관한 인식을 갖게 하고, 황국자녀로서의 자녀교육법, 전시하의 의식주의 개선과 보건위생 등 가정교육에 전시색이 농후해졌다. 뿐만 아니라 문부성은 '어머니회'의 운영에 있어 아동의 개별 가정에까지 개입하여 가정교육의 직접적인 지도와 진흥을 도모할 것을 교직원들에게 요구하였다.[8] 이는 가정에서의 아동의 양육과 교육에 국가가 개입하여 이를 전시체제를 위해 동원하고자 한 의도에서였다.

태평양전쟁이 일어난 후에는 국가총력전에서의 어머니들의 전쟁의식을 고취하고 가정교육을 한층 전시체제에 봉사하게 하기 위하여 「전시 가정교육지도요항」, 일명 「어머니의 戰陣訓」을 펴냈다. 이것은 황국민을 육성할 어머니로서 전시하에 건전한 가정을 실현하도록 순종과 온화,

---

6) 鹿野政直(1983). 위 글, p.200.
7) 鈴木裕子(1997). 『フェミニズムと戰爭 – 婦人運動家の戰爭協力』(東京: マルジュ社), pp.200-201.
8) 千野陽一(1979). 『近代日本婦人敎育史』(東京: ドメス出版), pp.316-322; '어머니회'는 문부성의 권장에 따라 전국 소학교의 4분의 1에 해당하는 6천여 교로 확대되었다.

104

인내, 봉공 등의 일본 부도(婦道)를 수련할 것과, 근대전에서의 승리를 위해 필요한 과학적 교양을 가질 것, 건전한 취미의 함양, 강건한 모체의 연성(練成) 등을 어머니들에게 요구하였지만, 현실적으로는 전쟁수행으로 인한 내핍생활과 가장의 부재 등 어려운 가정생활의 유지를 위해 한층 더 어머니들의 희생과 책임을 요구하는 것이었다.9)

어머니들의 희생에 대한 요구는 양육한 자식을 천황의 병사로서 기쁘게 국가에 바치는 '군국의 어머니'를 칭송하는 것에서 절정에 달했다. 1942년 군부는 태평양전쟁의 발단이 된 진주만공격에 참가한 병사들을 '軍神九勇士'로 소개하고, 이들이 공훈을 세운 것은 그 어머니들의 가정에서의 감화가 컸기 때문이라며 이 어머니들을 찬양하는 집회를 열고 『九軍神과 그의 어머니』라는 책을 출판하는 등 대대적으로 선전에 이용하였다. 이는 국가가 이상으로 하는 어머니상을 보다 구체적이고 현실적인 상황에서 제시함으로써 어머니들의 전쟁에 대한 관심과 협력을 얻으려는 목적에서였다.10)

나아가 태평양전쟁에 앞서 정부는 부인단체통합요강을 결정하여 기존의 애국부인회, 국방부인회 및 대일본연합부인회를 핵으로 하여 대일본부인회를 발족시켰다. 대일본부인회는 20세 이상의 일본 여성 전원을 회원으로 하는 전국적인 조직으로서, 정부는 여기에 여성지식인들을 흡수시켰다. 그리하여 부인참정권운동과 모성보호운동에 앞장섰던 여성들이 국민정신총동원운동이 시작되자 국가정책에 동조하여, 군국주의적인 부인정책에 협조하는 활동을 하게 되었던 것이다.11)

한편 중일전쟁 이전부터 일본은 서구에 비해 현저히 높은 유아사망률

---

9) 永原和子(1985). 위 글, pp.210-212.
10) 中薦邦(1984). 위 글, pp.253-254.
11) 田中壽美子 編(1975). 『女性解放の思想と行動－戰前編』(東京: 時事通信社), pp.269-281.

과 결핵사망률, 기생충병, 성병의 만연 등 국민의 열악한 건강상태에 대한 관심이 고조되었다. 1937년 보건소법을 제정하여 국민의 건강 향상을 위해 10개년 계획으로 550개소의 보건소를 세우는 본격적인 보건정책을 세웠다. 1936년 출생률이 급감하고 1938년 일본 통계사상 처음으로 인구의 자연증가율이 1000명당 10 이하로 떨어지자 가장 동요한 것은 군부였다.[12] 중일전쟁 개시 이후 1938년 군부의 요청으로 후생성이 설립되었는데 그 목적은 강력한 전투원과 생산력 확충에 필요한 노동력을 공급하는 데에 있었다.[13] 후생성 설립의 배경에는 출생률의 감소뿐만 아니라 징집대상이 되는 청년층의 불량한 체력상태에도 있었다. 징집대상자의 신체검사 결과 결핵과 근골박약, 충치와 근시 등 열악한 건강상태가 드러나자, 군부는 정예군대를 육성하기 위해서는 조직적으로 국민의 체력을 향상시키지 않으면 안 된다고 인식하였기 때문이다.

병사력이 되는 청년층의 체력에 대한 관심과 더불어 인구의 급격한 증가를 목적으로 확립된 것이 「인구정책확립요강」이다. 전쟁수행을 위해서는 여성의 출산력이 관건이라고 본 군부는 부부당 출생아수를 평균 5명이 되도록 하는 것을 방침으로 세우고, '낳아라 불려라', '5명 낳지 않는 어머니는 제 구실을 못한 것이다'라는 슬로건으로 노골적으로 다산을 권장하기 시작했다.[14] 자녀를 많이 낳은 다자(多子)가정에 대해서

---

12) 鈴木裕子(1996). 母性・戰爭・平和.『母性ファシズム』(東京: 學陽書房), p.71.
13) 女性史綜合硏究會 編(1990).『日本女性生活史 第4卷 近代』(東京: 東京大學出版會), p.206.
14) 1941년 1월 각의에서 결정된 「인구정책확립요강」은 1960년까지 일본의 인구를 1억으로 증가시킬 것을 목표로 ① 인구의 영원한 발전을 확보하고 ② 증식 및 자질에 있어서 다른 나라를 능가하며 ③ 고도국방국가에 있어서의 병력 및 노동력의 필요를 확보하고 ④ 동아시아 여러 민족에 대한 지도력을 확보하기 위하여 인구를 적정하게 배치할 것을 결정했다; 鈴木裕子(1997).『フェミニズムと戰爭 – 婦人運動家の戰爭協力』(東京: マルジュ

106

는 물자를 우선적으로 배급하고 표창하는 등의 우대조치도 취하였다.

또한 출산증가를 위해 1930년 유해피임기구취체규칙을 발령하여 산아제한운동을 탄압하고 피임기구와 약품의 사용을 금지했다. 중일전쟁 개시 후 1938년에는 산아제한상담소를 경찰명령으로 폐쇄시켰다.[15] 1940년에는 국민우생법을 공포하였는데 이 법은 국민자질의 향상을 '악질적인 유전성 질환을 가진 국민의 증가를 방지'하고 '건전한 소질을 가진 국민의 감소를 방지함'으로써 국민발전의 기초를 배양하고, 우수한 민족성을 지속시키고자 하는 데 목적이 있었다. 그러나 인적자원의 부족에 대처하기 위해 인구증가가 중시됨에 따라 이 법의 주목적은 산아제한의 만연에 의해 출생률이 저하되는 것을 방지하고 장애자를 낳을 우려가 있는 출산을 방지하기 위한 것이었다. 또한 '피임행위는 국가 목적에 맞지 않는다'고 하여 건전자의 불임수술을 위법으로 규정했다. 따라서 이 법은 본래의 목적인 우생시술보다는 산아제한과 인공임신 중절을 금지하는 방향으로 기능하였다. 일본이 답습한 독일이 약 40만 명을 단종시술한 데 비해 일본에서는 1941년부터 1945년까지 시술건수는 454건(남자 192명, 여자 262명)에 불과했다.[16] 낙태에 관여한 여성과 의사가 처벌되었음은 물론이고, 빈곤한 모자의 비참한 생활상을 보고 산아제한운동을 전개한 여성운동가가 사상이 불온하다 하여 체포되는 일도 있었다.[17] 국가는 임산부는 모성으로서 국가를 위하여 봉공한다고 하면서, 출산을 위해 매년 약 5천 명의 어머니가 사망하는 것을 남자의 전사에 비교되는 국가를 위한 희생이라고 추켜세웠다.[18]

社), p.203.

15) 若桑みどり(2000). 위 글, p.74.

16) 무川紀代(1991). 위 글, p.254.

17) 하라 히로꼬(1996). 위 글, pp.46-47.

18) 무川紀代(1991). 戰時期の母性論. 東京歷史科學硏究會 婦人運動史部會 編. 『女と戰爭』(東京: 昭和出版), pp.257-258.

한편 인구증가를 위해서 결혼이 국가적 의의를 지닌 것임을 강조하면서, 1941년 국민우생연맹은 결혼에 관한 지도방침으로「결혼십훈」을 발표했다. 이에 따르면, 1. 일생의 반려로서 신뢰할 수 있는 사람을 선택하라, 2. 심신 모두 건강한 사람을 선택하라, 3. 서로 건강증명서를 교환하라, 4. 악질 유전이 없는 사람을 선택하라, 5. 근친결혼은 가능한 피하라, 6. 가능한 일찍 결혼하라, 7. 미신과 인습에 구속당하지 말라, 8. 부모, 윗사람의 의견을 존중하라, 9. 식은 간소하게 혼인신고는 당일에 할 것, 10. 낳아라 불려라 국가를 위하여 – 라고 하여 결혼에서의 우생학적 중요성을 분명히 나타내고 있다.[19]

또한 결혼자금을 대부하여 조기결혼을 장려하였고, 장차 10년 이내에 일본인의 결혼연령을 3년 앞당기는 계획도 세웠다. 청년층의 징집으로 결혼연령의 남성이 감소하자 만주사변의 부상병과 19세의 국방부인회 회원의 결혼을 '애국미담'으로 선전하기까지 하였다.[20] 여학교에서는 1943년부터는 수업연한을 단축시켰는데, 이것의 주목적은 결혼연령을 낮추어 출생률을 높이는 데에 있었다.[21]

이러한 여성의 출산과 모순을 일으키는 것이 여성노동이다. 전시하의 노동력 결핍은 여성노동력을 절대적으로 필요로 하였으나, 모성에 대한 보호는 오히려 축소되어 갔다. 중일전쟁이 발발하자 곧 군수공장, 광산

---

19) 若桑みどり(2000). 위 글, pp.77-78. 영국 역시 제국주의기에 인구 증식문제가 중요한 사회문제로 대두됨에 따라 바람직한 결혼대상에 대한 기준도 달라지게 되었다. 1860년대의 결혼지침서에는 여성의 배우자로서 부양능력이 있고 여성을 보호하고 도와줄 수 있는 상대가 바람직하다고 하였으며, 자녀에 대한 언급은 없었다. 그러나 1914년의 결혼지침서에는 인종의 재생산, 사회적 순수함의 유지, 상호 위안과 협조가 결혼의 주목적이라 하여 결혼의 출산 기능을 중요시했다: Anna Davin(1997). *op. cit.*, pp.98-99.
20) 若桑みどり(2000). 위 글, p.73.
21) 鹿野政直(1983). 위 글, p.202.

여성노동자의 노동시간이 연장되고 심야업이 실시되었으며 휴일이 폐지되고 마침내는 탄광의 갱내 노동금지도 완화되었다. 태평양전쟁 이후에는 여성의 공장 노동에의 동원이 증가되어 산전산후의 휴가와 수유시간 규정만이 남았다. 결국 여성은 전시 중 생산증강과 인구증강이라는 두 가지 국가적 사명을 부담하여야 했다.[22]

만주사변에서 태평양전쟁에 이르는 15년간의 전쟁하에서 일본의 모성은 국가적 모성으로 위치지어졌고, 국가는 모든 여성들을 전시체제에 적극적으로 참가시키기 위한 하나의 통합수단으로써 모성을 이용했다. 국가는 사회적, 경제적으로 낮은 위치에 머물러 있는 여성들에게 모성을 예찬함으로써 여성의 희생과 인내를 일방적으로 요구하였으며, 모성이 국가적 목적에 부합할 때에만 가치를 부여받을 수 있음을 주지시켰다. 즉 모성이 여성 개인의 권리로서가 아니라 철저히 국가적 목적을 위해 도구화되고 동원되었던 것이다.

2. 조선에서의 전시체제와 여성

(1) 일제 말기의 전시체제

1937년 7월 일제는 만주에서 중일전쟁을 일으키고 8월에는 전 일본 국민을 전쟁에 동원하기 위해 국민정신총동원운동을 일으켰다. 이 운동은 거국일치·진충보국·견인지구를 삼대 슬로건으로 내세워 전쟁을 효과적으로 수행하기 위하여 일본 국민의 정신을 통합하고 일상생활을 통

---

22) 永原和子(1985). 위 글, pp.214-217.

제하기 위한 것이었다.

일제는 중일전쟁이 발발한 이듬해 5월에는 조선인까지 전쟁에 동원하기 위하여 조선에서 국가총동원법을 공포하여 국민정신총동원운동을 개시하고, 9월 조선총독부는 시국대책조사회를 열어 전시체제하에서 조선을 어떻게 통치할 것인가를 검토하였다. 이 조사회에서는

> 조선통치의 근본은 반도동포로 하여금 一視同仁의 聖旨에 따라……명실공히 황국신민화를 도모하여 내선일체를 조성하고……제국의 대륙경영의 병참기지의 사명을 완수하고, 나아가 팔굉일우(八紘一宇)의 대정신을 나타내게 하는 데 있다.

고 하였다.[23] 즉 이 운동의 가장 중요한 목적은 조선을 대륙침략을 위한 병참기지로 삼아 일본에서의 삼대 슬로건에 내선일체를 더하여 조선인을 황국신민화함으로써 내선일체를 이루어 전쟁수행에 차질이 없도록 하고, 나아가 전쟁수행을 위한 국가시책에 협력하도록 하며, 조직과 훈련을 통해 전 조선에서 전시체제를 확립하는 것이었다.[24]

이러한 총동원운동의 핵심이데올로기는 조선인의 황민화와 내선일체로서 조선인의 모든 생활과 정신을 오직 일제의 침략전쟁수행을 위해 몰고 갔다. 일제는 자국의 전쟁에 조선인이 자발적으로 협조하지 않을 것으로 보고 국민정신총동원 조선연맹을 결성하여 경성의 중앙조직하에 각 도연맹에서 부군도(府郡島)연맹, 읍연맹, 부락연맹 그리고 최말단으로는 10호 정도로 구성된 애국반과 직장에서의 조직까지 결성하여 모든 조선인을 포함하는 완전한 조직망을 갖추었다.[25]

---

23) 小澤有作(1967). 『民族敎育論』(東京: 明治圖書出版株式會社), p.84.
24) 君島和彦(1988). 조선에 있어서 전쟁동원체제의 전개과정. 『일제 말기 파시즘과 한국사회』(서울: 청아), p.176.

총동원 조선연맹에서는 구체적으로 매일 아침 황거요배와 신사참배를 하도록 하고[26] 기회 있을 때마다 '황국신민의 서사'를 외우게 하며,[27] 일본어를 쓰게 하고, 철저한 소비절약과 저축, 근로생활을 장려하는 등 갖가지 실행하여야 할 세부 사항을 정하여 실천을 강요함으로써 조선인의 생활을 내선일체의 목표달성과 전쟁수행에 효율적이 될 수 있도록 통제했다.[28]

총동원운동은 내선일체를 위한 정신교화운동과 주로 경제면에서 전쟁에 협력시키기 위한 전시협력운동이 있었다. 정신교화운동으로는 '일본정신 발양주간', '천장절', '보은감사일' 등등 갖가지 기념일과 그에 따른 행사를 거행하여 조선인의 전쟁의식을 고취하고자 하였다.[29] 전시협력운동은 국산품 이용과 소비절약, 저축, 근로증가, 생산증가 등을 강요한 운동이다. 이 운동의 일환으로 국민정신총동원 조선연맹에서는 '비상시

---

25) 小澤有作(1967). 위 글, p.87.
26) 총독부는 이러한 신사참배를 강요하기 위해 1면(面) 1신사의 설치를 추진했다; 강만길 외 편(1994). 『한국사13 – 식민지시기의 사회경제 1』(서울: 한길사), p.163.
27) '황국신민의 서사'에는 아동용과 중학생 이상의 성인용이 있었다: 〈아동용〉: 1. 우리는 대일본제국의 신민입니다. 2. 우리는 합심하여 천황 폐하께 충의를 다하겠습니다. 3. 우리는 인고단련(忍苦鍛鍊)하여 훌륭하고 강한 국민이 되겠습니다. 〈성인용〉: 1. 우리는 황국신민이며, 충성으로 군국(君國)에 보답한다. 2. 우리 황국신민은 서로 신애협력(信愛協力)함으로써 굳게 단결한다. 3. 우리 황국신민은 인고단련력(忍苦鍛鍊力)을 배양함으로써 황도(皇道)를 선양한다. 이러한 일종의 선서를 학교는 물론 관청과 회사, 은행, 공장, 상점, 극장 등 사람이 모이는 장소에서 낭송하게 하고, 신문과 잡지에도 게재하도록 했다; 나카쓰카 아키라 지음. 김승일 옮김(1995). 『근대한국과 일본』(서울: 범우사), p.185.
28) 최유리(1995). 일제 말기('38-'45) 「내선일체」론과 전시동원체제(이화여자대학교 사학과 박사학위논문, 미간행), pp.72-74.
29) 위 글, pp.74-78.

를 당하여 국민생활을 개선한다'는 미명하에 「비상시국민생활개선안」을 정하여 전 조선인에게 배부하고 실천을 요구하였는데, 그 내용을 구체적으로 보면 일본의 전쟁으로 인한 조선인들의 궁핍한 생활에도 불구하고 일상생활의 세세한 부분에 이르기까지 내핍생활을 요구하고, 의식주의 생활습관마저 전쟁수행을 위해 뜯어 고치고자 한 식민통치의 의도를 읽을 수 있다:

의 복
1. 의료애호사상의 철저적 함양 2. 의료자원의 배양 3. 사장의료의 활용 4. 再製재료의 동원운동 5. 신조의 유예 6. 신조를 아니 할 수 없는 경우 ① 남자조선복에 있어서는 색복을 본지로 하고 고름을 폐지할 事 ② 여자조선복에 있어서는 조선부인문제연구회안을 기준으로 할 일 ③ 양복상용자에 있어서는 본 연맹 소정의 표준복과 같은 것으로 지질 及 빛은 임의로 할 일 7. 길흉 기타 의례의 경우는 평상복에 본 연맹 소정의 휘장을 패용하고 예복에 代할 일……

식 사
1. 식사는 보건 及 영양을 중히 여기고 간소를 본지로 함 …… 3. 제사……及 연회는 질소를 중히 여기고 공연히 설비의 성대를 다투는 기분을 배제할 일 4. 내객의 접대에는 함부로 술을 사용치 말 일 5. 접객에 차를 쓰는 습관을 조성할 일

주 거
…… 2. 간소한 穴倉을 설하고 평소는 고앙으로 응용하며 유사의 시에는 방공의 목적에 충당할 일 …… 4. 조선 가옥의 행랑을 폐할 일
……

예 의

1. 일가는 매무朝 황거를 요배하고 황실의 御安泰를 기원할 일 2. 축제일의 국기게양은 물론 이오 神社神祠에 참배할 일 3. 황국신민의 서사를 기회있는대로 낭통할 일 4. 혼례장의는 이를 질소 엄숙히 하여 허식에 흐르지 말고 혼례피로연 기타 각종 축연은 절대 필요한 범위에 그치 고 또는 힘써 간소이 할 일(조선인○에서는 총독부 제정의 의례준칙에 의할 事) ……

사회풍조

1. 물자의 애용과 소비절약 ① 폐품의 이용회수를 위하여 각 지방에 폐품회수의 시설 실행을 촉진할 事 ② 군관계품(면, 紙, 양모, 마, 고무, 피혁, 금속 등)은 물론 생활용품은 힘써 신조를 유예하고 있는 의복으로 충당할 事 ③ 音信은 절대 부득이한 경우 외에는 엽서를 사용할 일 2. 사교상의 관례의 개선 ① 연회에 대하여, 오후 11시를 초과치 말 일, 獻酬의 전폐, 주류는 국산품에 한할 일 …… 3. 음력을 폐지하고 태양력의 사용을 勵行할 일 …… 5. 시간을 勵行할 일(특히 엄중한 경고를 요함)30)

1940년 일본·독일·이태리의 3국동맹이 체결되고 침략전쟁이 확대되어 가면서 일제는 한층 더 전시체제를 강화해 갔다. 기존의 내선일체를

---

30) 비상시국민생활개선안. 『여성』 1939. 1. 이 개선안은 내선인 명사 100여 명이 모여 정한 것이어서 그런지 일본 가정과 조선 가정에서 공통적으로 지킬 일을 정한 것처럼 보인다. 그러나 1938년 8월 총동원 조선연맹에서 제정한 「비상시생활기준양식」에는 전쟁수행을 위해서 일제가 얼마만큼 조선인의 생활을 착취하고 통제하려했는지 잘 나타난다. 예를 들면, '아침식사는 국 하나, 김치 하나 정도로 할 것', '炊飯은 하루 2회로 하고 점심은 찬밥으로 할 것', '남자의 머리는 가능한 짧게 빡빡 깎은 머리로 할 것', '신발은 가능한 한 짚신, 나막신으로 할 것' 등이다; 위 글, pp.79-80.

목표로 정신동원에 중점을 두었던 국민정신총동원운동을 국민총력운동으로 개편하여, '고도 국방국가체제의 확립'을 목표로 조선인의 정신뿐만 아니라 모든 물자와 노동력, 경제력을 총체적으로 직접 전쟁에 참여시켜 나갔다.[31]

총력운동도 총동원운동과 마찬가지로 전시협력운동을 전개해 나갔는데, 총력운동 조선연맹에서 전개한 구체적인 사업내용을 보면 '징병제실시의 준비', '부녀계발운동', '근로봉사', '각종 방위의 훈련 및 실천', '금속류의 특별회수운동', '물자의 공출 배급에의 협력', '미영격멸 전 근로자 총궐기운동', '애국반의 지도', '황도문화의 지도', '선전에 관한 시설', '생산력 확충' 등 무려 38개 항목에 이른다.[32]

전쟁의 확대로 이제는 총동원운동에서와 같은 생활의 긴축과 물자절약의 차원이 아니라, 금속류의 공출을 통해 경제적으로 수탈하고 생활필수품의 부족을 배급으로 대치하도록 하며, 나아가 징병제 실시를 통해 직접 조선 청년들의 생명까지 전쟁에 동원시키는 상황이 된 것이다.

(2) 전시체제와 여성

◆ 전시체제하의 여성교육

앞 절에서 기술한 바와 같이 1937년 중일전쟁이 발발한 이후부터 1945년 패전까지 조선은 일본의 병참기지가 되어 일본의 침략전쟁을 위해 전 조선인이 동원되는 전시체제가 계속되었다. 1936년에 부임한 미나미 총독은 이전의 우가키 총독의 내선융화책에서 내선일체로 지배정

---

31) 위 글, pp.89-90.
32) 위 글, p.100.

114

책을 바꾸어 조선인을 황국신민화하고자 하였다. 이에 따라 1938년에 개정된 제3차 조선교육령에서는 국체명징, 내선일체, 인고단련의 3대 교육방침하에 '조선인 아동으로 하여금 황국신민다운 자각을 일으켜 황운부익(皇運扶翼)의 도리에 철저하도록 할 것'[33]을 교육목표로 하였다.

여기서 황국신민으로 만든다는 것은 조선인으로서의 정체성을 말살하는 것으로 전시체제하의 파시즘단계에 부응하는 새로운 식민주의 교육이다. 따라서 중일전쟁을 계기로 교육목표를 '동화'에서 '황민화'로 바꾸어 교육을 보다 철저히 하고, 교육의 대상을 학교교육에서 사회의 전 성원으로 확대하였으며, 방법면에 있어서도 일본어의 완전한 상용과 일상생활에서의 황민화의식의 침투를 도모하는 등 다양한 형태를 띠고 민족 전체의 황민화를 추진했다.[34]

구체적으로는 학교의 명칭을 일본인 학교의 명칭으로 통일시키고, 필수과목이었던 조선어과목을 선택과목으로 바꿈으로써 실제상으로는 조선어과목을 폐지시켰으며,[35] 내선공학을 실시한다는 구실로 학교에서의 조선어 사용을 일체 금지시켰다.[36]

이 시기 고등여학교의 교육 목표는 '국민도덕의 함양과 부덕 양성에 용의해서 양처현모로서의 자질을 갖게 하여 충량지순한 황국여성을 양성하고 家에 대한 임무를 존중하여 국가사회에 봉사하도록 하며, 여성의 심신의 특질을 알게 하여 결혼생활 및 육아에 관한 사항'[37]을 배우게 하는 데 있었다.

---

33) 小澤有作(1967). 위 글, p.84.
34) 위 글, p.14.
35) 한기언·이계학 공저(1993). 『일제의 교과서정책에 관한 연구』(서울: 한국정신문화연구원), p.134.
36) 유봉호(1982). 일제 말기(1930~1945)의 初·中等學校 敎育課程硏究. 『논총』 제40집(서울: 이화여자대학교 한국문화연구원), pp.14-15.
37) 『매일신보』 1938. 3. 17.

1922년의 '국민된 성격을 양성'하는 것에서 '국가사회에 봉사'라는 표현으로 바뀐 것은 일제가 전시체제의 확립에 따라 여학생들에게도 직접적이든 간접적이든 전쟁에의 협력을 의도하였음을 드러낸다. 1927년 여학교 교육개정에서 등장하였던 공민과목이 정식 과목으로 추가된 것도 바로 이러한 의도에서 보다 철저히 황국여성으로서의 교육을 주입시키고자 한 것이었다.

또한 종래 가설과목이었던 교육과목을 필수과목으로 하였는데, 교육과목의 목적은 다음과 같다:

우리나라의 교육이 우리나라의 국체에 기초하고 있음을 밝히고 가정에 있어서의 교육의 임무 및 방법을 회득시키는 것을 요지로 한다. 교육은 우리나라의 본의를 밝히고 우리나라의 가정의 특질과 가정교육의 중요한 소이를 알게 하여 어머니의 지위 및 사명을 자각하게 하여 어머니로서 자녀의 교양상 수요한 사항을 교수하여 가정교육의 방침 및 방법을 회득시킴과 아울러 가정교육과 학교교육 및 사회교육과의 관계를 이회하도록 한다. 교육을 교수할 때에는 특히 가사와 연락하여 상호보익하도록 한다.[38]

위에서 보면 교육과목의 목적은 가정에서의 자녀교육의 방침과 방법을 가르치는 과목이다. 그런데 이러한 교육과목을 전시체제의 확립과 더불어 새로이 여학교의 필수과목으로 정하였다는 것은 일제가 조선 여성을 어머니로서의 역할을 통해서 전쟁수행과 식민지배체제를 위해 봉사하고 헌신하도록 하고자 한 의도가 있었음을 나타낸다. 그리고 그러한 어머니역할이란 무엇보다 일본의 국체관념에 기초하고 있음을 강조하였다. 따라서 기존의 현모양처주의 여성교육의 성격도 전시체제의 확

---

38) 유봉호(1982). 위 글, p.204.

116

립과 더불어 국가사상과 국체관념을 고취시키는 어머니로서의 역할을
보다 강화해 나간 것이다.

그런데 이러한 어머니로서의 역할을 고등여학교에서뿐만 아니라 소학
교에서부터 주입시켰다. 소학교에서는 수신과를 통해서 이러한 교육이
실시되었는데, 수신과의 목적 중에서는 '정숙의 덕'이라고 하여 다음과
같이 설명하였다:

> 여아에 대한 도덕은 정숙을 최고로 하였다. 예부터 우리나라에서는 집
> 안에서 집을 잘 다스리고, 자녀 교양을 맡고, 일가의 중심이 되어 내조
> 의 공을 쌓아 남편을 격려하고, 항상 순종정숙의 덕을 다했다. 楠木正
> 行의 어머니가 순순히 남편의 교훈을 正行에게 보여 넘치는 애정으로
> 正行을 교육시켜 대충신 正行이 성장하여 후세 국민의 귀감이 된 이유
> 는, 하나로 어머니로서 여성으로서 정숙의 덕으로 받은 것이다. 이리하
> 여 우리나라의 국민성이 배양되어 야마토정신이 육성되어 가는 것이다.
> 이 정신이야말로 진실로 여아가 지향해야 할 도덕이어야 한다. 국민도
> 덕의 함양상, 가정이 가장 소중하다는 것을 생각하면, 여아가 장래 가
> 져야 할 사명을 자각시키는 것이 중요한 요무이다.39)

---

39) 朝鮮初等教育研究會(1939). 『皇國臣民教育の原理と實踐』(朝鮮: 朝鮮公民教
育會); 渡部 學・阿部 洋 編(1989). 『日本植民地教育政策史料集成(朝鮮
篇)』(東京: 龍溪書舍), p.135. 만주사변에서 태평양전쟁의 종전에 이르는
15년간 모성은 일본 여성을 규율하는 기본적인 관념으로 선전되었는데, 이
를 위해 학교교육과 사회교육을 통하여 "여성은 어머니"라는 의식이 주입
되었으며, 모범적인 어머니상이 만들어졌다. 카노는 일본 역사상 대충신으
로 알려져 있는 楠木正行의 어머니가 그중 가장 대표적인 예라고 지적한
다; 鹿野政直(1989). 『婦人・女性・おんな』(東京: 岩波書店), p.106. 여기
에서 일제가 전시하 조선여성교육에 있어서 어머니역할을 강조하는 모성
교육을 중시하였을 뿐만 아니라, 이상적인 여성상으로서 일본 여성을 제시
했다는 점이 드러난다.

일제는 여학교교육에 있어서 장차 가정에서 자녀교육자로서의 역할을 담당하는 것을 가장 중요시하였는데, 그러한 역할을 위해 구체적으로 어떤 교육을 하고자 하였는가가 여기서 잘 나타난다. 일제는 조선 여성으로 하여금 자녀에게 야마토정신(일본정신)을 넣어 주어 장차 조선의 아동을 황국신민으로서 일본에 충성하도록 키우는 것을 요구하고, 학교교육을 통해 그것이 조선 여성의 사명임을 자각시키고자 하였다. 그리고 그러한 교육은 소학교에서부터 해야 한다고 본 것이다.[40]

전시체제하의 교육목적에 있어서는 1922년의 제2차 교육령 제8조에 명시한 여자고등보통학교 교육목적에 다시 '강렬한 일본국민으로서의 신념을 계배하고, 강건한 신체의 연성을 도모하고, 현모양처의 자질을 길러 충량지순한 황국여성을 양성한다'[41]는 규정을 강화하였다. 여기서도 주목할 점은 2차 교육령에서 '신체의 발달 및 부덕의 함양에 유의'한다는 정도에서 이제는 '강건한 신체의 연성'으로 여성의 체력을 중시하게 되었다는 점이다.[42]

---

40) 일제는 고등여학교뿐만이 아니라 소학교에서도 여학생들에게 현모양처교육을 실시했다. 1938년 교육령에 의하면, 여학생의 가사 및 재봉이 4학년에서 주 3시간, 5, 6학년에서는 4시간으로 이전 시기에 비해 2배로 증가했다. 1941년 국민학교령에서는 '다른 것을 배우지 못하더라도 적어도 가사에 관해서는 지식과 실기를 배우게 할 것', '국민학교 전 과목을 통하여 가장 필수적이고 효과적인 과목이다. 극언하면 여자교육에 있어서는 모든 과목이 이 과목에 연결되고 종합되어 있다' 고 하여, 여학생의 경우 다른 어떤 과목보다도 가사과목을 중시하였음을 알 수 있다. 이는 여학생의 상급학교 진학이 많지 않음을 고려할 때, 일제가 초등학교에서 '식민지 여성으로서 갖추어야 할 내용'을 가사과목을 통해서 집중적으로 가르치고자 하였음을 나타낸다. 그리하여 가사시간에는 일본식 생활양식과 애국반 조직과 반원으로서 가져야 할 마음의 준비 등을 가르쳤다; 三鬼浩子(1984). 植民地における女子教育. 日本女子大學女子教育研究所 編. 『昭和前期の女子教育』(東京: 國土社), p.88.

41) 『매일신보』 1938. 3. 17.

일제는 1941년 태평양전쟁의 도발을 계기로 1943년 3월 다시금 제4차 조선교육령을 공포하였다. 이것은 「교육에 관한 전시비상조치령」이라고도 하듯이[43] 전쟁수행을 위해 전체주의적이고 군사주의적인 교육으로 바꾸어 교육은 말 그대로 전쟁의 도구로 전락하고 말았다.[44] 교육목적에 있어서는 황국신민의 육성을 한층 강조하여,[45] 여학교의 교육목적도 '충량지순한 황국여성'을 양성하는 것이라고 하였다.[46]

군사주의 교육에서 가장 특징적인 것은 체육교육의 강화라고 할 수 있다. 학교체육은 군사적 성격이 농후해져, 고등여학교에도 (남자)중학교와 동일하게 군사목적을 위한 체련과목(교련, 무도, 체조로 구성)과 수련과목이 신설되었고,[47] 수업시간에 있어서도 1938년에는 체조가 주당 3시간이었던 것이 1943년에는 주당 4시간의 체련과목으로 증가되었다. 대학과 전문학교에서는 구기종목이 폐지되고 중등학교에서는 학교 간의 구기대항경기가 제한되었으며, 경기중심의 체육대회도 폐지되었다. 여학교에서는 체조, 육상운동, 기갑, 무도, 수영, 설활, 해양훈련 등을 실시하였고,[48] 고등여학교의 군대 교련의 시간에는 총잡는 훈련과 열병, 분열법을 가르치고 행군도 실시하였다. 다시 말해 학교 체육은 건강한

---

42) 실제로 일제 말기에는 여학교에서의 체육교육이 강화되었는데, 이에 관한 구체적인 내용은 다음의 3. 전시체제와 모성의 식민화과정을 참조.
43) 이규환(1969). 일제시대의 중등학교 교육과정에 관한 연구. 『논총』 제15집 (서울: 이화여자대학교 한국문화연구원), p.239.
44) 최유리(1995). 위 글, p.38.
45) 황국신민화 교육을 시킨다는 미명하에 형식적으로나마 수의(선택)과목으로 남아있던 조선어 과목도 폐지시켰다.
46) 이규환(1969). 위 글, p.223.
47) 체련과의 교련은 일본군인식 군사훈련이고, 무도는 일본무사의 정신을 단련시키기 위한 검도와 유도이며, 체조는 목검으로 하는 소위 황국신민체조이다; 이규환(1969). 위 글, p.239.
48) 이학래(1990). 『한국근대체육사연구』(서울: 지식산업사), p.196.

심신의 발달보다는 군사주의적 성격이 농후해져 장기전을 이겨나갈 수 있는 인고단련주의를 강화하고 전쟁능력을 기르는 데 중심을 두었다.[49]

이 시기 여학교교육에 있어서 총독부 학무국이 의도하였던 것은 군국주의적인 체육교육을 시키는 것에 끝나지 않았다. '장차 현모양처가 될 여성들에게 실제로 필요한 교육'을 시키는 것이라고 하였는데, 여기서 '실제로 필요한 교육'에는 간호지식이 중요한 위치를 차지한다. 즉 여학생들에게 확충된 가사과목에 보건과 위생은 물론 간호지식을 가르쳤는데, 그 목적은 언제든 유사시에는 여학생들로 하여금 '전장에서 간호부로 활약할 수 있도록' 하는 것이었다.[50] 이는 전쟁의 확대로 부족한 간호인력을 학생인력으로 메우기 위한 것이었다. 그리하여 1944년부터는 고등여학교에 소정의 간호 과정을 설치하여 이수자에게는 속성으로 간호사 자격을 수여하도록 하였다.[51]

여기서 주지할 점은 전시체제와 더불어 현모양처교육의 의미가 단순히 가정에 머무르는 역할만이 아니라 확고한 국가의식을 기반으로 하여 자녀를 교육하며, 강건한 신체를 갖도록 단련하여 식민지배체제의 요구에 따라서는 언제든 전장에도 뛰어들 수 있는 역할로 변질되었다는 것이다.[52]

---

49) 총을 잡는 군국처녀. 『매일신보』 1943. 4. 24.

50) 영어를 수의과목으로 가사과 내용을 확충 여자교육에 쇄신을 단행. 『매일신보』 1942. 7. 12; 여기서 영어를 폐지한 것은 영어가 적국의 언어이기도 하지만, '여자교육의 내용을 미영식 교육에서 일본 정신에 맞도록 하고자' 한 것이었다.

51) 1944년 '조선간호부규칙개정'으로 종래 간호사 양성소와 지정된 학교에서만 간호사를 배출할 수 있었던 규정을 바꾸어 일반 고등여학교에서도 간호사 자격을 주도록 하였다. 이에 따라 전국의 68개 학교에 간호과정이 설치되었다: 김문실 외(2001). 『간호의 역사』(서울: 대한간호협회), p.196.

52) 그런데 간호지식을 가사과목에 포함시켰다는 것은 전장에서의 간호의 역할을 가정에서의 어머니나 아내의 역할과 동일시한 데서 온 것이다. 이에

◆ 가정생활의 전시화

중일전쟁 이후 국민정신총동원운동이 시작되자 일제는 전 조선인을 전쟁에 협력시키기 위하여 전쟁에 대한 관심과 국민으로서의 자각을 촉구했는데, 여성도 예외는 아니었다:

반도의 일반 부인은 오랜 사회적 관습으로 늘 내방에 잇는 편이 만허서 시세의 변천과 일가 경제의 합리화에 대하야도 자칫하면 무관심한 태도에 陷하기 쉬운데 현대는 이미 일대 轉回를 하고 잇서 부인이라고 하드래도 언제나 소극 무자각한 생활을 감수하고 잇슬 것이 아니다……가족제도의 원활한 운용에 기한 신분상 법률상의 것은 별로 하고 기 천직상으로 남녀가 모두 경중의 차는 업다. 비상시 국책으로서 중요한 저축장려나 물자절약은 부인의 일상 가계에 좌우되는 것이다. 또 戰地에서 모든 艱難을 다하는 황군 장병에게 부인의 총후 후원이 얼마나 힘차게 용기를 도두는가는 이미 주지의 사실이다. 국민정신총동원의 체제하에서……부인의 각성 여하가 연맹의 사명 달성 즉 국가 총력의 발휘상에 여하히 전대한 영향을 끼치는지는 실로 헤아릴 수도 업다……비상시 국가의 부인으로서의 중대 사명을 자각하야……각오를 새롭게 할 것을 切望하는 바이다.[53]

전 장에서 기술한 바와 같이 일제는 1920-30년대에는 여성의 사회적 진출과 경제적 독립을 견제하고, 여성은 남성과 본래부터 심리와 생리가 다르므로 여성의 본분은 어디까지나 가정에서의 아내와 어머니의 역할

관해서는 若桑みどり(2000). 위 글, p.256 참조.

53) 지구절을 삼가마저 반도부인의 각성을 촉함 정신총동원 조선연맹 川島 총재 謹話.『조선일보』1939. 2. 26; 부산여대 여성문제연구소(1997).『일제하의 영남지역 여성 관련 자료집(上) -조선일보 편-』p.298에서 재인용.

임을 강조했었다. 그러나 중일전쟁이 발발하자 일제는 '조선 부인은 예부터 가정에만 있어서 사회 변화에 무관심하다. 그러나 시국이 시국이니만큼 부인이라 하더라도 소극적인 생활만 하고 있을 수는 없다. 사회의 변화를 인식하고 각성하여 국가 시책에 적극 협력하지 않으면 안 된다'고 방침을 바꾼다. 전쟁이 시작되자 이제는 가정일에만 종사하는 태도를 비판하고 여성도 비상시 국책에 적극 협력할 것을 요구하기 시작한 것이다. 그렇다고 여성과 남성을 동등하게 보는 것은 아니다. '신분상 법률상 여성이 남성과 다른 것은 가족제도의 존속을 위해 필요한 것'이라는 가부장제 논리를 유지한 채, 모든 노동력과 물자의 동원이 긴요한 전쟁수행을 위해서 조선 여성의 적극적인 후방활동에의 참여를 촉구한 것이다:

> 지금까지의 총후국민의 활약은 대부분이 남자의 활동의 의지한 것이오, 부인의 활동은 오히려 손색이 업지 안흐므로 총독부와 정신총동원연맹에서는 이를 항상 유감으로 역여 오든 터이다……종래 극히 미약하든 부인의 활약을 다시 한층 활발하고 용감하게 분기하도록 하는 동시에까지는 남성본위로 활약하엿스나 금후로는 여성본위로 동원활약하도록 극력할 계획이다. 고래 조선은 남동여정 즉 남자는 도라 다니고 여자는 드러안저 잇는 전통적 습관이 잇스므로 이런 비상시국을 당하여도 남자와 가치 민활한 활동을 하지 안는 경향이 농후한데 이 때를 당하여 이와 가튼 고래의 전통적 습관을 일소하고 남자에 손색이 업슬만치 총후국민으로서 충분한 활약을 하도록 여성총동원의 체제를 세우기로 된 것이다.[54]

---

54) 국가총동원의 신단계 여성도 "奮起之秋"! 男動女靜관념은 時代鈍覺의 사상 당국에서 동원체제 연구 중. 『조선일보』 1940. 5. 16; 부산여대 여성문제연구소(1997), 위 글, p.304에서 재인용.

1941년 12월 8일 일본 해군의 진주만 공격으로 태평양전쟁이 시작되자 바로 그 다음 날부터 매일신보의 신문지상에는 대동아전쟁의 지지를 위해 부인들의 관심과 궐기를 촉구하는 선전이 게재되기 시작했다.[55] 각 부인단체를 통하여 부인들의 전쟁의식을 고취시키기 위하여 부인궐기대회를 개최하고,[56] 여성지식인들을 동원한 좌담회와 강연회에서 여성들을 후방활동에 참여하도록 선전하게 하는 등 여러 가지 방법으로 여성들을 전쟁수행을 위한 활동에 협력시키고자 하였다.

이러한 단체를 통한 여성 동원 외에도 일상생활에 있어서 여성들의 복장과 소비생활, 가정의 의식주생활에 이르기까지 세부적이고 강제적인 규제와 통제를 가했다. 이미 수년간의 한해로 경제적으로 궁핍한 상황에 처해 있는 조선인들에게 후방을 지키는 국민으로서의 의무임을 강조하면서 극단적인 내핍생활을 강요했다.

구체적으로 보면, 악성 인플레가 생기지 않도록 사재기와 암거래를 해서는 안 된다거나, 저축을 장려하고 소비를 절약해야 하며 가사는 식모를 두지 말고 스스로 할 것, 군수품을 헌납할 것,[57] 고급 옷감이나 사치품을 만들어 파는 상인에 속지 말고 새 옷감도 사지 말고 헌 옷으로 대용할 것,[58] 하루 2식이 건강에 좋으니 절미운동의 국책에 협력할

---

55) 대미개전과 부인의 결의. 『매일신보』 1941. 12. 9. 가정란; 대미개전과 부인의 결의－전쟁은 이제부터, 부인도 분발하라. 『매일신보』 1941. 12. 10. 가정란; 대미개전과 부인의 결의. 『매일신보』 1941. 12. 11. 가정란.
56) 대동아전쟁 완수에 부인들의 궐기촉구－府內 각 ○(판독불가)에서 부인시국대강연. 『매일신보』 1941. 12. 14; 일어서라! 부인들! 가정도 전시동원이다－27일 임전보국단 부인대회. 『매일신보』 1941. 12. 24; 부인의 궐기를 촉구－昨日 남총독부인 부인지도자와 간담. 『매일신보』 1941. 12. 26.
57) 사변 3주년 뒤에 오는 신생활, 사치를 버리고 건실하게! 위선 가정경제의 개조부터. 『매일신보』 1940. 7. 9. 가정란.
58) 사변 3주년 뒤에 오는 신생활, 사치를 버리고 건실하게! 위선 가정경제의 개조부터. 『매일신보』 1940. 7. 10. 가정란.

것 등 인데, 이 중 절미와 저축, 사치품의 전폐를 '시국하의 가정 3계명'
이라 하여 가장 강조하였다:

> 하로 2식주의가 좃습니다. 누구나 3식은 먹는다고 하니까 그것은 한
> 습관상의 문제요 실제로는 해가 잇슬지언정 이익은 업다고 합니다……
> 20년동안 한결가치 2식주의로 살어온 사람이 잇는데 이 경험자의 말을
> 드르면 2식을 하기 시작한 뒤부터 3식때는 잘못하면 신체에 고장을 이
> 르켜 가지고 알키도 하고 일도 쉬고 하는 때가 가끔 잇섯지만 2식을
> 한 뒤부터는 감기도 들니지 안코 모든 점에서 퍽 건강해젓고……[59]

일제는 무리한 절미운동을 강요하면서 한편으로는 '혼식, 대용식을 하
여 절미하는 한편 국민보건도 생각하여 영양식을 하게 하고 영양에 대
한 연구에도 힘쓰라'고 하면서, '이것은 부엌일을 맛고 있는 여러분이
하지 안흐면 안될 것'이라고 주부들의 협조를 촉구하였다. 국민의 보건
과 영양을 고려하지 않을 수 없는 이유는 1938년 4월부터 지원병제도를
실시함에 따라 병력 자원이 되는 조선인의 체력이 중요한 문제로 대두
되었기 때문이다. 따라서 절미운동과 조선인의 체력 강화라는 병행될
수 없는 모순을 모두 가정에서의 여성의 책임으로 전가시키는 지배정책
의 논리를 읽을 수 있다.[60]
　1940년 7월 24일에는 사치품 금지령을 내려 생활필수품 외에는 제조
와 판매를 금지시켰다.[61] 이것은 전쟁수행을 위해 모든 자재와 동력, 연
료를 전쟁물자의 생산 위주로 돌리고, 사치품의 구매를 금지하여 남는

---

59) 2식주의의 실행 – 절미운동의 한 방책. 『매일신보』 1940. 7. 10. 가정란.
60) 시국하의 가정 3계명 – 주부에게 희망하는 것. 『매일신보』 1940. 7. 12. 가정란.
61) 사치품금지령 明日부터 실시 – 생활필수품이 아니면 제조와 판매를 금지.
　　『매일신보』 1940. 7. 24.

124

구매력을 조금이라도 전쟁비용 조달을 위한 저축과 공채 구매에 쓰이도
록 하기 위한 것이었다. 뿐만 아니라 사상적인 면에서도 국민을 쇄신 긴
장시켜 보다 철저히 전시 긴축생활에 협조시키려는 취지에서였다.[62]

　일제는 이러한 물자의 통제와 긴축생활을 중일전쟁 이후 매일신보 가
정란에 계속적으로 게재함으로써 살림을 담당하는 주부들의 적극적인
협력을 요구하였다. 주부들에게 '가정의 과학화'라는 미명을 사용하여,
재래의 조선 가정이 비과학적이고 비효율적이므로 반성해야 한다는 점
을 주지시킴으로써 마치 조선 가정의 생활을 합리적으로 개선하는 것인
양 선전하였다:

　일반 가정의 여러분께서는 크게 반성해야 할 점이 잇다고 생각합니
다……지금 총후의 가정의 임무가 가정경제와 물자절약에 잇는 이 때에
일반 가정에서 누구나 이 과학의 지식을 정확하게 응용해야 할 것인데
사실에 잇서 우리 가정들만치 모든 생활이 비과학적이요 질서가 업는
곳은 업는 줄 압니다……조선의 가정이란 모든 것이 질서가 업고 부엌
엘 드러가 보아도 그릇도 산란하게 널녀 잇어서 쓰고 시푼 때에 ○(판
독 불가)나쓰기조차 곤란할 지경입니다. 하는 일들이 시간과 기계를 이
용하지 못하고 모도가 짐작으로 하는 것은 시간상 경제상 여간 손해가
아닙니다……차차 우리 가정의 생활도 개량되여 갈 것입니다. 이제부터
과학의 힘을 리용 못하는 국가는 전쟁에는 집니다. 그 점으로 생각해서
우리 일반 가정은 큰 결심을 해서 이 과학생활로 나가야 됩니다.[63]

---

62) 일본에서는 1940년 7월 7일에 「사치품제조판매제한규칙」을 발표했으므로
　　거의 동시에 이루어진 셈이다; 女性史總合硏究會 編(1990). 『日本女性生活
　　史 第4卷 近代』(東京: 東京大學出版會), p.220. 법령의 내용도 거의 유사하
　　나, 조선에서는 일본의 금지품목에 조선인들이 많이 사용하는 세모시와 비
　　단, 은수저 등을 추가시켰다.
63) 과학국가는 강하다. 주부에게도 과학지식은 필요, 가정을 치밀하고 조직

그러나 그 배후에는 가정과 가족을 위해서 바치는 주부의 시간과 노력, 물질 등을 최소한으로 줄이고 모든 생활을 국가를 위해서 바쳐야 한다는 것이 본래의 의도였다.[64] 주부들이 많이 참여하는 애국반상회를 통해 절약, 저축, 근로의 필요성을 총력연맹의 간부가 라디오방송을 통해 역설하고,[65] 각계 인사를 총독부 정책의 선전대로 활용하여 전시 국민생활에 있어서 주부 역할의 중요성을 강조하는 좌담회를 개최하는 등의 방법을 썼다.[66] 즉 일제는 그들의 전쟁을 뒤받침하도록 여성들의 적극적인 협력을 요구하였던 것이다.

3. 전시체제와 모성의 식민화과정

이 절에서는 일제가 중일전쟁과 태평양전쟁을 치르면서 조선 여성의 전쟁협력을 촉구하는 데 있어서 어떠한 방식으로 모성을 도구화하고 식민화하고자 하였는가를 밝히고자 한다. 앞 절에서 기술한 바와 같이 192-30년대 중반까지는 식민권력과 남성, 그리고 여성지식인들 사이에 각기 처한 사회적 위치와 목적에 따라 모성에 관한 다양한 담론이 생산되고 표출되었다. 그러나 중일전쟁 발발 이후 전시체제가 확립되자 식민지 남성과 여성지식인들은 모두 일제의 전시정책에 동조하여 군국주의적인 모성을 주창했다. 당시의 신문과 잡지, 총독부의 정기간행물 등

있게! 독일 여성을 본바들 일. 『매일신보』 1940. 7. 15. 가정란.
64) 주부의 생활예정표, 국민총력조선연맹 발표. 『매일신보』 1941. 12. 10. 가정란.
65) 절약, 저축, 근로를 실천. 살림살이를 주리자. 총후생활의 결전태세를 강조 – 시와영삼랑 총력연맹문화부장. 『매일신보』 1941. 12. 8.
66) 사치금제와 신생활설계좌담회 – 신생활체제확립의 전책임은 주부에게 – 옷차림을 근본적으로 고칠 일. 『매일신보』 1940. 8. 2.

을 통하여 볼 때 전시 모성은 구체적으로 다음의 세 가지 방식으로 규정되고 동원되었음이 드러난다. 첫째로 출산 및 양육역할을 통하여, 둘째로 가정에서의 자녀 양육과 교육의 역할을 통하여 전시정책에 협력할 것을 요구하고, 셋째로 일제가 추진한 군국주의와 징병제에 협조하는 '애국적인 어머니' 역할을 요구하였다. 이하에서는 이러한 각각의 측면에 있어서 식민권력이 어떠한 방식으로 모성에 대한 관념을 재정의하고, 이에 따라 어머니들의 협력을 이끌어 내고자 하였는가를 고찰하고자 한다.

(1) 출산에 대한 개입

국가가 모성의 출산과 양육 역할에 주목하는 것은 전쟁을 경험하는 제국주의 국가의 공통된 특징으로 지적된다. 19세기 말 영국의 제국주의자들은 보어전쟁에서 지원병들의 유약한 체력상태가 드러나자 영국 국민의 체력문제에 관심을 갖게 되었고, 제국의 번영을 위해 전쟁에서 승리하기 위해서는 인구증가가 필수적이라고 인식하게 되었다. 즉 다음 세대의 군사력과 노동력 그리고 제국의 인종에 대한 우려에서 어린이의 출생과 양육에 관심을 갖게 되면서, 출산과 양육 역할을 담당할 모성이 여성의 국가에 대한 중요한 의무인 동시에 여성에게 주어지는 위대한 보상이라고 규정하기 시작했다.[67]

이렇게 전시하의 모성정책은 인적 자원의 양적 팽창과 질적 향상을 위해 본래 개인적인 문제인 결혼과 임신, 출산 그리고 아동의 양육 방식까지 국가가 통제하고 개입한다.[68] 전시 인구정책의 주역할을 모성에

---

67) Anna Davin(1997). *op. cit.*, pp.90-91.
68) 若桑みどり(2000). 위 글, p.82.

부과하며, 모성의 출산과 양육의 책임은 모두 국가적 목적을 위한 것이 된다.

일제는 중일전쟁 발발 이후 전황이 긴박해짐에 따라 조선에서도 전시 인적자원의 확보가 절실히 필요함을 인식하게 되었다. 이에 따라 1941년 조선총독부는 경무국에 속해 있던 위생과를 분리시켜 소위 국민체위 향상을 도모한다는 계획 아래 후생국을 신설하였다.[69] 초대 후생국장인 이시다는 후생국 설립의 취지는 전시 인적자원의 확보와 국민동원의 원활을 기하는 데 있다고 하면서, 후생국 추진사업 중의 하나인 '인적 자원의 증강'을 위해 '적극적으로 결혼의 장려와 출산의 증가를 도모'하여야 한다고 하였다:

유사 이래 미증유의 난국에 즈음하여 각종 대책의 확립과 시설의 급속한 실현을 필요로 하게 되고, 그것이 적극적으로 추진되도록 고도 국방국가 체제를 확립하며, 성전(聖戰)완수를 고대하여 대륙병참기지로서의 반도(조선)의 사명을 다하여야 하므로 인적 자원의 확보와 국민동원의 원활을 기하고 있다. 또한 대동아전쟁의 완수를 기하여 동아공영권을 확립하여 그 지도세력을 만들지 않으면 안 된다. 오늘 그리고 내일의 우리나라로서는 국가활동력의 기본인 인적국력의 배양증강을 꾀하는 것은 요긴한 임무라고 확신하며, 그 시설 대책의 여하는 바로 지금 눈앞에 벌어지는 대동아전하에서의 국민생활의 안정, 생산력의 확충, 노무공급원의 함양 등이다.[70]

---

69) 후생국은 위생과 외에도 신설된 보건과와 내무국 소속이었던 사회과, 노무과의 네 과로 되어 있었다: 신동원(1986). 일제의 보건의료정책과 한국인의 보건상태에 관한 연구 (서울대학교 보건대학원 석사학위논문, 미간행), pp.93-94.

70) 石田千太郎(1942). 厚生局の誕生に際して. 『朝鮮』 320호, pp.22-24. 여기서 그는 출산 증가를 도모함과 동시에 모성과 유유아 보건시설의 정비충실을

  즉 일본에게 있어서 조선인은 대동아공영권 건설을 위해 전장에 투입될 전사로서 그리고 일본의 부족한 노동력을 메우기 위한 노동력으로서 요구된 것이었다. 이에 따라 조선에서도 전시 인구증가 정책을 시행하면서 여성들에게는 적극적으로 출산을 장려하였다.[71) 일본에서와 마찬가지로 '낳아라 불려라, 국가를 위하여'라는 슬로건으로 대대적으로 다산을 선전하는 캠페인을 시행하였다. 출산 시 기념상 교부제도를 제정하여 우선적으로 5인 이상의 자녀를 둔 가정에는 산의(産衣) 또는 금일봉을 주고, 출생신고를 제출하는 사람에게는 순면을 배급한다고 선전하였다.

> 「나어라 부러라」하는 국책전을 타고 전시 인적자원확보에 일로 매진하고 잇는 평양을 보라……(평양의 인구증가는) 전시 인구증식을 절실히 부르짓고 잇는 이 때 반가운 현상이라고 아니할 수 업다.[72)

기한다고 하였지만, 이에 관한 아무런 실적도 없이 후생국은 설립된 지 1년 만에 폐지되고 말았다: 신동원(1986). 위 글, pp.93-94. 그러나 다산정책은 태평양전쟁 말기까지 지속적으로 실시되었다. 또한 후생국의 추진사업으로는 ① 국민체위향상 시설 ② 국민체육운동단체의 일원화 ③ 결핵 및 성병 대책 ④ 의료기관의 일원적 활동 촉진 ⑥ 군사원호사업의 강화 ⑧ 인적자원의 증강 ⑨ 노동자의 징용 및 공출 ⑩ 조선 내 노동자의 수급조정 등이 포함되어 있다. 즉 인적자원의 증강이 군사원호사업이나 노동자의 수급조정사업 등과 더불어 후생성에서 다루어졌다는 것은 일제가 출산장려를 전쟁수행을 위한 정책의 하나로 파악하고 있었음을 입증한다: 조형근(1997). 식민지체제와 의료적 규율화. 김진균·정근식 편저. 『근대주체와 식민지 규율권력』(서울: 문화과학사), pp.212-213.

71) 그러나 우에노 치즈꼬는 전시하 일본의 인구증가정책에 대해 논하면서 이러한 인구 정책의 대상이 '일본 내지 인구'에 한정된 것이라고 지적하였다: 우에노 치즈꼬. 이선이 옮김(1999). 『내셔널리즘과 젠더』(서울: 박종철출판사), p.221.

72) 나어라 부러라－평양식솔 1년간 자연증가 4천 명. 『매일신보』 1941. 10. 24.

모든 물자가 부족해지는 전쟁 말기에는 '모체보호와 갓난 아이의 모유보급에 지장이 없도록 산모에 식량을 증배'한다는 선전까지 등장한다.[73] 또한 '자복자(子福者)'라 하여 10명 이상의 자녀를 둔 가정을 표창하고,[74] 대일본부인회에서도 10명 이상 출산한 어머니를 표창하는 등 적극적으로 다산을 장려하였다.[75] 재정적으로는 인구정책을 뒷받침하기 위해 봉급생활자에게 지불하는 가족수당을 증액하고 부양가족수와 수당액의 한도를 폐지하였다.[76]

---

73) 산모에 식량을 증배. 『매일신보』 1943. 6. 20.

74) 다산자에 대한 표창은 후생국이 설립되기 이전, 중일전쟁 발발 이후부터 매년 5월의 국민건강주간의 행사로 실시되기 시작한 것으로 보인다; 표창바들 子福者-8명 이상 자녀가진 이, 경성부에만 177명 首位는 12남매부대. 『매일신보』 1940. 6. 2; 興亞의 産兒에 기념상을 창설. 『매일신보』 1941. 1. 27; 출생신고하면 순면배급한다. 『매일신보』 1942. 1. 22; 子福家庭도 표창-경기서 10명 이상 40가정을. 『매일신보』 1942. 2. 11; 일본에서는 1940년 11월 처음으로 10명 이상 자녀를 둔 가정을 표창하였다; 우에노 치즈코(1999). 『내셔널리즘과 젠더』(서울: 박종철출판사), p.66; 조선에서 표창의 조건은 ① 만 6세 이상의 적출자녀 10인 이상을 스스로 육성한 자 ② 자녀 중 (6세 미만의 자녀도 포함하여) 사망한 자가 없는 경우 ③ 자녀는 심신이 모두 건강할 것 ④ 부모 자녀 모두 성행이 선량하고 그 가정이 견실할 것이었다; 『朝鮮社會事業』 1940. 12.

75) 『매일신보』 1943. 6. 3. 이러한 다산정책과 더불어 일제는 조산사의 수를 증가시키기 위해 점진적으로 법령을 개정해 나갔다. 1931년에는 관동, 화태청, 대만에서의 조산사자격을 조선에서도 인정하도록 하였고, 1942년에는 남양군도까지 포괄시켰다. 1944년에는 조산사의 자격연령을 20세에서 19세로 낮추었다; 김문실 외(2001). 위 글, p.186.

76) 『매일신보』 1940. 6. 25, 1942. 1. 14, 1942. 1. 15, 1942. 3. 1, 1942. 3. 25. 나치 역시 출산증가책의 하나로 1939년 자녀수당제를 시행했었다; 지제라복(1988). 나치 독일에서의 인종차별주의와 성차별주의: 모성과 강제단종 및 국가. 이효재 편. 『가족연구의 관점과 쟁점』(서울: 까치). 일제의 다산정책의 많은 부분은 나치 독일의 제도를 도입한 것이다. 가족수당과 관련하여 일제는 1942년 「소득세령」을 개정하여 개인소득에 대한 부양공제의

여학교에서는 교육담당자들이 이러한 국가시책에 맞추어 학교교육에서도 출산을 장려하는 교육을 실시해야 한다고 보았다:

> 여자라는 것은 나이가 되면 아내가 되고 어머니가 되어……자녀를 생육하는 것이 동서고금의 대원칙이다……국가의 운명을 결정하는 최후의 문제는 국민의 수이고, 질이며, 힘이다……특히 우리 일본이 맹주가 되어 대동아공영권을 만들어 10억의 피압박민족을 해방하기에는 크게 그 부족을 느끼지 않을 수 없다……여자의 결혼사상에 이변이 없고 낳아라 불려라의 국책수행에 분기한다면, 인구증식은 크게 기대하고 기다릴 만 하다. 그러나 인구 증식을 도모하기 위해서는……물질적 복리시설을 마련하는 것도 필요하기는 하나……결국 근본문제는 물질이 아니라 정신이다. 향락주의, 개인주의, 자유주의를 격멸하고 일본정신……으로 돌아가지 않으면 안된다. 자식을 낳는 것도 기르는 것도 국가를 위해서이다. 중학교에 취직운동이 있고 진학지도가 있으면, 여학교에는 결혼운동이 있고 산아지도가 없어서는 안된다.[77]

인구증식을 도모하기 위해서는 어떤 물질적 혜택이나 복지시설의 마련보다는 '정신'이 중요함을 강조하였다. 이것은 자식을 낳는 것도 기르는 것도 국가를 위해서라고 규정하는 한편, 모성모호와 같은 국가적인 보호에 대한 요구를 미리부터 저지하고자 하려는 의도라고 볼 수 있다. 뿐만 아니라 여성이 자식을 낳아 기르는 것이 동서고금의 원칙이라는

대상에 처를 추가하고 소득액의 구분을 폐지하여 그 결과 독신자와 부양가족이 있는 납세자 간에는 공제액에 큰 차이가 생겼다. 정태헌은 이러한 조세정책의 목적은 장기화하는 전쟁수행을 위해 결혼을 장려하고 인구를 증가시키는 데 있었다고 지적한다: 정태헌(1996). 『일제의 경제정책과 조선사회 ―조세정책을 중심으로―』(서울: 역사비평사), pp.249-251.
77) 琴川寬. 新體制下に於ける女子敎育觀. 『朝鮮』1941. 3, pp.44-52.

가부장제의 논리에 입각하여, 그렇지 않은 여성은 향락주의와 개인주의에 물든 것이라는 파시즘적인 메시지가 내포되어 있다.

일제는 다산캠페인과 더불어 출생률을 증가시키는 방법의 하나로 결혼을 장려하였다. 개인의 사적인 영역인 결혼도 오직 국가를 위하여 필요한 인적자원을 생산하고 양육하는 제도일 뿐이며, 결혼을 기피하는 것은 국민으로서 국가정책에 위반하는 대죄악으로 규정되었다:

이러한 결혼문제에 대하여 신여성은 많은 의념을 품고 있는 것 같다. 심한 경우 결혼을 기피하는 듯이 보이는 이도 있으나, 이처럼 잘못된 사상은 없는 것이다. 대단히 유감스러운 일이나 현재 조선의 지식인, 지도자중에 왕왕 독신생활자가 있다. 이것은 어떤 부득이한 사정에 의한 것이겠으나, 결코 칭찬할 일은 못된다. 어쨌든 향락주의, 개인주의의 서양문화가 들어오고부터 산아제한이라든가, 피임법, 독신생활이 유행하기 시작했다……결혼을 기피하는 것은 인간도리의 대반역이고 국민으로서의 대죄악이다. 이러한 사상은 정확히 망국사상이라 해야 한다. 총력전하의 신체제에 있어서는……이러한 사상의 박멸부터 시작하지 않으면 안된다……학교는 마땅히 결혼상담소이어야 하며……신체제하의 여학교 경영에는 반드시 결혼문제, 산아문제를 특히 한 장 마련하지 않으면 안된다. 이것이 신체제하 여자교육에 있어서의 畵龍點睛이라 할 점이다.[78]

琴川寬은 조선인으로 당시 유수한 공립여학교인 경기여고 교장이었으므로 그의 이 논설은 전시체제하의 여자교육의 방침인 동시에 식민지배세력과 조선남성지식인이 여성에게 요구하는 바를 제시한 것이라고 볼 수 있다. 그는 식민지 조선여성교육의 기본 방침인 현모양처주의 교육

---

78) 위 글, pp.44-52.

을 견지하면서, 여성의 결혼과 출산이 국가적 의무이며 여성교육의 궁극적 목표임을 강조했다. 그러나 사실 조선에는 전통적으로 조혼의 풍습이 있어서 평균결혼 연령에 있어서도 일본 여성보다는 낮았으며, 더욱이 전시하에서는 여성들이 정신대에 끌려가지 않기 위하여 서둘러 결혼하는 현상도 나타났다.[79]

그럼에도 불구하고 일제가 지속적으로 결혼을 장려한 것은 평균초혼연령이 지속적으로 증가하는 추세에 있었기 때문이기도 하겠지만,[80] 결혼율의 증가보다는 우생학적 결혼을 장려하는 데에 목적이 있었기 때문으로 보인다. 일본은 1941년 후생성 결혼장려협의회에서 국가의 결혼지침을 작성하여, '결혼은 가족번영의 근간이고 국가흥흥의 기초임을 철저시한다'고 하여 결혼의 국가적 의미를 제시하고, '배우자의 선택은 상대자의 심신건강에 중점'을 두어 우생학적 결혼을 강조했었다.[81] 이 시기 매일신보에 등장하는 결혼을 장려하는 기사도 모두 이와 흡사한 내용이다. 즉 적령기를 놓치지 말고 결혼할 것과 더불어 결혼의 목적이 건강한 아이를 출산하기 위한 '건강한 결혼'이 되어야 함을 강조하고 배우자의 건강과 우생학적 조건을 우선 고려할 것을 권장하였다:

압으로의 결혼은 우생결혼 즉 건강결혼이 아니면 안 됩니다. 문제되는 것은 어린애를 둘 수 잇는 힘이 잇느냐 업느냐일 것입니다.[82]

---

79) 1938년 평균 결혼연령은 여자 18. 12세, 남자 21. 14세였으며, 일본인은 여자 25. 76세, 남자 30.14세였다: 류승현(1998). 구한 말-일제하 여성 조혼의 실태와 조혼폐지운동(성신여자대학교 사학과 석사학위논문, 미간행). p.22.

80) 문소정(1991). 일제하 한국농민가족에 관한 연구(서울대학교 사회학과 박사학위논문, 미간행), p.70.

81) 결혼을 권하는 書(上)-남자 27세, 여자 21세, 독신은 국책위반 국가의 번영을 위하야 적령기를 노치지 말자. 『매일신보』 1941. 10. 22.

여기서 '건강한 결혼'을 장려하는 선전의 이면에는 우생학적으로 건전치 못한 자들의 결혼을 금지하고 단종을 시행하는 것을 정당화한다. 동시에 이러한 선전에는 건강한 자들끼리의 '건강한 결혼'이어야 함을 강조함으로써 국민의 양적 관리뿐만 아니라 질적 관리를 도모하는 제국주의적 인구정책의 성격이 드러난다.[83] 이와 동일한 논리로 일본 여성의 모성은 '건강한 모성'으로서 건강한 결혼과 건강한 자녀의 출산을 위해 보호하고, 식민지의 여성은 정신대로 성동원함으로써 조선 여성에게 있어서는 모성의 박탈과 파괴를 가져온 것이다.

이와 더불어 결혼율을 높이기 위해 결혼상담소를 설치하고,[84] 비용이 없어 결혼을 못하는 일이 없어야 한다며 결혼예식의 간소화를 강요했다.[85] 이러한 경향은 전쟁이 심화되어 감에 따라 물자절약을 강조하는 전시생활체제와 더불어 한층 강화되어, 국민총력조선연맹에서 정한 개선혼례기준에 따라 혼례를 간소화하도록 하고 면사포나 약혼반지의 교환 등을 양풍모방이라 하여 폐지하도록 하였다.[86]

---

82) 결혼을 권하는 書(下) - 우생이 제일조건, 건강진단서를 교환하고 부모의 뜻도 존중하라. 『매일신보』 1941. 10. 24.

83) 조선에서도 일본의 국민우생법에 따라 1941년 이 법을 공포하였는데, 인구 증식정책을 시행했었으므로 적극적으로 단종시술을 하지는 않았으리라고 추측된다. 조선에서는 남성 나환자들에게 단종시술을 시행했다; 조형근 (1997). 위 글, p.214. 일본의 국민우생법에 관하여는 제3장 1. 일본에서의 전시체제와 모성을 참조.

84) 젊은이들아 이용하라 결혼상담소 府교화단체연합회서 계획. 『매일신보』 1940. 6. 20; 부끄러말고 오시오, 결혼상담소 1년 동안의 성적양호. 『매일신보』 1942. 1. 16. 이 기사에 의하면 중매를 신청한 140명 중 38건이 성혼하였다고 선전하였다.

85) 결혼비 절약종용. 『매일신보』 1941. 10. 23; 廟前결혼식장려. 『매일신보』 1944. 2. 11.

86) 결혼식의 전시체제. 『매일신보』 1943. 6. 1.; 조선총독부(1943). 『朝鮮總督府施政年報』 제24권.

134

출산장려책과 더불어 강조되기 시작한 것은 출산을 담당하는 모체의
건강이다. 일제는 '조선에서 매년 십수만이나 되는 유산과 사산을 큰 국
가적 손실'로 지적하고, '건강한 아이를 많이 낳아 튼튼하게 키우려면
우선 모체가 건강해야 한다'는 것을 강조하기 시작했다:

> 장기전을 각오하는 대동아전쟁에서 최후 승리를 엇는 데는 인적자원을
> 확보하는 것이 무엇보다도 긴요한 일이다. 전시하에 보건위생문제가 새
> 로운 중요성을 가지고 더욱 임산부 보호와 육아지도를 철저히 하야 튼
> 튼한 애기를 나어 씩씩하게 길느는 것이 특히 요구되는 까닭이다. 조선
> 에서만 해마다 십수만이나 되는 유산과 사산이 특히 전시하에서 얼마나
> 큰 국가적 손실이라는 것은 다시 말할 여지도 업는 현상으로서……[87]

매일신보 가정란에는 특히 태평양전쟁 이후 임산부의 건강과 위생을
강조하는 기사가 급증하기 시작했다.[88] 그러한 기사들의 논조는 일관되
게 국가를 위해 여성은 모체의 건강을 유지하도록 노력해야 한다는 것
이었다:

> 대체로 우리나라에서 임신부에 대하야 너무 등한한 편이 만습니다. 임
> 신부는 나라의 보배로서 귀여운 아들과 딸을 나음에 불구하고 임신한

---

87) 인적자원 확보책으로 먼저 임산부를 보호, 후생국서 열의 成案中.『매일신
　　보』1942. 7. 14.
88) 의학을 가정화하자－위선 모체를 건강케, 임신 중 또는 산전산후에 어머니
　　로서 주의할 여러 가지.『매일신보』1942. 2. 2; 임신부의 절대보호 건강아
　　를 나케합시다.『매일신보』1942. 3. 24; 인적자원 확보책으로 먼저 임산부
　　를 보호, 후생국서 열의 成案中.『매일신보』1942. 7. 14; 임산부의 보호지
　　도.『매일신보』1942. 7. 15. 사설; 먼저 임산부를 보호－튼튼한 아이를 만
　　히 나어 기르자.『매일신보』1943. 5. 1.

당자부터 여기에 대한 주의를 하지 안습니다……여인네가 임신한 줄 알 때에는 자긔 자신이 되도록 주의와 섭생을 해야 합니다. 그것은 자긔 자신만을 위하는 것이 아니라 배속에 잇는 아이를 위해서입니다. 모체가 튼튼치 못하면 튼튼치 못한 아이를 나을 것은 두말 할 필요가 업는 것입니다.[89]

일본에서는 이미 중일전쟁 개시 1년 전부터 본격적인 보건정책을 세워 보건소를 늘리고 업무의 중점도 임산부와 유유아의 위생과 영양을 개선시키는 데에 두었다. 1938년 설립된 후생성에서는 가장 중심적인 역할을 하는 체력국에서 모자보건문제를 담당했다. 이것은 국민의 체력 향상을 목표로 한 전시의 보건정책에 있어서 특히 모성으로서의 여성의 건강을 가장 중시했던 것을 의미한다. 인구정책의 중심도 모성과 유아에 두고 유아의 일제 검진을 실시하고 보건부와 조산부의 활동을 강화했다. 또한 나치 독일의 모자보건책을 참고로 하여 1942년 후생성은 임산부수첩규정을 시행했다. 이 규정에 따라 출산 시까지 임산부에게 최저 3회의 검진을 의무화하고, 검진율에 따라 배급을 증가시키는 방침을 시행했다.[90]

이와 같이 일본에서는 모성보호를 위해 구체적인 보건정책을 실시했던 데 반해, 조선에서는 건민운동주간의 한 행사로 임산부의 무료진찰을 실시한다든가,[91] 모자후생에 관한 좌담회를 개최하고,[92] 배급제의

---

89) 임신부의 절대보호 건강아를 나케합시다.『매일신보』 1942. 3. 24.

90) 早川紀代(1991).『戰時期の母性論.『女と戰爭─戰爭は女の生活をどう變えたか』(東京: 昭和出版), pp.250-260.

91) 애기밴 몸 위하면 두 목숨에 기쁜 일─류산은 공든 탑 문허지기.『매일신보』 1942. 5. 6. 가정과 문화란.

92) 건전한 유아는 건전한 모친에게서. 모자후생좌담회1-3.『매일신보』 1942. 5. 5-7.

실시에 있어서 임산부에게는 계란을 우선 배급한다는 것과 같은 일회적인 행사나 소극적인 방법 외에 실제적인 보호책은 강구되지 않았다.[93] 초대 후생국장 이시다는 출산증가를 도모하기 위해 모성과 유유아 보건시설의 정비충실을 기한다고 하였지만, '의사의 수가 부족하고 제반 의료여건이 갖춰져 있지 않으므로 내지(일본)에서와 같은 정책은 쓸 수 없다'고 하였고, 후생국은 설립된 지 1년 만에 폐지되고 말았다.[94]

일본에서 모자보호를 위해 활발한 활동을 했던 보건부의 경우, 조선에서는 일본인 여성에게만 자격을 한정시켜 수적으로 그다지 증가하지 않았으며, 보건부활동을 위한 별도의 규칙도 마련되지 않았다.[95] 산파의 수는 지속적으로 증가되었으나, 전체 산파 중 일본인이 60%를 차지하여 조선인에게는 산파의 이용이 어려웠다. 이를 위해 총독부의 보조로 각 지방에 조산조합을 설치한다는 논의가 있었지만,[96] 실현되지 않았다.[97] 그 대신 의사 등 전문가의 지식과 권위를 이용하여 임신부의 영양과 위생에 관한 지식을 알리고 조선 여성은 이러한 근대적인 의학

---

93) 병자, 산부에 우선-계란도 통장제 실시.『매일신보』1942. 7. 16.
94) "그러나 조선에서는 위선 의사가 적은 것 그 편재가 심한 것 등의 특수사정이 잇슴으로 내지의 제도를 그대로 실시하기는 대단히 곤란한 점이 잇슴으로……" 인적자원 확보책으로 먼저 임산부를 보호, 후생국서 열의 成案中.『매일신보』1942. 7. 14. 조선총독부 이시다(石田) 후생국장 談. 후생국의 폐지에 관하여는 신동원(1986). 위 글, pp.93-94.
95) 이꽃메(1999). 일제시대 우리나라 간호제도에 관한 보건사적 연구(서울대학교 간호학과 박사학위논문, 미간행), p.188.
96) 96처의 주요지에 조산조합을 설치 산모보호기관으로.『동아일보』1937. 6. 27.
97) 이꽃메(1999). 위 글, p.192. 또한 조산사의 수를 늘리기 위해 점진적으로 법령을 개정해 나갔다. 1931년에는 관동, 화태청, 대만에서의 조산사자격을 조선에서도 인정하도록 하였고, 1942년에는 남양군도까지 포괄시켰다; 김문실 외(2001). 위 글, p.186. 이러한 개정에는 일본인 조산사의 활동과 취업지역을 일본 내에서뿐만 아니라 확대된 식민지에로 넓혀주고자 한 의도가 있었다고 보인다.

지식을 가져야 한다는 계몽적인 선전을 전개했다. 모든 물자와 비용이 전쟁 준비를 위해서 우선적으로 충당되는 전시체제하에서 임산부를 보호한다는 것은 총독부의 선전에 지나지 않았다. 실제로는 여성의 노동력 동원을 위해 노동 여성의 기본적인 모성 보호의 요구조차 무시되었고, 궁핍한 생활하에서 오로지 각 가정에서 임산부의 건강을 우선적으로 고려할 것을 촉구하고 여성 자신에게 모체 보호의 책임을 전가하는 방식에 그쳤다.[98]

(2) '굳센 여성, 억센 어머니' 만들기

국민의 체력을 중시하는 것은 나치 독일에서도 그러했듯이 전체주의 국가의 특징이라고 할 수 있다. 일제는 장기전에 대비하여 군사력과 노동력이 되는 조선인 남성의 체력향상을 강조하는 한편, 여성에 대해서는 '대동아전쟁에서의 승리를 위해 일천 만 반도 부인들이 모두 늠름한 체격을 가지고 튼튼한 아기들을 하나라도 더욱 많이 낳아야 한다'고 주창했다.[99] 건강한 모체에 대한 인식은 장래 어머니가 될 여학생의 체력 문제에 주목하는 계기가 되었다. 장래 병사력과 노동력이 될 건강한 아이를 낳기 위해서는 어머니가 되기 이전부터 건강한 모체의 형성을 위해 체력 단련이 필요하며,[100] '건전한 모체를 보존'하는 것은 어머니되

---

98) 일본에서는 전시체제와 더불어 여성의 노동 참여가 확대되면서 여성노동력의 필요성과 인구증식의 딜레마 속에서 여성노동자의 산전산후 휴가와 수유시간이 허용되었다. 또한 1937년 모자보호법이 성립되어 13세 이하의 자녀가 있는 빈곤한 모자가정에 대하여는 생활부조와 자녀양육의 지원이 시행되었다; 永原和子(1990). 위 글, p.206.

99) 6만 명의 건민주임－대일본부인회가 각 분회마다 배치키로. 『매일신보』 1943. 6. 25.

는 사람의 국가에 대한 의무라는 것이다.[101] 이러한 의도는 이미 중일 전쟁 개시 이후부터 '여자도 유사시에는 남자와 동등하게 국가를 위해서 봉사할 체력을 양성하여 두도록 평상시부터 노력할 의무가 있다'는 표현으로 나타나기 시작했다.[102]

전시체제하의 여성교육에 있어서 가장 두드러진 특징은 체육교육의 강화라고 할 수 있는데, 이는 장기전에 대비하여 체력을 단련한다는 군국주의적 체육교육의 특징이기도 하지만, 여기에는 장차 결혼하여 출산을 담당하게 될 여학생의 신체를 학교라는 제도적 기관을 통하여 관리하고 통제하고자 한 의도가 있었다. 1938년 동아일보에는 여학교에서도 체육교육을 강화하여 여성들에게 신체를 훈련시켜 '굳센 여성, 억센 어머니'를 양성하기로 하였다는 기사가 검도를 배우는 여학생들의 사진과 함께 실려 있다:

> 종래 일단 등한히 하여오든 여학교에도 체육교육을 강화하기로 하고 검도, 유도, 궁도, 스키, 스켙, 치도 등을 교수하게 되어 오랫동안 심규에 잠자든 여성들이 강유 양방으로 신체를 훈련시켜 굳센 여성, 억센 어머니를 양성하기로 되어……[103]

---

100) "경기도 학무과에서는 국민의 보건은 어머니에게서로부터 라는 주장 아래 도내 각 중등 이상 여학교의 여학생들의 건강진단을 하기로 되어 준비 중……" 건강한 미래의 현모 만 팔천 명 여학생을 진단.『매일신보』1940. 6. 9.
101) 우리 집은 이러케 건설. 어머니 전진훈-강건한 모체의 연성.『매일신보』1942. 4. 1.
102) 시국과 심신단련. 인적자원의 충실강화가 국가흥륭의 원천. 我國刻下의 諸政勢는 인적, 물적 양방면의 일층증대요구.『매일신보』1938. 8. 5.
103) 굳센 여성! 억센 모성!-각 여교서 검도를 교수.『동아일보』1938. 5. 3.

1942년부터는 만 18세와 19세 남녀를 대상으로 체력검사를 실시하였다. 이것은 군무와 노무에 동원하기 위한 청년의 체력 상태를 사전에 파악함으로써 인적 자원을 활용하기 위한 것이었고, 여성은 '전시생활의 완수와 장래 씩씩한 어머니가 되게 하기 위함'이라고 하였듯이 어려운 전시생활을 이겨내고 건강한 모체를 기른다는 목적에서였다:

> 지금 대동아전쟁의 성전하에 잇서서 청소년의 체력향상은 국가가 가장 중대하게 생각하는 것입니다. 그것은 금후 대동아라는 넓은 무대를 배경으로 활약하랴면 위선 국민의 체력이 건전해야 하기 때문이올시다. 그러나 이 체력향상이 필요한 것은 유독히 남자만이 아니고 동시에 여자 청소년의 체력향상이 꼭가치 중대합니다. 건강한 모체에서야 건강한 국민이 탄생합니다……금년 고녀시험을 본 여학생들은 장래의 모체를 대표한 청소년들입니다.[104]

이때 실시된 여자 체력장검정종목을 보면, 중량 8kg 2개를 양 손에 들고 최소한 29초 이내에 100미터를 주파해야 하고, 수영은 200미터를 완영해야 하며, 중량 4kg을 쥐고 24km를 5시간 이내에 답파해야 하는 행군 등 상당한 지구력을 요하는 강도높은 수준을 요구하였음을 알 수 있다.[105]

학교체육의 강화뿐만 아니라, 전 국민을 대상으로 실시한 황국신민체조도 전시하의 국민체력의 단련에 주목한 일제의 의도를 보여준다.[106]

---

104) 여자체육의 승리 – 건강미 가춘 체력 이삼 년래로 더욱 향상 – 건강한 모체에서야 건강한 국민이 탄생합니다. 『매일신보』 1942. 3. 21.
105) 이학래(1990). 위 글, p.211. 새로운 건강미. 육체와 정신의 조화 여자체위는 향상되다 – 여학교 체력검사 마치고. 『매일신보』 1942. 3. 23 ; 男女體力章檢定. 『매일신보』 1943. 6. 18. 등.
106) 황국신민체조는 일본정신을 바탕으로 한 무도를 체조화한 것으로 심신을

특히 여성에 대해서는 '여자의 심신단련이 남자보다 더욱 필요'함을 강조하면서 관제 여성단체를 활용하여 신체단련에 동원했다.[107]

여기서 주목할 또 한 가지는 여성의 체력을 강조하는 담론에 나타나는 조선여성관이다. 일제는 조선 여성들이 '오랫동안 심규에 잠자든 여성들'이라거나, '반도 여성의 현재 체질상으로 보아서 무엇보다도 심신을 단련하지 않으면 안 된다'고 규정함으로써 조선 여성의 신체를 관리하고 통제하는 세력으로서 지식의 우월성과 정당성을 보이고자 하였다.

(3) 양육방식에의 개입

인구정책상 아동을 미래의 노동력과 병사력이 될 인적 자원으로 보았던 일제에게 있어서 아동의 건강과 생존은 중요한 문제가 아닐 수 없었다. 1930년대 초부터 조선사회사업협회의 주간으로 유유아(乳幼兒)애호주간 행사를 시작하여 병원이나 유치원을 중심으로 무료건강상담 등을 실시하였지만, 실제로 상담건수는 미미해서 실적보다는 홍보적인 성격이 강했다.[108]

중일전쟁 이후에는 병사력확보의 문제가 더욱 절실해지자 일제는 유아사망을 낮추는 문제에 관심을 가지고 5월 5일부터 일주간을 아동애호주간으로 설정하여 각 의료기관과 사회사업단체, 의사회 등을 동원하여

단련시키는 것과 동시에 황국신민으로서의 신념을 체득시키는 것이 목적이었다. 이는 총독부가 이 체조를 '사회교화사업'의 하나로 전 민중에 보급시키고자 하였던 데서도 드러난다. 조선총독부(1938). 『朝鮮總督府施政年報』 제21권.

107) 규방에도 체련열 – 구여성들 每夜기본체조. 『매일신보』 1941. 10. 14; 6만 명의 건민주임 – 대일본부인회 각 분회마다 배치키로. 『매일신보』 1943. 6. 25.
108) 김혜경(1998). 위 글, pp.77-83.

아동의 건강상담, 무료 기생충검사, 구강위생상담, 우량아심사회, 아동건강 기원제, 각종 강연과 영화회 등을 실시하였다.[109] 1941년 12월 태평양전쟁이 개시된 후에는 아동애호운동을 아동애호에 관한 건민운동으로 전개하였는데, 일제는 결혼과 다산을 장려하고 어머니와 아기를 보호한다고 선전하였지만, 실제로는 '건민은 건병의 초석'이라고 보고 징병제 실시를 앞두고 장차 병사력이 될 어린이의 신체를 관리하기 위한 것이었다.[110]

아동의 건강을 강조하기 위한 이러한 일련의 공적인 행사는 실질적인 효과를 거두었다기보다 아동의 건강에 대한 주의를 환기시키고, 어머니의 양육 책임이 국가적인 의미를 지니는 것임을 주지시키기 위한 것이었다. 매일신보의 가정란에서는 아동의 건강과 위생에 대한 지식을 전달하면서 튼튼한 아기를 길러내는 것은 어머니의 사명이므로 어머니는 나라의 보배를 튼튼히 키워나갈 각오를 가져야 한다는 것이 끊임없이 강조되었다:

어린이는 나라의 보배이다. 그리고 강한 나라는 튼튼한 어린이를 만히 갓는데에 비롯하는 것이다. 이 귀한 어린이를 키우는 어머니의 사명은

---

109) 『매일신보』 1938. 5. 5; 제1회 전선(全鮮) 우량유아심사 발표 일생두고 빗날 영광. 『매일신보』 1939. 6. 6; 우량유아의 영예. 『매일신보』 1940. 6. 29. 이 대회 때는 수상자에게 상품으로 총독상에는 투구를, 총감상에는 일본 인형을 수여하였다. 상품으로 투구를 수여하였다는 것은 전시체제하에서 본 대회를 개최하는 의도를 상징적으로 나타내준다; 애기를 튼튼하게 기르자—뜻깁흔 全鮮우량유아표창회. 애기들은 우리 가정의 꼿, 나라의 귀중한 보배, 어머니의 책임은 크고 무겁다! 『매일신보』 1943. 4. 1; 소국민보호에 만전—아동애호의 각종행사. 『매일신보』 1942. 4. 29.

110) 건민은 건병의 초석 후생운동에 총력전—징병제 실시 압두고 만전의 포진. 『매일신보』 1942. 6. 4.

142

무겁고도 큰 것이 잇다. 더구나 결전하 아이를 기르는 데는 가지가지의 곤난이 잇서 더 한층 싸우는 일본의 어머니로서 책임이 무거운데 대동아전을 익이기 위하야서는 모든 고난과 싸워 어린이들을 튼튼하게 키워 나갈 각오를 갓지 안흐면 안된다.[111]

식민권력은 장래 국민을 양육한다는 국가적인 의무를 부여함으로써 모성에 새로운 의미를 부여하고자 했지만, 이것은 공적인 지원이 전무하고 전시하의 궁핍한 생활하에서 유아의 사망과 질병을 어머니의 책임으로 간주하는 제국주의의 모성에 대한 '도덕적 협박'이었다.[112]

뿐만 아니라 이러한 양육에 대한 개입과 통제의 기저에는 문화적 관습이라고 할 수 있는 전통적인 양육 방식을 비과학적이고 부적합한 것으로 폄하하는 메시지가 담겨있다. 식민권력뿐만 아니라 의사 등 의료 전문가들은 조선 어머니들의 무지와 무책임 때문에 유아사망률이 높다고 비판하면서,[113] 어린이의 건강은 어머니의 정성 여하에 달려있으며,[114] 어린이를 건강하게 키우기 위해서는 어머니의 전통적 육아법은 일제가 제시하는 과학적인 지식으로 대체되어야 한다고 하였다:[115]

---

111) 나라의 보배기르는 어머니 使命을 알라.『매일신보』1943. 5. 9.
112) 대빈은 제국주의는 장래의 국민을 양육한다는 국가적인 의무를 부여함으로써 모성에 새로운 존엄성을 부여했지만, 유아의 사망과 질병을 어머니의 무지와 소홀로 간주하는 도덕적 협박이 뒤따른다고 지적했다; Anna Davin(1997). *op. cit.*, p.103.
113) 귀여운 아기네 생죽엄식히지 마십시다.『매일신보』1938. 7. 22; 가정의학, 어린이를 보호하라! 문명국중에서 가장 노픈 我國의 유아사망률.『매일신보』1940. 6. 9; 어머니 전진훈.『매일신보』1942. 3. 30.
114) 환절기의 유아양육 - 적극적인 영양이 필요.『매일신보』1941. 10. 9.
115) 의학을 가정화하자 ① 병원만 의뢰치 말고 병의 상식을 갖도록.『매일신보』1942. 1. 25; 의학을 가정화하자 ② 종류가 만흔 소아병 이세국민을 마트신 어머니 위선 일반지식을 준비하시오(上).『매일신보』1942. 1. 30;

지금 우리나라는 대동아전쟁의 한 가운데서 국민의 보건이 주장되고 위생사상을 보급시켜야 될 때에 우리나라의 미래를 떠메고 나갈 제2세 국민을 마타서 기루는 여러분 주부께서는 일쯕이 위생사상을 체득하는 데 힘을 쓰시면서……116)

특히 '유유아(乳幼兒)보호의 주의 사항'과 같은 아동양육에 관한 세부적인 지침을 마련하여 어머니들로 하여금 이러한 지침에 따라 자녀를 양육하도록 규율화하는 데 치중했다. 그 내용은 구체적으로, 체중의 수시점검, '유유아((乳幼兒)발육기준표'와의 비교, 체온 측정, 눈과 배꼽의 청결, 영양, 대소변의 횟수·색깔·냄새·형상 등에 대한 주의, 적당한 목욕, 적당한 운동, 수면, 강보의 청결, 종두 접종, 화장품 주의 등 모두 14개 항목으로 되어 있다. 유아(幼兒)에 관해서는 일찍 자고 일찍 일어나기, 낮잠, 운동, 목욕, 코로 숨쉬기, 식전의 손씻기, 식후의 양치질, 먹는 분량의 평균화, 식사 및 간식시간의 정규화, 체중의 수시 점검과 유유아 발육기준표와의 비교 등을 내용으로 하여, 어머니들로 하여금 이러한 표준화된 방법에 따라 양육할 책임을 부여하였다.117) 그런데 여기서 제시된 발육기준이란 동경제대의 의학부에서 일본 아동을 대상으로 하여 작성한 것으로서 조선 아동의 신체적 조건과 체질에 적합한 것은 아니었으며, 양육방식에 관한 지침 역시 기후와 풍토가 다르고, 생활관습과 경제적 조건이 다른 조선가정에서 실천하기에는 비현실적인 것이었다. 다시 말해 식민행정가나 보건당국자들은 식민지의 경제적, 문화적 맥락을 고려하기보다는 일본 중산층의 기준에 맞는 양육방식을 이상적

의학을 가정화하자 ③ 부모가 주의할 점들(下). 『매일신보』 1942. 1. 31.

116) 의학을 가정화하자 ② 피부병의 대한 지식 그 위생과 치료법. 『매일신보』 1942. 1. 29.

117) 조형근(1997). 위 글, p.193.

144

인 지침으로 제시하고, 소아과 의사 등 의료전문가의 권위를 이용하여 근대적인 의료지식의 우월성을 강조하면서 그러한 지식을 체득하는 것이 곧 모성의 의무라는 이데올로기를 함께 주지시켰다.118)

(4) 가정교육자로서의 어머니역할의 도구화

◆ 식민지형 어머니 만들기

1930년대 후반부터 일본에서는 이전 시기에 비해 교육의 대상을 학교중심주의에서 가정교육과 사회교육을 포함한 정책으로 확대해 나가기 시작했다. 가정은 사회와 더불어 학교와 긴밀히 협력하여 삼위일체가 되어 아동교육을 철저히 해야 한다고 제창하고, 가정이 학교교육의 기본적인 최고원리인 '황국의 도에 따른 국민의 기초적 연성'을 행하는 인간형성기관이 될 것을 요구하였다. 이러한 가정교육의 중시는 가정교육

---

118) 앨먼은 제국주의 영국이 그들의 식민지였던 아프리카에서 식민지의 경제적·문화적·사회적 맥락은 고려하지 않은 채, 유럽 중산층의 기준에 맞는 모성을 구성하고자 했다고 지적한다. 식민지 보건당국자들은 아프리카 식민지의 높은 유아사망률의 원인을 어머니의 책임으로 규정하고 어머니들을 교육시킴으로써 아동의 위생과 영양을 개선할 수 있다고 보았다. 즉 영국 제국주의자들은 본국에서의 모성관념을 그대로 식민지에 도입하여 그들의 기준에 맞는 '적합한 어머니'를 만들어 내고자 하였던 것이다. 앨먼은 이를 '모성을 식민화'하는 것이라고 하면서 이러한 모성의 식민화는 공적인 정치의 지엽적인 문제가 아니라 식민 권력의 유지에 필수적인 것이었다고 하였다. 즉 여성을 지배·통제하는 것은 식민체제를 안정시키는 일과 밀접한 관계가 있다는 것이다: Jean Allman(1994). Making Mothers: Missionaries, Medical Officers and Women's Work in Colonial Asante, 1924-1945. *History Workshop* 38, pp.23-29.

담당자로서의 어머니역할을 강조하게 하는 계기로 작용하였다.[119]

조선학생들의 일본 제국에 대한 충성과 헌신은 식민통치의 중요한 과제 중의 하나였다. 일제는 황민화 교육을 실시하면서 학교에서의 일본적 생활과 가정에서의 조선적 생활 사이의 불일치를 커다란 장해로 보고, 가정은 학교교육이 연장되는 장소로써 가정교육은 학교교육에 순응하고 협조하는 것이 되어야 한다고 보았다.[120]

> 국민학교는 아이를 국가의 아들로서 기르는 곳이다……학교교육을 중심으로 여겨야만 한다……학교의 교육방침에 반항하는 것은 아이가 국가의 아들로 성장하는 것을 막는 것이 된다. 국가의 기관인 학교에서 아이의 교육을 담당하는 이상 가정교육은 그것에 순응하고 협조하는 것이어야만 한다.[121]

일제는 가정교육의 이러한 측면을 중시하면서 가정에서의 자녀교육자로서의 어머니의 역할에 착목하였다. 학교교육은 가정의 협력에 의해 그 성과가 나타나는데 가정에서의 협력은 아버지보다 어머니의 역할이 크므로 학교교육의 성과를 충분히 하기 위해서는 가정에서의 어머니의 교육이 중요하다고 보았던 것이다.[122] 이러한 의도는 앞서 기술한 바와 같이 전시체제하의 여성교육에서 교육과목을 필수과목으로 개정한 것에

---

119) 寺崎昌男(1991). 總力戰體制下の子ども・女性・教育.『女と戰爭』, pp.118-120.
120) 小澤有作(1967). 위 글, p.87.
121) 販本一郎(1941).『國民學校と家庭敎育』(第一公論社), p.314. 홍일표(1997). 주체형성의 장의 변화: 가족에서 학교로. 김진균・정근식 편저.『근대주체와 식민지 규율권력』(서울: 문화과학사), p.305에서 재인용.
122) 학교 母姉會를 통하야 부인들의 각성촉진.『매일신보』1938. 8. 2; 총후의 어린이와 가정의 책무.『여성』1940. 7; 비상시 아동보육문제.『매일신보』1937. 9. 2; 교육도 대동아체제.『매일신보』1942. 1. 24-27.

서도 나타나며, 말기에 갈수록 학교와 가정, 사회가 유기적으로 결합된 통일적 교육을 지향함에 따라 어머니의 역할은 더욱 중요시 되었다.[123]

> 신동아 건설의 성업도 결국에 가서는 요람속에서 재롱을 피우는 二世 국민의 손에 이여질 것을 생각한다면 가정에 있어서의 어머니의 책무란 것이 이 시국의 금후의 진전에 대하야 얼마나 중대한 것이란 것을 알게 될 것입니다……차대 황국의 운명을 떠받들 子女의 건전한 육성이라는 것이 이렇게 현하의 가정교육의 중심이 되여있는 이상 가정교육 그것이야말로 국가근저를 북돋우는 걸금입니다……가정에 있어서 어머니는 어머니로서의 수양과 부덕에 노력함과 같아 가정생활의 개선……등을 힘쓰는 일편, 자녀교육을 아울러 힘 쓸 것입니다.[124]

일제는 자식은 국가의 것이므로 차세대의 황국신민을 육성하는 어머니의 노력은 남자들의 출정에 못지않는 국가에의 봉공이라는 국가적인 의미를 부여하였다.[125] 그리고 시국에 맞는 국민이 되도록 학교와 가정이 긴밀한 관계를 가지고 가정은 전시체제하의 학교교육에 적극적으로 협력해야 함을 촉구하였다.[126] 뿐만 아니라 구체적으로 가정에서 어떻게 자녀를 교육시켜야 하는가에 대한 세부적인 사항을 정하여 어머니들에게 알리고 실천할 것을 요구하였는데, 그 구체적인 내용은 다음과 같다: (1) 진충보국의 적성을 다하는 어버이로서 어린이에게 모범을 보이라, (2) 어린이에게 시국교육을 철저히 시키라, (3) 과학교육을 시키라,

---

123) 김진균·정근식·강이수(1997). 일제하 보통학교와 규율. 김진균·정근식 편저. 위 글, p.89.
124) 時局과 家庭敎育. 『여성』 1940. 8.
125) 우리 집은 이러케 건설. 어머니 전진훈(6). 『매일신보』 1942. 3. 25.
126) 황국신민육성을 위해 학부형들과 협력하고 시픈 것. 수송공립국민학교장 野中齊之助 談. 『매일신보』 1942. 4. 8. 가정란.

(4) 전력증강의 건강증진을 시키라, (5) 생활의 시국화로서 근로애호의 생활을 시키라, (6) 보은감사의 생활을 시키라, (7) 일본정신을 높이도록 하라.[127]

가정교육에 있어서 가장 중요시된 것은 어머니들로 하여금 일제의 황국신민화교육의 담당자역할을 할 것을 요구한 점이다. 그것은 구체적으로 자녀에게 황국신민으로서의 신념을 길러주고,[128] 국어보급운동에 어머니가 솔선하여 가정에서 일본어를 상용하도록 할 것이며,[129] 일본이란 나라에 대한 깊은 상식과 신념을 가져서 자녀에게 일본의 위대한 점을 가르쳐 주고, 전시하에 근검절약하는 생활태도를 함으로써 자녀에게 좋은 교육적 영향을 줄 수 있도록 하라는 것이었다.[130]

전시체제하에서 국가가 기대하는 어머니의 가정교육의 역할은 '전시 가정교육지도요항'(일명 '母の戰陣訓')에 집약된다고 할 수 있다. 이것은

---

127) 교육도 대동아체제.『매일신보』1942. 1. 27. 경성 북아현국민학교 교장 宮本 씨 談.
128) 어머니 전진훈.『매일신보』1942. 4. 2: "우리의 귀여운 자녀를 무릅에 안치고 너는 세계의 으뜸가는 일본의 신민……일너줄 수 잇는 어머니가 어서 속히 나서야 되겠습니다. 천황폐하께서 불르시면 언제나 나서 생명을 아끼지 안코 이 나라를 직히는 방패의 직분을 다하는 자녀를 길러야 하겠습니다."
129) 일제는 일본어를 상용하도록 하기 위해 1943년 국어보급운동을 전개하면서 국어강습소를 개설하고 국어교본을 배포하였으며, 신문과 잡지, 라디오 등을 통해서 일본어 강습을 실시하였다: 김운태(1986).『일본 제국주의의 한국통치』(서울: 박영사). 이렇게 전 사회를 대상으로 일본어의 보급을 전개하면서 '언어교육의 모판'으로서의 가정의 중요성을 일찍부터 인식한 총독부 당국자들은 가정을 일본어 교육의 출발점으로 삼았다: 남창균(1995). 일제의 일본어 보급정책에 관한 연구: 일제 말기(1937-1945)를 중심으로 (경희대학교 사학과 석사논문, 미간행), pp.51.
130) 전쟁과 어린이들－첫째 어머니의 지도정신, 모든 사물을 교육적으로.『매일신보』1943. 6. 18.

일본 문부성이 1942년 총력전하에서 국가의 기본은 가(家)임을 명확히 하고 황국민을 육성하도록 어머니의 가정에서의 지도 교육방침을 제시한 것이다. 일본에서 발표된 후 조선에서도 곧 '어머니 전진훈'이라 하여 이 요항의 내용이 주석과 더불어 자세히 소개되었는데, 주요 내용은 다음과 같다:

1. 우리나라의 집에 대한 특질과 그 사명의 자각. 우리나라의 집에 대한 특징은 (가) 조손일체의 연계와 가장 중심의 결합으로서 성립되고 인간 존재의 가장 자연적인 친자의 관계를 근본으로 삼는 정애경모의 생활에 인류 본연의 덕성질서를 장양하면서 영원한 생명을 구현해가는 것이다. (나) 황공하옵게도 황실을 종가로 섬겨밧드러늘 나라에 인연을 입어 생성 발전하는 역사적 구체적 존재이며 충효일본(忠孝一本)의 대도에 터잡은 자녀 연성의 도장이다. (다) 친자 부부 형제자매는 화목 단락하야 각자의 분을 다하고 늘그니를 돌보고 어린이를 길러서 호조공동의 생활속에서 자타일여의 수련을 싸은 후 세계 신질서 건설의 매진하는 터를 닥는 것이다.
2. 건전한 가풍의 수립. (가) 경신숭조(敬神崇組) (나) 가족도의의 실천 (다) 일가화락 (라) 린보협화(隣保協和)
3. 모성적 교역훈련. (가) 국가관념·사회관념의 함양 (나) 일본 부도의 수련 (다) 모성의 자각 (라) 시국인식 (마) 과학적 교양의 향상 (바) 건전한 위미의 향상 (사) 강건한 모체의 연성
4. 자녀의 훈육. (가) 황국신민으로서의 신념을 길러줄 것 (나) 강건한 정신의 단련 (다) 순수한 정서를 길러주도록 할 것 (라) 바르게 가라치고 올케 가꿀 것 (마) 신체의 양호단련
5. 가정생활의 혁신과 충실. (가) 가정경제의 국책과의 협력 (나) 가정생활의 과학화 (다) 가족개로 (라) 린보상부 (마) 국방훈련 (바)

가정오락의 진흥[131]

'어머니 전진훈'에서는 가족의 특징을 '가장중심의 결합'이라고 하여 가장의 권위를 강화하였으며, 부부중심의 가족이 아니라 친자관계를 가족의 근본이라고 규정함으로써 여성의 아내로서의 역할보다는 어머니의 역할을 중시한 것이 나타난다. 이러한 친자관계를 중시한 가족에서는 어버이에 대한 효와 조상 숭배가 중요해지는데, '어머니 전진훈'에서는 전통적 유교 규범인 효를 천황에 대한 충성에 일치시킴으로써 전통적인 유교적 가부장제를 천황제에 접목시켜 조선인의 일본 황실에 대한 충성과 내선일체를 정당화시켰다:

> 어버이에게 효도하고 조상의 끼친 뜻을 밧드러가는 것은 조선사람들의 조흔 관습이요 전통입니다……내지의 선배들이 오늘까지 저러케 씩씩하게 사러오는 것은 결국 어머니는 자식을 위해서 죽고 자식은 어머니의 뜻을 밧아 사는 한줄기 인륜의 발로에서 시작한 가정이 잇기 때문입니다. 남녀가 동등하다는 서양사상에 물드러서 남편의 뜻을 어기지 안는 부도가 스러질 본 한 때도 잇습니다……가정의 일체 생활의 일체가 내선일체입니다.[132]

뿐만 아니라 천황제 가부장제 가족이라는 건전한 미풍을 수립시키기 위해서 여성들은 '남녀가 인격과 개성을 가진 동등적 존재라는 개인주의적 서양 사상'은 버려야 하며, '일시 부인운동이니 여성해방운동이니 떠들던 부끄러운 과거를 청산하고 황국의 여성'이 되어야 한다고 하면서 이를 통해 가족의 중심인 가장에게 절대 순종할 것을 요구하였다.

---

131) 우리 집은 이러케 건설, 어머니 전진훈. 『매일신보』 1942. 3. 19-4.15.
132) 우리 집은 이러케 건설, 어머니 전진훈(1). 『매일신보』 1942. 3. 19.

자녀교육에 있어서는 부모 중 특히 어머니의 책무가 크고 중대한데, 가정생활은 국가생활의 일부이므로 조선의 어머니들은 일가의 자녀육성은 황국의 자녀육성이라는 자각심을 가져야 한다고 하였다. 그리고 조선의 어머니들은 '일본 부인 본래의 유순, 온화, 정숙, 인내, 희생, 봉공'의 미덕을 배워 어떤 어려운 일에도 인내하고 희생할 것을 요구했다.[133]

이렇게 일본 여성의 부도를 따르고 배우라고 하면서 한편으로는 조선 어머니들은 '자녀를 어떠케 길르고 잇나 깊히 반성할 필요'가 있으며, '자녀의 훈육 양호에 대한 모성의 책임과 사명을 자각'하여 일본의 어머니들처럼 아이들의 훌륭한 모범이 되어야 함을 강조했다. 이러한 논리에는 조선의 자녀교육 방법은 잘못되어 있어서 조선의 어머니는 일제가 제시하는 어머니 역할을 따라야 한다는 지극히 제국주의적인 발상이 내포되어 있다.

'어머니 전진훈'은 일본에서는 궁핍한 전시체제하에서의 어려운 가정생활을 어머니의 노력으로 버티어 나가게 하기위한 국가의 모성에 대한 전시 지침과 같은 것이었다.[134] 그러나 조선에서는 식민지배에 순응하게 하고 전시체제에 협력하도록 하기 위해서 먼저 조선의 가족제도를 일본의 천황제 가부장제 내에 위치시켜 천황과 일본에 대한 충성을 정당화하고, 가장중심의 가족 내에서의 여성의 순종을 강화하는 측면이 있었다. 그리고 조선 여성들에게 일본적 부도를 따르게 함으로써 조선 여성을 일본 여성화하고 조선 가정을 일본화하고자 하였다. 이는 아동

---

133) 밀레트는 나치 독일에서도 여성에게 요구된 역할은 어머니가 되는 것과 가족에 전적으로 헌신하는 것의 두 가지였다고 지적한다. 히틀러는 여성 교육의 목표는 장래 어머니가 되는 것에 있다고 하였고, 나치는 국가주의적인 정서가 대부분 아동기에 가정에서 형성된다고 보아 특히 국가에 충성스러운 모성을 강조했다; 케이트 밀레트. 정의숙·조정호 공역(1976). 『성의 정치학(하)』(서울: 현대사상사), p.321.

134) 永原和子(1985). 위 글, p.210.

을 효과적으로 내선일체화시키고 황국신민으로 만들기 위해서는 우선 가정생활에서의 일본화가 필요하다고 보았기 때문이다.

◆ 어머니의 조직화

교육당국자들은 학교교육에의 협력을 얻기 위해 '모자회' 또는 '부형회'와 같은 학부모조직을 형성했다. 자녀교육이 당연히 어머니가 전담할 역할이라고 생각했던 교육당국자들은 '모자회'의 필요성이 '부형회'보다 크다고 보았다.[135] 그런데 교육행정가들의 기본적인 인식은 조선 가정의 어머니는 충분한 지도력을 가지고 있지 않으며, 약간의 교육을 받은 어머니라 할지라도 학교의 '교육정신'을 충분히 이해한다고 추정하기 어렵다는 것이다. 따라서 학교교육의 성과를 충분히 하기 위해서는 우선 어머니의 교육에서 출발하지 않으면 안 된다고 하였다. 즉 '모자회'의 목적은 일제의 '교육정신'을 이해시키고 어머니 스스로 그 교육을 명심하고 지켜서 아동을 학교교육의 분위기에 잠기도록 하는 데에 있으며, 그러기 위해서는 조선어머니의 '수양'이 가장 중요한 사명이라는 것이다.[136]

---

135) 부형회는 학교의 교육적 설비의 지원을 받는 것을 주목적으로 하였다.
136) 朝鮮初等教育研究會(1939). 『皇國臣民教育の原理と實踐』(京城: 朝鮮公民教育會). 영인본(1989). 『日本植民地教育政策史料集成(朝鮮編) 第33卷』(東京: 龍溪書舍), p.78;

경성사범학교부속 제2소학교 모자회 회칙(1937년 6월 제정)은 대략 다음과 같다:

제1조 본회는 아동교육을 위하여 학교와 가정의 연락을 도모함을 목적으로 한다.

제2조 본회 회원은 경성사범학교부속 제2소학교 아동의 모자 또는 보호자인 여자로 조직한다.

제3조 본회는 회원 상호의 상식의 보급을 도모하고, 아동교육을 이해하고,

여기서 '교육정신'이란 황국신민화교육이며, 전시체제에 대한 시국인식과 협조이다. 그것은 한 예로 경성사범학교부속 제2소학교에서 실시한 '모자회'의 수양회의 내용이 편물강습회, 신문사견학, 병영견학, 부상병위문, 출정군인위문, 신궁강화, 시국강연회, 사변하 부인의 임무에 대한 강연, 위생강습 등으로 전시체제와 관련된 활동이 대부분이라는 데서도 드러난다.[137] 즉 '모자회'는 학교라는 근대적인 교육기관을 매개로 하여 어머니들로 하여금 식민지 제도교육을 뒷받침하고 전시 동원에 협력하도록 하기 위한 하나의 보조수단으로서 활용되었다.[138]

'모자회'와 같은 학교를 중심으로 한 어머니의 조직 외에도 일제는 소년범죄를 방지하기 위해 '어머니회'를 설치하였다. 일제는 1차대전 시 유럽에서 불량소년이 증가했던 것에 주목하고 전쟁의 장기화에 따라 조선에서도 1936년 이래 매년 소년범이 증가하는 것을 우려하였다.[139] 1942년 3월 소년령을 시행하고 '장래 국가의 기둥으로 봉공해야 할 소년층을 철저히 보호하고 지도하여 한 사람이라도 죄를 범하는 일이 업도록 하고자' 소년보호운동을 전개한다고 하였다. 소년범의 증가를 방지하고자 한 주된 이유는 '대동아공영권을 건설하기 위해서는 유익한 일군이 대단히 필요'하고 '장차 제국 군인이 될 소년들을 범죄에 방치해서

교육목적을 완수하기 위하여 각종 방법을 고구한다.
제9조 본회 회원은 제3조의 사업을 수행하기 위하여 회비연액 5십전을 납부한다.
137) 부형회의 수양회 역시 시국강연회, 시국전람회, 폐물이용강연회, 신사참배회, 신궁에 관한 강화회, 대마봉제의 강연회, 부상병위문, 국방헌금 등으로 전시체제에의 협력을 강조하기 위한 것이었다.
138) 학교 모자회를 통하여 부인들의 각성촉진. 강원 시국인식강화. 『매일신보』 1938. 8. 2.
139) 사회악의 매개물인 불량소년소녀 3천, 그들의 범죄로 인한 피해액만 매년 15만 원을 돌파. 부내 각 경찰이 청소책을 강구 중. 『매일신보』 1938. 10. 11.

는 안 된다'는 데에 있었다. 다시 말해 장래 노동력과 군사력이 될 청소년층을 범죄로부터 차단할 필요성 때문이었다.[140] 사법당국자들은 소년 범죄가 발생하는 원인을 첫째로 부형의 징용과 응소 등에 의한 가정부재로 가정에서의 소년에 대한 감독이 소홀해지기 때문이라고 하였다.[141] '어머니회'는 바로 이러한 맥락에서 부재한 아버지대신 어머니들로 하여금 자녀 감독의 중요성을 인식시켜 소년 범죄의 증가를 미연에 예방하고자 하는 취지에서 설치된 것이었다. 그러나 실제로 소년 범죄자의 대부분은 절도범으로, 소년범죄의 원인은 가정에서의 감독 소홀히 아니라 경제적 피폐에 의한 빈곤에 있었다.[142]

그런데 '어머니회' 설치의 보다 큰 목적은 단순한 절도범과 같은 범죄보다는 시국과 관련한 청소년들의 사상적 범죄를 예방하는 데 있었다고 보아진다. 그것은 아래의 표에서 나타나듯이 학생의 사상범죄가 점증하는 시기에 '어머니회'가 설치되었다는 점이다(〈표 1〉 참조). 이와 더불어 '어머니회' 설치 전 해에는 청소년의 정치범화를 방지하기 위해 각종 법령을 공포하였고,[143] '어머니회'의 설치 취지문에서도 사상범을 언급하였기 때문이다:

이것은 말할 것도 업시 가정교육의 중심이 그 어머니에게 잇는 것이고 여러 가지 점으로 소년소녀를 보육하는 데에는 가장 밀접한 입장에 슨

---

140) 소년은 明日의 주인. 『매일신보』 1943. 4. 17.
141) 전시와 소년보호, 구보다 審判官談. 『매일신보』 1943. 4. 17.
142) 김현철(2000). 일제기 청소년 문제에 대한 연구(연세대학교 교육학과 박사학위논문, 미간행), p.159.
143) 김현철도 일제 말기 1942년에 공포된 「조선소년령」, 「조선교정원령」, 「조선사법보호사업령」, 「조선사법보호위원령」 등이 모두 전시하의 청소년의 정치범화하는 것을 막고, 청소년층을 황국신민화하기 위한 것에 지나지 않았다고 지적한다: 김현철(2000), 위 글, pp.160-161.

것임이 확인되여 잇습니다. 이러한 관계상 어머니의 사랑으로서의 말슴, 진실한 ○해로써의 지도에는 저 무서운 사상범이라할지라도 회개하고 전환하는 것입니다. 여기서 앞으로 소년보호의 목적을 달하려면 개인가 정에 잇서서나 사회단체에 잇서서나 절대로 모성적 사랑을 천성으로 가진 부인의 힘이 절대로 요구되는 것입니다……이러케 『하하노까이』는 먼저 소년보호사상을 선전 보급식히고 소년보호운동을 실천하여 대동아 건설에 매진하는 황국의 어머니로서의 책무를 다하라는 것입니다.[144]

<표 1> 학생사상범죄 사건표[145]

연 도	건 수	인 원	연 도	건 수	인원
1931	6	136	1939	6	26
1932	22	414	1940	16	121
1933	24	302	1941	48	203
1934	8	29	1942	57	409
1935	5	152	1943	46	198
			1944상반기	16	42

일제는 청년과 학생층이 반일적인 감정과 의식을 갖는 것을 경계하고 항상 감시와 통제의 끈을 놓지 않았다. 특히 태평양전쟁 말기에는 조선 학생들이 일본의 패전을 전망하고 민족의식을 가지며 비밀결사를 조직

---

144) 소년보호운동에 어머니가 나서자(上) - 하하노까이(母の會)설치취지. 『매일신보』 1943. 4. 17.
145) 강만길 외 편(1994). 『한국사 제15권 - 민족해방운동의 전개 1』(서울: 한길사), p.338. 이러한 학생운동에 나타난 학생들의 시국관은 다음과 같다: ① 중일전쟁은 침략전이다 ② 전쟁으로 조선 경제가 악화되고 이로 인해 수탈이 강화되었다 ③ 일본이 일으킨 전쟁의 장기전화는 패전으로 이어질 것이며, 이는 조선의 독립을 가져올 것이다: 임종국(1985). 『일제하의 사상탄압』(서울: 평화출판사), pp.50-51.

하는 움직임이 있음을 알고 주시하였는데,[146] 이러한 시국적인 사상문제가 발생하지 않도록 어머니들로 하여금 자녀를 감시하는 역할을 요구하였던 것이다.[147]

그러나 이렇게 자녀의 사상 감시역할을 부과하는 한편, '조선의 어머니는 무지하여 자녀를 올바르게 지도할 수 없으므로 어머니회에서는 소년지도에 앞서 어머니들을 먼저 계몽시켜야 한다'는 모순적인 논리를 편다.[148] 여기서도 식민지 여성을 바라보는 식민권력의 제국주의적 인식을 읽을 수 있다.

(5) 군국주의와 모성의 동원

모성은 군국주의를 유지시키기 위한 하나의 유용한 도구로 사용된다. 군국적인 어머니상은 서양 문화에서도 오랜 역사를 지닌다.[149] 일제는 1

---

146) 박경식(1986). 『일본제국주의의 조선지배』(서울: 청아), p.356.

147) 이것은 일본에서 1920년대 학생들의 좌경화운동에 대한 방파제역할과 운동 학생들의 전향에 어머니를 이용한 것과 유사한 발상이다. 모성이 체제유지를 위한 도구로 사용될 수 있음이 이러한 경우에서도 잘 드러난다: 永原和子(1985). 위 글, pp.208-209.

148) "어머니자체가 무지하고 무교육해가지고야 어찌 선악을 구별할 수 잇스며 나아가 지도할 수 잇슬 것인가. 우리 반도에는 교육이 보급되지 못하엿고……더욱이 가정부인으로서 어머니로서의 교육은 전혀 업다고 할만큼 공○한 것입니다……조선에 잇서서 『하하노까이』는 소년지도보다 먼저 어머니의 계몽의 일을 미룰 수는 업스리라고 봅니다. 이러케 하여서 착한 어머니 훌륭한 어머니밋테서 교육된다면 선천적으로 악질을 갓지 안흔 이상 불량해지지는 안흘 것입니다." 소년보호운동에 어머니가 나서자(下). 하하노까이(母の會) 설치취지. 『매일신보』 1943. 4. 18. 가정란.

149) Susan Zeiger(1996). She didn't raise her boy to be a slacker: Motherhood, conscription, and the culture of the first world war.

차대전 시 유럽 여성들이 전쟁을 위하여 군복 만들기 등에 참여한 활동상을 보도하면서, 국가가 위기에 처했을 때 여자라고 방관만 해서는 안 된다고 하면서 전쟁의식을 고취하였다.[150] 특히 동맹국 독일 여성들의 전시 참여상을 보도하고 후방활동을 모범적인 사례로 제시하였는데, 이는 태평양전쟁의 개시와 더불어 더욱 빈번하게 신문지상에 거론되었다.[151]

◆ **지원병모집을 위한 모성의 동원**

일제는 1938년 2월 육군특별지원병령을 공포하고 4월부터는 지원병제도를 실시했다. '호적법의 적용을 받지않는 조선에 본적을 가진 17세 이상의 남자'를 대상으로 지원병을 모집하고 나남, 평양, 함흥, 대구 등지에 육군지원자 훈련소를 설치하였다. 1943년부터는 전문학교와 대학 재학생을 학도지원병이라는 이름으로 모집을 강요하여 1938년부터 43년

Feminist Studies 22, no.1, spring, p.27; 루소는 『에밀』에서 이상적인 여성 시민을 설명하기 위해 스파르타의 여성을 예로 들었다. 다섯 아들을 전장에 내보낸 스파르타의 어머니는 다섯 아들이 모두 전사한 것을 슬퍼하지 않고, 오히려 국가가 전쟁에서 승리한 것을 기뻐하며 신에게 감사하였다는 것이다; Jean Bethke Elshtain(1987), Women and War. (New York: Basic Books), p.70.

150) 동란 구주의 여성활동, 전쟁은 남자만 하는 것이 아니다. 『동아일보』 1939. 9. 16. 4면 화보.

151) "독일 녀자들은 생산과 간호에만 힘쓴 것이 아니라 한편으로 위생, 영양, 육아 갓흔데도 만흔 힘을 썼습니다……이러한 대전 당시의 독일 녀성의 놀나운 활약이야말로 이제 비상시국을 당한 우리 부인네들과 또 부인 단체는 배흘 점이 만흐리라고 생각합니다." 전쟁과 여성. 세계대전때 독일 여성의 총후활동 – 이들의 꿋꿋한 정신과 노력 그리고 빗나는 이들의 조국애. 『매일신보』 1937. 9. 5. 이 외에도 전쟁과 부인의 지위. 『동아일보』 1939. 9. 26; 독일총후부인. 『매일신보』 1940. 6. 8; 독일 여성의 생활. 연재 『매일신보』 1942. 1. 30-2.9; 장기전과 부인의 임무. 『여성』 1939. 1. 등.

사이에 지원병 2만 3천여 명이 병영으로 보내졌다. 1942년 5월에는 1944년부터 징병제를 실시하기로 결정하고 징병제시행준비위원회를 설치하여 징병제의 취지를 선전하였는데,[152] 일제는 이러한 지원병모집과 장차 시행될 징병제에 발맞추어 어머니들의 협조를 얻기 위해 각종 강연회와 좌담회를 열고 언론매체를 통한 선전을 시작했다. 즉 자식을 낳아 튼튼하게 키워내는 일뿐만이 아니라 죽어서 돌아오지 못할지도 모르는 전장에 내보내는 역할까지를 어머니들에게 요구하게 된 만큼 어머니들을 설득하기 위한 논리가 필요하게 되었기 때문이다. 그 논리는 먼저자식은 개인이나 집안의 것이 아니라 국가의 것이므로 조선어머니들이 자식에 집착하는 것은 잘못된 모성애라는 것이다.[153] 유교적 가부장제 사회인 조선에서 집안의 대를 이어갈 아들을 전장에 내보내기 꺼려하는 것은 당연하다. 여기서 식민권력이 가계계승을 중시하는 조선의 관습상 있을 수 있는 저항을 모성애를 이용하여 저지하고자 하였음을 읽을 수 있다. 그러면서 자식을 기꺼이 천황을 위해서 전장에 내보내는 일본 어머니들의 훌륭함과 강인한 자세를 제시하고 이를 배울 것을 요구하였다. 그러나 조선의 어머니들에게 일본을 위한 전쟁에 자식을 내보내라고 말하기 위해서는 보다 큰 명분이 필요하다. 식민권력은 아들을 천황에 바

---

152) 박경식(1986). 위 글, p.353.
153) 내 것으로 아는 잘못, 모성애를 수정하자. 자식기르는 도리는 국가본위로. 『매일신보』 1942. 7. 26. 마찬가지로 1차대전기 미국의 윌슨 정부는 국민과 미군의 사기 진작에 있어서 여성의 역할이 중요하다고 인식하였다. 특히 어머니의 아들에 대한 애착은 국가의 징병과 전시 인력유지를 위한 공적 요구에 앞서는 개인적인 욕구로서 전쟁에 심각한 위협이 된다고 보았다. 이러한 어머니에 대한 불안과 기대는 전시의 정책과 선전을 통하여 여러 가지 형태로 나타나는데, 아들을 전장에 내보내기를 꺼리는 어머니를 비난하고, 어머니로서의 헌신을 통해서 국가에 대한 의무를 다할 것을 끊임없이 격려하였다: Susan Zeiger(1996). *op. cit.*, pp.20-23.

친다는 것이 조선 여성의 일본이라는 국가에 대한 국민으로서 당연한
의무이자 동시에 특권이라는 레토릭을 구사했다.[154] 즉 일본 여성과 동
등하게 천황을 위해서 아들을 전장에 내보낼 수 있는 것은 식민지 어머
니에게 주어진 명예라는 것이다. 따라서 이러한 임무를 제대로 수행하기
위해서는 가정교육을 맡은 어머니의 책임이 중요하며,[155] 어머니 자신
도 국가정신을 가지고 솔선수범하여 애국, 충성하여야 한다는 것이다:

> 나라일에 대한 어머니의 충성된 품행과 정신이 업고는 충성된 군인아
> 들을 갓기는 불가능한 일인줄 압니다. 국가가 강한 것은 그 나라 군대
> 의 강한 것을 말하는 것이고 그 군대가 강한 것은 총후의 모성이 얼마
> 나 철저한 국가정신에 불타고 잇는 것을 말하는 것입니다.[156]

국민총력 조선연맹에서는 장차 징병제가 실시되면 일본군과 함께 병
영에서 생활하게 될 것이므로 '생활형식이 달라 불편을 느끼지 않도록
생활의 내선일체'를 이루기 위해 '생활의 일본화에 힘써야' 하고, 군대생
활에 지장이 없도록 자녀가 일본어를 익히도록 할 것 등도 요구했다.[157]

---

154) "황국의 어머니로서 군국의 어머니로서 부끄럽지 안흘만한 각오와 결의
　　　 가 잇서야 한다." 부모들 책무가 중대 波田(국민총력조선연맹)총장 談.
　　　 『매일신보』 1942. 5. 10.
155) 훌륭한 군인의 양성은 어머니의 손에 달렸다－남 총독, 징병제 철저에 부
　　　 인의 계몽고취. 『매일신보』 1942. 5. 30.
156) 군대가 강한 것은 총후의 모성의 힘－충성된 품행과 정신을 갓자. 『매일
　　　 신보』 1943. 1. 15. 가정란.
157) 일제는 지원병제도를 시행하면서 일본어 보급을 적극 추진해 나가기 시작
　　　 했다. 그것은 육군병지원자훈련소 소장이었던 학무국장 鹽原時三郎이 말
　　　 한 대로 '일군의 안위가 명령전달의 確否에 달려있기 때문'이었다. 이후 갑
　　　 작스럽게 징병제 실시를 결정함에 따라 징병대상자에 대한 일본어 보급은
　　　 한층 더 절실해지지 않을 수 없었으며, 이에 따라 각종 언론매체를 동원하

이와 더불어 지원병제도에 대한 어머니들의 생각을 바꾸기 위해 다양한 방법을 동원했다. 경성군사후원연맹에서는 한 집에서 응소군인을 많이 낸 '명예잇는 가정'을 표창했다.[158] 또 '군인과 군대생활에 대한 인식과 이해'를 높인다는 목적으로 적령기 아들을 둔 어머니들을 지원병훈련소와 병영, 징병검사 등도 견학시켰다.[159]

◆ '군국의 어머니' 예찬

일본은 1941년 태평양전쟁의 진주만공격에서 전사한 군인들을 '구군신용사(九軍神勇士)'라고 하여 대대적으로 영웅시하고,[160] 이 용사들의 공적은 이들을 훌륭한 군인으로 키운 어머니의 감화가 있었기 때문이라고 '군국의 어머니'로 칭송하였다. 이 어머니들을 찬양하는 집회를 열고 『구군신과 그의 어머니』라는 책을 출판하는 등 국가적으로 예찬하였

여 징병대상자에 대한 일본어교육을 실시하고 「국어상용전해운동」을 전개해 나갔다; 남창균(1995). 위 글, pp.21-22. 이와 동시에 각 가정에서의 일본어상용을 권장하면서 그 주된 책임과 협력을 어머니들에게 요구하였다.

158) 應召용사를 많이 낸 명예의 가정표창 軍聯서 다섯 집 선택. 『매일신보』 1939. 7. 5.

159) 부인병영견학단. 『매일신보』 1943. 5. 10; 군국의 감격을 체험 − 明日징병 조선에 보답할 결의 철석, 父老부인 병영견학단의 성과다대. 『매일신보』 1943. 6. 15; 어머니 책무는 중대 − 징병검사 견학한 반도부인의 감격담. 『매일신보』 1943. 6. 28.

160) 문부성의 국정교과서 수신에도 이들의 전사를 '군국의 미담'으로 게재하고, 신문들도 국민적 영웅화를 하였으며, 그 어머니들을 미화하고 예찬했다. 전사자의 어머니들이 모두 '기뻐 운다'고 신문지상에서는 보도했으나 대부분 사실을 왜곡한 것이었다. 심지어 이이누마 비행사의 경우 활주로에서 일본기의 프로펠러에 걸려 사망한 것을 1942년 1월 4일 아사히신문은 '정렬한 전사'로 보도하였다고 한다; 오오바다 아쯔시로. 유준수 편저(1974). 『대동아전사 제6권』(서울: 한양문화사), pp.329-333.

160

다.[161] 조선에서도 미나미 총독의 부인이 애국반상회를 통해 이 일본의 어머니들을 본받아야 한다는 내용의 방송을 하였고,[162] 매일신보의 가정란에는 아들을 훌륭한 군인으로 길러낸 이 어머니들의 '굳센 훈육의 힘'을 예찬하는 기사가 1942년에서 1943년 사이에 반복해서 게재되었다.[163] 뿐만 아니라 어머니들에게 읽히기 위한 여러 권의 책들도 출판되었다. 조선군 사령부는 태평양전쟁에서 전사한 일본군인의 어머니에 관한 기사를 모아『일본의 어머니』(1944)를 출간했다. 사령부는 일본어를 모르는 대다수의 여성들이 쉽게 읽을 수 있도록 이 책을 한글로 번역하여 출판하였고, 애국반상회를 통해 각 가정에서 회람하여 보다 많은 여성들이 읽도록 하였다. 또『어머니의 힘』(1943)에서는 일본 역사상의 충신과 대장의 어머니들을 끌어내어 칭송하면서, 일본의 군인이 훌륭한 이유는 도처에 이러한 훌륭한 일본의 어머니들이 많기 때문이라고 하였다. 이 책에는 동명왕, 강감찬장군의 어머니 등 조선역사 속에서 군국적인 예를 인용하여 조선어머니의 귀감으로 제시하는 데 이용하고자 하였다.

한편 이러한 현실과 동떨어진 역사상 위인이나 일본의 어머니가 아닌 조선의 평범한 어머니들도 애국적인 어머니로 미화되었다. 군복무 중인 아들의 사기유지를 위하여 남편의 사망도 알리지 않은 '애국지성에 불타는 군국의 어머니'를 군국 미담으로 소개하고,[164] 병사들의 사기진작

---

161) 中薗邦(1984). 위 글, p.254.
162) 어머니의 힘은 크다. 九軍神母親을 본받자. 남 총독부인 애국반상회에 방송.『매일신보』1942. 4. 11.
163) 몸도 마음도 나라에 받처.『朝光』1942. 5; 어머니품에서 길러지다 진충의 정신과 필승의 용기 - 하와이공격에 얼킨 어머니의 힘.『매일신보』1942. 3. 9. 가정란; 군신 加藤建夫 소장의 소년시대.『朝光』1942. 9; 군신과 어머니.『매일신보』1943. 5. 30. 가정과 문화란.
164) 軍國어머니미담 - 남편의 死를 감추고 애자격려.『매일신보』1942. 3. 3;

에 어머니의 애국심이 얼마나 중요한가를 선전하였다. 또한 전사한 군인을 '순국의 충령'으로서 다른 일본의 전사한 군인들과 같이 동경의 정국신사(靖國神社, 야쓰쿠니신사)에 안치하고 그 어머니를 동경에서의 충혼식에 참가하게 하였다. 그리고 그 어머니를 사랑하는 아들을 황국에 바친 '군국의 어머니'로 예찬하였다:

일만오천십칠주의 충혼이 모셔지는 23일의 충혼식에 3만 명의 유족가운데서 오직 한사람이 여러 사람의 주목을 모은 사람은 조선의복을 입은 부인이엿다. 그 부인이야말로 사랑하는 아들을 황국에 밧친『군국의 어머니』인 고(故)이수철 군속의 자친 국본명옥여사이다. 이수철군속은 오는 순국의 충령으로서 구단의 성역에 모셔젓는데 그는 지나사변이 이러나자 ○○(판독불가)산서전선에서 활약을 하든 중 장렬한 전사를 하엿든 것이다. 국본여사는 오늘밤 감격을 다음과 가티 말한다. "호국의 신으로서 수철이가 모셔진 것은 본인의 광영임은 물론 일가의 광영이라고 밋습니다. 25일에는 천황 황후 양폐하께옵서 어친배하옵신다고 하오니 오직 ○○(판독불가)감격할 뿐입니다. 그 애(둘째아들과 셋째아들)둘이서 황은에 만분지일이라도 보답하도록 노력하며 그것을 항상 충심으로 염원하고 잇습니다……"165)

이것은 평범한 어머니의 입을 빌려 일본 군인으로서 전사한 아들은 일본이라는 국가가 '충혼'으로 모심으로써 죽음에 보답한다고 믿게 하여 어머니들로 하여금 자식을 전장에 내보내도록 하려는 의도였다. 다시 말해 일반인 중에서 조선판 '군국의 어머니'를 만들어 내어 이를 선전함으로써

군국어머니의 귀감.『매일신보』1942. 7. 31.
165) 유일한 반도의 부인 – 군국 어머니 故이수철 군속의 모친 술회.『매일신보』
    1942. 4. 25.

162

전쟁을 사적인 가족의 문제로 만드는 '가정화(domestication)'의 과정을 통해,166) 일본의 전쟁을 조선인이 치루어야 하는 전쟁인 것처럼 느끼게 하여 전쟁에의 협력을 얻어내기 위한 것이었다.

결론적으로, 전시하의 모성정책은 많은 모순을 내포하는 것이었다. 그 것은 첫째로, 여성의 출산이 여성 개인이나 가족의 선택이 아니라, 전쟁 으로 감소하는 인구의 충원을 위해 국가의 인구증가의 수단으로 인식된 점이다. 둘째로, 다산을 장려하였지만, 임산부와 유유아의 건강 보호 등 실질적인 모성보호정책은 뒷받침되지 않은 채, '정신'을 강조하는 것과 같은 사상통제적인 구호와 표창, 선전 중심으로 이루어졌다. 건강한 아 이를 많이 낳아, 튼튼하게 길러 국가를 위해 바치는 것이 어머니로서의 의무로 규정되었으며, 이러한 과정에서 아동의 건강과 생존은 여성 개 인의 어머니로서의 도덕적이며 국가적인 책임으로 규정되었다. 셋째, 전 시 조선남성의 징용과 징병으로 여성의 노동력이 더욱 중요해짐에 따라 노동자나 농민계층에서는 모성으로서의 역할과 더불어 노동력으로 동원 되었으며, 이것은 모성보호가 더욱 필요한 계층에게 더 큰 이중의 부담 이 가해진 것이다. 넷째, 하층계층의 미혼여성은 성동원의 대상이 됨에 따라 이들의 모성은 처음부터 박탈되었다. 이것은 전시 모성정책이 민 족과 계급에 따라 차별적으로 시행되었음을 드러내는 중요한 지점이다. 마지막으로, 식민지 조선인 교육자와 의료전문가 등 지식인들은 전문가 적 지식과 권위를 주장하고, 전통적인 양육법을 폄하하였으며 모성의 국가적인 책임을 강조하였다. 이들의 모성관념은 모성을 근본적으로 여 성의 헌신과 희생으로 보는 전통적인 모성관념에 기반한 것이어서, 사 회적인 모성보호의 필요성을 인식하고 이에 대한 지원을 요구하는 데로 나아가지 못한 한계를 지닌다.

---

166) Susan Zeiger(1996). *op. cit.*, p.33.

제4장 전시의 생활과 모성의 경험

1. 전쟁과 여성의 생활경험에 관한 구술사연구

한국에서 구술면접(oral interview) 혹은 구술사(oral history) 연구방법은 인류학이나 여성학을 제외한 사회과학 분야에서 이제까지 그다지 활용되지 못해왔다. 특히 역사학과 같은 분야에서 구술자료는 문헌자료를 보완하거나 내용을 확인하기 위한 보조적인 방법으로 선택되어 왔을 뿐이었다.[1] 사회학 분야에서는 최근 사회사연구에서 구술사의 중요성이 인식되어 구체적인 연구성과가 산출되기 시작하고 있는 단계라고 할 수 있다.

이 장에서는 구술면접을 통하여 전시체제하의 모성역할과 가정생활, 학교교육 등을 둘러싼 여성의 의식과 실제적인 경험을 고찰하고자 한다. 모성이나 가정성, 여성성 등은 여성에게 본질적인 것이 아니며 그 의미와 성격 또한 고정적인 것이 아니라 사회적 맥락 내에서 구성되고 변화하는 것이기 때문에, 특정한 역사적 상황 안에서 일어나는 행위성(agency)[2]을 통해 구성되는 측면을 고찰하는 작업이 필요하다. 이러한

---

1) 정혜경(1999). 한국 근현대사 구술자료의 간행 현황과 자료가치. 한국역사연구회 편.『역사와 현실』33호, p.319, pp.322-323.
2) 행위성이란 어떤 행위를 수행하는 능력을 말하는데, 최근의 이론에서는 개인들이 자유롭고 자율적으로 행위를 일으킬 수 있는가, 개인의 정체성을 형성하는 방식이 어떤 의미에서 개인의 행위를 결정짓는가 하는 문제에 관심을 둔다. 탈식민주의(post-colonial)이론에서 행위성은 특히 중요한 개념이다. 그것은 탈식민주의의 주체(subject)가 제국주의의 세력에 저항하거나 혹은

164

경험과 행위성으로서의 여성의 경험을 파악하기 위해서는 질적 연구방
법인 구술면접방법이 유용하다. 사적 연구에서 구술면접 혹은 구술사는
사료적 가치의 측면에서 문제점이 지적되기도 하지만,3) 구술사는 전통
적인 역사가 지니는 계급이나 젠더에 관한 편견을 찾아내고, 사회적인

동참하는 행위를 일으키는 능력의 문제와 관련되기 때문이다. 알투세에 의
하면, 인간의 주체성(subjectivity)은 이데올로기에 의해 구성되는 것
이기 때문에, 주체가 행하는 행위는 이데올로기의 결과라고 볼 수 있
다. 그러나 탈식민주의 학자들에 의하면 주체는 그들을 구성짓는 사
회 여러 가지 세력의 영향에서 벗어나는 것이 어렵기는 하지만 불가
능한 것은 아니라고 본다. 그러한 세력들을 인식할 수 있다는 것 자
체가 그것을 철회할 수 있음을 의미하기 때문이라는 것이다: Bill
Ashcroft, Gareth Griffiths & Helen Tiffin(1998). *Key Concepts in
Post-Colonial Studies* (London: Routhledge), pp.8-9.
3) 구술자료의 문제점으로 지적된 점은 다음과 같다: ① 과거사에 대한 망각
이나 잘못된 기억이 있을 수 있다 ② 구술은 비일관적일 수 있다 ③ 기억
의 선택성이 작용한다 ④ 회상에 의존함으로써 자기 정당화가 일어날 수
있다. ⑤ 기억은 사적이고 주관적이며, 부분적이다. 그러나 구술사를 인정하
는 학자들은 주류역사학에도 이와 같은 문제점이 내재한다고 반문한다. 즉
기록된 자료 역시 작성 주체인 인간의 특정한 시각과 통찰력, 주관적 견해
가 개입하고, 일어난 모든 사건을 기록할 수 없으므로 기록에 있어서 취사
선택의 문제가 생기며, 역사적·사회적 조건이 작성자 개인의 판단과 서술
에 영향을 미친다는 것이다. 또한 구술의 대표성에 대한 지적에 대하여도
개개인은 역사적 산물이어서 개인의 삶은 사회적 과정에 의해 구성되고, 사
회구조를 만든다고 주장한다. 따라서 역사는 과거의 사실 자체가 아니라 과
거에 대한 특정한 해석을 의미하며, 역사란 항상 현재의 이해관계와 관점에
서 재해석된다는 인식의 전환이 필요하며, 이러한 점에서 구술은 다른 쓰여
진 역사자료와 동일한 가지를 가진다고 할 수 있다: 조형근(1997). 역사 구
부리기: 근대성에 대한 계보학적 탐색. 서울사회과학연구소 편.『근대성의
경계를 찾아서』(서울: 새길), pp.18-20; 우에노 치즈코. 이선이 옮김(1999).
『내셔널리즘과 젠더』(서울: 박종철출판사), pp.169-175; 윤택림(1994). 기억
에서 역사로 −구술사의 이론적, 방법론적 쟁점들에 대한 고찰−.『한국문화
인류학』제25집, 276-89.

하위집단 등 불리한 위치에 있는 집단의 관점에서 사회 변동을 기록하는 중요한 도구가 될 수 있다.[4] 특히 여성에 관한 구술사 연구방법은 주류 역사학과 지배담론 속에서 배제되어온 여성의 생활경험을 여성의 목소리로 드러낼 수 있다는 점에서 가치 있는 시도가 될 수 있다. 예를 들면, 본 연구에서 알고자 하는 어머니역할의 수행 방식, 출산과 양육의 방식, 전시 물자통제와 가정생활, 가족관계, 학교에서의 군국주의와 황국신민화교육 등에 대한 여성들의 의식은 공식적인 기록을 통해서는 찾아보기 힘든 사항들이다. 따라서 구술면접을 통해 비로소 이러한 사적인 영역에 관한 내용들을 밝혀낼 수 있지만, 이렇게 해서 밝혀진 사실들은 단순히 공식적 자료를 보충하려는 데 그 목적이 있는 것이 아니다. 그보다는 식민권력의 정책과 여성관에 대한 여성들의 대응양식, 식민주의와 가부장제가 지배적인 사회적 조건 속에서 여성들이 일상생활에서 취하는 선택전략과 그들의 생활경험을 드러냄으로써 전시하 여성의 역사적, 사회적 경험이 남성의 경험과는 어떻게 다른지를 분석하여 전시 생활경험에 관한 새로운 관점을 제시하고자 한다. 특히 방법적으로, 구술면접을 통해서 일어난 사건(anecdote)을 나열하고 이를 서술적으로 기술하기보다는, 이를 어떠한 방식으로 해석할 것인가에 초점을 맞추어 이를 통해 식민경험을 한 여성들이 가진 역사인식과 사회관, 여성의 역할과 지위, 모성에 관한 관념을 분석하고자 하였다. 본 조사는 17명을 대상으로 한 면접이므로 일제 말기 여성의 경험에 관한 완성된 역사관을 제시한다고는 할 수 없다. 그러나 전시하 여성의 생활경험에 관한 연구가 전무한 상황에서 하나의 관점을 제시할 수 있고, 전시체제

---

4) Eileen Clark(1999). The Pursuit of Truth in Oral History. Paper presented at the International Association for Qualitative Research Conference, Melbourne, Australia, 6-10 July 1999.

와 일상사에 관한 논의를 발전시킬 수 있는 토대가 될 수 있다고 본다.

◆ 면접과정

구술자의 선정에 있어서는 우선적으로 해방 이전에 결혼하여 주부역할의 경험이 있거나 자녀를 출산하여 양육의 경험이 있는 가능한 연령이 높은 여성들을 구하고자 하였다. 또한 여성들의 의식과 경험에 영향을 미칠 수 있는 교육기회와 직업경험의 유무 그리고 거주지역에 있어서 농촌과 도시가 고루 포함되도록 고려하였다. 이것은 교육수준과 직업경험의 유무가 정책에 대한 인식, 어머니와 주부역할의 수행, 여성으로서의 정체성 등에 영향을 미치는 변수가 될 수 있다고 보았기 때문이며, 거주지역은 일제의 정책과 선전이 침투되고 시행되는 데 있어서의 차이와 이에 따른 여성들의 인식의 다양성을 보기 위해서였다. 특히 일제 말기에 학령기의 자녀를 두었던 대상자를 구하고자 노력하였는데, 이는 먼저 실시한 문헌연구를 통하여 일제가 보통학교교육을 통하여 조선인의 황국신민화에 주력하면서 자녀교육자로서의 어머니의 역할을 중시하고 지배정책의 시행에 있어서 어머니들의 협력을 얻고자 하였던 점을 발견하고, 이러한 정책이 실제로 어떻게 이루어졌으며 어머니들이 이를 어떻게 경험하였는가를 고찰하기 위해서였다. 그러나 이러한 학부모경험을 한 대상자는 대부분 고령이거나 건강상의 문제가 있어서 충분한 수의 대상자를 확보하는 데에는 어려움이 있었다.

교육받은 여성의 경우는 여학교 동창회를 통하여 소개받았고, 그중 몇 명에게서는 그들의 친구나 선후배를 다시 소개받을 수 있었다. 무학의 여성은 친지의 소개, 교회, 양로원을 통하여 소개받은 여성들 중 가능한 연령이 높은 여성들을 선정하였다. 이렇게 하여 1910년에서 1930년 사이에 출생한 17명의 여성을 대상으로 면접하였다(〈표 2〉 참조).

연구대상자 17명 중 해방 이전에 결혼한 12명 가운데 해방 이전에 출산한 경험이 있는 여성은 9명이었고, 이 중 일제 말기 학부모 경험이 있는 여성은 6명이었다. 나머지 해방 이후 결혼한 5명의 여성들은 일제 말기 각기 여학교(한진숙) 혹은 전문학교에 재학 중(오혜자, 이종희, 남경희)이거나 교직(정옥순)의 경험을 가지고 있어서, 전시체제기의 여학교교육에 관해 보다 직접적인 경험과 풍부한 기억을 가지고 있었다.

조사는 2000년 8월에 기초 조사를 실시한 후 1차로 2000년 11월에서 2001년 2월 사이에 15명의 여성을 대상으로 1-2회의 면접을 실시하였다. 2차 조사는 2004-5년에 실시하였는데, 먼저 1차 조사에서 면접한 여성들을 연락한 결과, 2명(정채영, 김지배)이 사망하였고, 3명은 노환으로 면접이 불가능하였으며, 나머지 4명은 주소이전으로 연락이 되지 않았다. 나머지 6명의 여성들에 2명(남경희, 전영석)을 추가하여 2차 면접 시에는 8명의 여성을 면접하였다. 면접에서는 전시 여학교에서의 교육, 가정생활, 어머니로서의 경험을 중심으로 질문하였다. 1차 조사에서 면접하였던 6명의 여성들을 2차 조사에서도 면접한 경우 대부분의 구술자들의 신체적인 노화가 두드러졌지만, 기억력이 감퇴한 것 같지는 않았다. 이들은 1차 면접 시에 질문했던 몇 가지의 질문에 대해서는 모두가 이전과 동일한 대답을 하였다.

구술면접조사는 기본적으로 구술사방법을 취하였지만, 오래된 과거의 일이고 생애사(life history)보다는 식민지시기라는 한정된 기간 동안의 경험을 알고자 하는 것이 주목적이므로, 먼저 문헌연구를 통해 발견한 일제의 여성에 관한 여러 가지 정책과 선전을 중심으로 질문지를 작성한 후, 이를 토대로 연구자가 질문을 함으로써 구술자의 기억을 되살리는 방법을 사용하였다. 따라서 녹음과 질문지작성을 병행하였는데, 질문지는 구술자들이 고령이고 그중에는 문맹도 포함되어 있어서 연구자가 작성하였지만, 실제적으로 면접에 임해서는 질문지는 연구자가 질문을 빠뜨리지 않기 위해서 질문의 내용을 확인하는 데에 주로 사용하였고, 구술의 내용은 전부 녹음되어 면접이 끝난 후에 기록하는 방식을 취하였다.

사전에 문헌자료를 통해 조사하고 이를 토대로 질문하는 방식은 구술자들의 기억을 불러일으키는 데에 효과적이었다. 한 예를 들면, '일제시기 아이를 많이 낳으라는 말을 들어 보았는가'라고 질문하면 '잘 모른다'거나 '그런 일은 없었던 것 같다'고 답했던 여성들도 '우메요 후야세요라는 말을 들어본 적이 있는가'라고 질문하면, '있었다'고 대답하는 것이었다. 그리고는 다산자에 대한 표창 등 다산정책과 관련된 일들을 기억해내었다.

면접장소는 1차 면접조사 시 2명만 연구자의 집에서 실시하였고, 나머지 1명은 구술자의 남편의 사무실에서 이루어졌으며, 그 외 14명은 구술자의 집에서 이루어졌다. 구술자의 집에서 면접할 경우 주변의 소음이나 시간적 제약으로부터 자유로울 수 있기 때문에 가능한 구술자의 집에서 면접할 수 있도록 요청하였다. 또한 집에서 할 경우, 사진이나 책, 썼던 글, 당시 입었던 의복, 여학교 때의 수예작품 등은 구술자의 구술을 뒷받침하고, 구술자들은 이러한 자료를 꺼내어 봄으로써 그들의 과거사를 기억해내는 데 도움이 되었으며, 연구자는 이에 대한 질문을 함으로써 준비한 질문 이외의 보다 심층적인 구술을 얻을 수 있었다. 면접은 대개 2시간 내지 3시간가량이었으나, 특히 고령의 여성들은 2시간 이상의 면접에 육체적 피로를 나타내는 경우가 있어서 되도록 2시간 이내의 면접을 2~3회에 걸쳐 실시하는 방법을 택했다. 또한 두 번째의 면접 시에는 보다 내면적인 구술을 얻을 수 있었다. 유아기의 자녀의 사망과 같은 고통스러운 기억이나 출산자녀수가 적어서 시어머니의 불만이 심했다는 구술 등은 두 번째의 면접에서 구술되었다. 또한 남편의 성병감염으로 임신이 불가능하게 되었다거나, 시어머니가 보다 많은 손자녀를 얻기 위해 다른 여성을 데려와 남편과 따로 살게 했다는 내용은 면접의 후반부에 구술되기도 하였다. 이것은 면접과정을 통해 연구자와 구술자간에 어느 정도 신뢰감이나 라포(rapport)가 형성되었기 때문이라고 생각된다. 이것은 이 세대의 여성들에게 시어머니나 남편에 대한 불만을 제3자에게 드러내지 않고자 하는 가부장제하의 며느리, 아내로서의 규범이 내면화되어 있는 정도를 나타내기도 하며, 다른 한편 자신의 인생의 불행한 측면을 드러내고 싶지 않은 심리를 나타내는 것이기도 하다.

녹음된 내용을 문자로 기록하는 과정에서는 구술자의 언어나 표현방식을 있는 그대로 기록하였다. 다만 논문에서 인용할 때 구술자의 언어습관에 따라 같은 내용을 반복하여 표현하는 경우에는 반복을 피하기 위해 적절히 삭제하였다. 그 외에는 방언이나 개인적인 언어습관 등도 그대로 살렸다.

◆ 기억과 구술의 다양성

구술자들이 자신의 과거를 구술하는 방식은 교육의 유무에 따라 큰 차이가 있었다.5) 교육받은 여성들은 학교교육이나 졸업 후의 직업경험, 신문이나 책에서 읽은 내용 등을 토대로 당시의 식민체제나 정책, 전쟁의 상황에 대해 보다 구체적인 지식을 가지고 있었다. 이들은 예를 들면 '시국'이나 '동원', '옥쇄', '황국신민의 서사', '내선일체', '신여성', '기

---

5) 본 연구의 구술자 17명 중 5명만이 무학이고, 나머지 12명은 여고를 졸업하였다. 이것은 당시 여성들의 평균 교육수준이나 취학률보다 훨씬 높은 교육수준이다.

미가요’, ‘대본영발표’ 등 인쇄매체나 활자를 통해서 접했던 말들을 기억하고 정확히 표현했으며, 특히 학교교육의 내용이나 지배정책, 시국과 관련된 용어, 읽은 책의 제목, 즐겨 보던 잡지의 이름 등은 그 당시 사용했던 일본어 그대로 이야기하였다. 이와 같이 교육은 언어적 표현능력을 부여하였기 때문에 이들은 자신들의 인생을 사회적 조건의 변화와 더불어 적절히 표현하고 의미화할 수 있을 뿐만 아니라, 식민체제와 전쟁이 몰고 온 상황을 비판하는 능력도 가질 수 있었다. 그러나 이들의 사회나 체제에 대한 인식이 모두 당시에 형성된 것이라고는 보기 어려운 부분도 있었다. 즉 구술자들은 당시의 연령이나 억압적인 지배체제를 고려할 때 가지기 힘든 정도의 비판적인 의견을 표현하는 경우가 있었는데, 그런 경우 일정 부분은 해방 이후 이들이 살면서 접한 지식이나 최근까지의 한국사회의 지배적인 담론을 반영하는 것으로 생각된다.

학교교육을 받지 못한 하층의 여성들의 식민체제에 대한 불만이나 반일감정은 농산물의 공출을 구술할 때 가장 강하게 표현되었다. 그러나 자신들의 삶의 고통을 식민체제나 가부장제 등 사회구조적 모순으로 이해하기보다는 개인적인 운명이나 가족배경의 탓으로 돌리는 경향이 강했다. 이들은 노동에 관한 구술을 할 때 가장 구체적이고도 명확한 언어를 사용했다. 예를 들면 목화의 재배와 길쌈방법, 곡식의 껍질을 벗겨 밥을 짓는 과정 등에 관한 구술은 매우 상세하였으며, 노동은 그들의 빈곤하고 고생스러웠던 삶에 대한 기억의 중요한 한 부분으로 이야기되어졌다. 이들 중 몇몇은 방언을 많이 사용하였는데 표준어 이외의 방언을 잘 알지 못하고 지방에 살아본 경험이 없는 연구자로서는 이해하는 데 어려움이 있었다. 특히 농업노동이나 길쌈을 그 지방의 방언으로 구술할 때에는 연구자가 농업노동의 지식도 부족한 데다 방언의 의미도 알지 못해 구술내용을 이해하기 힘들었다. 면접 중 그러한 방언의 의미를 질문하여 이해하기도 하였으나, 면접 후 녹음을 기록하는 과정에서 다시 이해하지 못하는 방언이 발견되기도 하였다.

　여성들의 일제시기의 생활경험에 대한 기억과 구술의 방식은 해방 이후부터 현재까지의 인생의 전개에 따라 영향을 받는 측면도 있었다. 예를 들면, 이북출신인 한진숙과 정옥순의 경우, 해방 이후 북한에 공산당이 집권함에 따라 유복했던 이들의 생활은 급락하게 되고, 마침내 6.25전쟁이 나자 토지와 가옥 등 중요한 재산을 버리고 월남하게 되었다. 경제적 기반을 잃어버린 이들의 삶은 이후 예상치 않았던 어려움을 겪게 되었다. 한진숙은 학업을 중단함으로써 약제사가 되려던 계획을 접어야 했으며, 대신 어려워진 가정형편을 돕기 위해 일자리를 찾아야 했다. 정옥순 역시 지주로서 경제력을 잃은 아버지를 대신해서 맏딸로서 가족의 생계를 위해 일하지 않으면 안 되었다. 이러한 해방 이후의 가세의 몰락이라는 개인적인 경험 때문에 이 둘은 일제 말기의 남달리 유복했던 가정생활을 그리워하거나 자랑스럽게 구술하는 경향이 있었다. 한진숙은 일제말기 아버지의 사업이 번창하여 일제시기가 그의 인생에서 가장 유복한 생활을 누릴 수 있었던 시기였다. 그는 자신의 아버지는 '일본어를 할 줄 알고, 일본 사람들과 친하며, 사업도 성공적이었으니까 요새말로 하면 친일파'라고 하였지만, 그는 그러한 환경에서 성장한 자신의 소녀시절을 소중하고 행복한 시절로 기억하고 있었다. 정옥순 또한 지주계급으로 당시 희귀한 음식인 커피나 쵸코렛, 카레라이스 등 외국음식을 먹어보거나 값비싼 일제 화장품을 사서 써본 경험, 경성 시내 중심가의 백화점과 그곳의 식당을 가 본 일 등을 상세하게 구술하였으며, 이러한 근대적인 경험을 유복한 가정환경을 가진 자신만의 남다른 경험으로 생각하고 있었다. 그는 일제시기까지의 생활은 자세하고도 의욕적으로 구술하였지만, 해방 이후의 생애에 대해서는 별로 중요한 일이 없다는 투로 자세히 구술하려 하지 않았다. 이 때문에 그가 결혼 후 이룬 가족이나 결혼 후의 생활에 대해서는 자세히 알 수가 없었다. 그의 구술은 인간관계나 주관적인 느낌이나 생각보다는 해방 이전 물질적으로 어떠한 생활을 하였는가, 혹은 자신이나 가족이 중요한 사회적 지위에 있던 사람들과 얼마나 잘 알고 지냈는가 하는 측면을 설명하는 데에 보다 집중되어 있었다. 이것은 그가 연구자에게 자신의 인생을 의미화하고 설명하는 방식으로 보였다.[6]

물질적인 측면뿐만 아니라, 교육의 경험도 해방 이후의 경험과 비교되었다. 학교교육을 받았던 구술자들이 대부분 식민지시기의 교육을 긍정적으로 평가하였지만, 특히 교사 경험을 했던 여성들의 경우 더욱 일제시기의 교육을 긍정적으로 보는 경향이 강했다. 이들은 일본어로 가르쳐야 했던 일을 '슬프게' 생각하기도 하였지만(이은실), 규율을 중시하는 엄격한 교육을 해방 이후나 현재의 자유스러운 교육보다 더 훌륭한 교육으로 평가했다(전영석, 이은실). 이들은 '황국신민의 서사'나 '교육칙어'를 외어야 했다거나, 학교에서는 한국어를 써서는 안 되었던 일은 비판적으로 이야기하였지만, 그 외의 일반적이고 일상적인 교육방식과 규율은 식민지배정책의 하나로 보기보다는 순수하게 일본적인 교육방식으로 이해하는 경향이 강했다. 그 때문에 엄격한 교육방식 역시 자신들을 일본식으로 규율화하고 순종적인 식민지인을 양성하기 위한 교육이라는 것을 인식하고 있지 않은 것 같았다.

식민지교육에 대한 이해에는 당시 학생과 교사였던 구술자의 입장에

---

6) 다른 한편 이러한 구술방식은 그가 여학교 교사로 정년까지 근무했던 관계로 연구자가 그를 '선생님'이라고 불렀던 데에서 오는 지도 모르겠다. 그는 이러한 호칭으로부터 자신이 구술자라기보다는 교사라고 의미화하고, 자신의 개인적인 경험을 이야기하기보다는 연구자에게 도움이 될 만한 당시의 상황에 대한 정보를 주어야 한다고 생각하였을지도 모른다.

따라 첨예한 인식의 차이가 발견되었다. 남경희와 전영석의 구술이 그러한 예를 보여준다. 남경희는 전영석이 졸업하고 일본 유학 후 돌아와 가르친 유명공립여학교에 다녔는데, 그는 당시의 교육을 '철저하게 가르쳤기 때문에 사람을 성실하게 만든다. 그러나 뭐든지 하라는 대로만 하여야 했기 때문에 사람을 꼭 막히게 만든다'고 객관적으로 장단점을 설명하였다. 그러나 전영석은 '규율이 엄격했지만 학생을 위한 것이었고, 지금의 교육과는 다른 정말 교육을 받았다'고 하였다. 이 둘의 생각은 당시 일제의 식민정책과 전쟁을 지지하는 글을 다수 남겼던 그 학교의 교장에 대한 평가에서도 양분되었다. 남경희는 그 교장이 '굉장히 친일적이어서 학생들이 참 싫어했다'고 구술했다. 그러나 전영석은 그가 '교장으로 발탁될 정도이니까 일본인들에게 신임을 받은 사람이라고 보아야 하겠지만, 소박한 사람이었다. 교장이라고 해서 스스로 일본인에게 어떻게 해야 한다고 말하거나 하지는 않았다'고 그를 두둔하는 입장이었다. 이러한 한 인물에 대한 상반된 평가는 그들이 당시 교사와 학생이라는 서로 다른 사회적 위치에 있었기 때문이다. 남경희 뿐만 아니라 당시 여학교를 다녔던 여성들은 식민정책을 지지하거나 민족차별적인 태도를 보이는 교사에 대해서는 일본인이건 한국인이건 학생들로부터 미움을 샀으며, 반대로 일본인이어도 인격적으로 훌륭하거나, 은근하게나마 반전적인 태도를 보였던 교사에 대해서는 존경심을 가지고 있었다고 구술하였다. 그러나 전영석은 짧은 기간이었지만 자신 역시 식민체제하에서 가르치는 입장에 있었기 때문에 교사의 체제협력적인 행위나 태도가 개인적인 성격이나 자질의 문제로 환원되어 이해되지 않도록 대단히 방어적인 태도로 구술하는 경향이 있었다.

　정리하면, 구술자들이 자신들의 과거의 경험을 구술하는 방식은 교육수준과 계층에 따라 다르지만, 교육수준이나 계층이 같더라도 개개인의 경험과 이에 대한 기억은 각기 다양하다고 할 수 있다. 즉, 교육수준이 같더라도 교사와 학생이라는 지위의 차이는 교육체제에 대한 서로 다른 인식과 기억을 갖게 하며, 또한 부유한 계층이라 하더라도 이후의 가세의 변화에 따라 일제시기에 대한 기억 역시 다른 방식으로 구성되었다. 즉, 기존의 역사학에서 민족의 암흑기로만 서술되었던 일제 말기가 여성들의 구술사를 통하여 재구성되었을 때, 이 시기에 대한 기억은 개인의 전체적인 인생에 대한 각자의 해석을 통하여 의미화되고 재해석되는 부분이 발견된다는 것이다. 이러한 측면이 본고에서 주목하고자 하는 점이다.

◆ 구술을 통한 식민지시대 여성의 생활사

일제 말기를 살았던 구술자들이 식민지배와 전쟁을 경험하고 인식하며, 이를 기억하고 구술하는 방식은 각기 다양하다. 이 절에서는 사회적 계층과 교육수준, 거주지역에 있어서 서로 다른 네 명의 구술자를 선정하여 이들의 생애사를 간략하게 정리하면서, 이들의 전시기의 삶의 경험을 개관하여 보고자 한다. 이것은 본 연구가 주제로 삼은 모성이라는 렌즈를 통하여 구술자들의 삶을 분석하는 것은 어떤 면에서 이들의 전시체제경험의 부분적인 단면만을 보여주기 때문이다. 즉 전체적인 생애과정과 가족적 배경, 학교교육이나 결혼생활 등을 통하여 구술자들이 각기 자신의 인생과 삶의 경험을 이해하고 구술하는 방식을 드러냄으로써, 여성들의 삶의 다양성과 전시체제기의 생활경험에 대한 여성들의 인식이 어떠한 것이었는가 하는 점을 이해하여야 할 필요가 있기 때문이다. 또한 이를 통해 식민지배와 전쟁이 이 세대의 여성들의 인생에 전반적으로 어떠한 영향을 미치게 되었는가 하는 점도 보고자 한다.

남경희는 1929년 경기도의 지주집안의 장녀로 태어나 유복한 환경에서 자랐다. 그의 아버지의 형제들은 모두 일본에 유학하였고, 심지어 고모들도 아버지의 설득으로 일본의 상급학교로 진학할 수 있었다. 그는 아버지가 만주에서 사업을 하였던 관계로 국민학교를 만주 봉천에 있는 일본인학교를 다녔다. 일본인학교의 일본인교사들은 민족적 편견이 있는 사람도 있었고, 없는 사람도 있었다. 어렸지만 교사의 말이나 태도에서 그런 것을 느낄 수 있었다. 일본인 친구들과는 허물없이 친하게 지냈다. 소학교를 졸업할 무렵인 1941년 봄, 그의 아버지는 만주의 공장을 팔고 가족을 이끌고 서울로 돌아왔다. 서울로 이사한 후 치른 중학교 입학시험에 합격하여 당시 경성의 유수한 공립여학교인 경기고녀에 입학하게 되었다. 입학한 1941년에는 이미 조선어시간은 폐지되고 없었다. 학교에서 한국말을 하다가 들키면 시말서를 쓰고, 선생님이 봐주지 않는 경우 정학을 당한 경우도 있었다. 여학교의 교사 중에는 다소 반전적인 교사들이 있었다. 예를 들면, 우에노 음악학교를 나온 음악담당이었던 일본인 여선생님은 복장에서 그러한 것을 느낄 수 있었다. 몸페가 강요되었던 때였지만, 이 선생님은 종전 1년 전 귀국할 때까지 몸페를 입지 않았다. 그러나 대부분의 교사들은 그렇지 않았다. 어느 날 일본역사를 가르치는 국사시간에 신무 천황에 대한 신화이야기가 나왔다. 일본인교사는 신무 천황이 야만족들을 정복하러 다니는데 그의 화살대위에 황금빛 새가 날아와 앉자, 그 눈부신 빛에 적군들이 눈을 뜨지 못해 전쟁에 이겼다는 이야기를 하였다. 남경희는 그것이 사실이라고 믿기 어려웠기 때문에 교사에게 그런 이야기들이 사실이냐고 질문을 했다. 그러자 몹시 당황한 교사로부터 심한 꾸중을 듣고 그 과목에서 60점을 맞은 일이 있었다. 그는 이러한 일을 당시 황실에 관한 한 불경죄가 적용되었던 시대의 탓으로 해석한다. 국사시간뿐 아니라 모든 학교교육은 식민지 학생들을 일본인으로 상정한 것이었다. 남경희는 여학교에서 등교시와 하교 전에 각각 황국신민의 서사와 국어상용의 서사를 외웠던 일, 예식이 있을 때는 교장이 천황의 사진을 두었던 집같이 생긴 곳의 보라색 커튼을 열고 식을 시작하였던 일 등을 상세히 기억하고 있다. 대부분의 교육이 남녀의 구별보다는 일본국민으로서의 자세와 임무를 강조했지만, 여성으로서의 교육의 특징이 드러나는 것은 예의작법시간에서였다. 예법시간은 조선 여학생 모두를 일본 여성으로 가정한 교육이었다. 다다미방에 들어가서 앉고 서는 법, 다다미의 갓을 밟지 않고 걷는 법, 다다미방의 미닫이문을 열고 닫는 법 등 한국인의 생활과는 아무 상관이 없는 것들을 배웠다. 그러나 그때 배운 내용들은 지금까지도 그의 몸가짐과 행동에 상당히 영향을 미치고 있다. 예법을 가르친 일본인 여교사는 일어날 때나 앉을 때나 항상 다리를 붙여야 한다는 등의 이야기를 했었다. 그 교사는 쌀쌀한 성품에 항상 일본식 전통복장을 하고 다녔고, 자신이 일본인임을 내세우는 사람이었기 때문에 대부분의 학생들이 싫어하였다. 그래서 심지어 학생들 사이에 그가 일본 경찰의 스파이라는 소문까지 있었지만, 그럼에도 불구하고 그의 가르침은 지금까지도 항상 머릿속에 남아 있어서 스스로 몸가짐을 주의하게 된다. 최근까지도 일본에 가면 여성들의 앉음새 등을 유의해서 보게 되는데, 한국 여성들은 일본 여성들에 비해 몸가짐이 너무 밉다고 생각한다. 전쟁이 점차 격해지던 1943년 3학년이 되자 수업은 오전에만 했고 오후에는 근로봉사로 채워졌다. 4학년 때는 아침부터 하루 종일 '게츠 게츠 가 스이 목 킨킨(월, 월, 화, 수, 목, 금, 금)'이라 하여 토요일도 일요일도 방학도 없이 운모를 벗기는 작업을 했다. 작업이 육체적으로 힘들지는 않았지만, 그렇다고 일본이 전쟁에서 승리하기를 바라는 마음에서 열심히 작업을 한 것도 아니었다. 또 4학년 때는 전시 간호원 증원정책에 의해 간호원이 되기 위한 훈련을 받았다. 경성의전의 교수들이 와서 하루에 한 과목을 1~2주에 걸쳐 속성으로 강의한 뒤, 시험을 치르고 간호원면허를 주었다. 그 시험에서 생전 처음으로 컨닝을 했다. 아무도 그 시험을 진지하게 생각하지 않았다. 학생들이 공공연하게 전부 보고 베낀 시험이었는데 전원이 합격하여 모두 간호원면허를 받았다. 신사참배도 정기적으로 갔는데 공부 안 해서 좋았으므로 시시덕거리면서 원족(소풍) 갔다 오는 기분으로 다녀왔다. 신사에 가서 진심으로 기도를 하거나 한 학생들은 하나도 없었을 것이다. 당시 경기고녀의 교장은 매우 친일적이어서 학생들이 싫어했다. 어느 날 신사참배할 때에 교장이 긴장한 나머지 두 손을 모은다는 것이 그만 양손바닥이 서로 어긋나 버렸다. 그걸 본 학생들이 좋아라 웃고 했던 기억이 있다. 교장은 대동아전쟁이다, 성전이다, 핫고이찌우(팔굉일우)다 그런 소리를 많이 했지만, 그런 것이 모두 거짓으로 들려서 아무리 일본인으로서의 교육을 받고 내선일체가 주창되어도 자신이 일본 사람이라는 생각이 들은 적은 한 번도 없었다. 반면에 일본 여성들은 그렇지 않은 것 같았다. 일본 여성들은 센님바리를 할 때에도 그것이 정말 총알을 비키게 한다고 믿고 열심히 만드는 것 같았다. 한국여자들은 길에서 일본 여성들이 센님바리의 한 뜸을 떠 달라고 부탁하면 해주기는 했지만 일본 여성들과는 달리 전쟁에 대해서 방관자적인 태도였다.

한글을 배우지 않아 집에 한국문학 등 한글로 씌여진 책이 있었지만 읽을 수가 없었다. 주로 일본어로 씌여진 일본문학이나 세계문학을 읽었다. 잡지로는 『쇼죠노 토모(소녀의 벗)』가 있었는데, 그 책에는 전쟁에도 불구하고 아주 조금씩이지만 로맨틱한 이야기 같은 것들이 실려 있어 여학생들이 대단히 좋아했다. 표지의 그림도 눈이 크고 가냘픈 몸매의 여자가 예쁜 옷을 입고 있는 모습이었다. 당시 경기고녀의 여학생들은 교복으로 몸페를 입고 구급낭을 메고, 5~6월에도 두꺼운 보꾸즈 킨(방공모)을 머리에 쓴 채 등교해야 했는데, 그런 씩씩한 모습이 아닌 군국주의와 반대의 것이니까 더 어필한 게 아닌가 생각된다. 대조적으로 『기미또 복구(그대와 나)』라는 지원병에 관한 영화를 학교에서 단체로 관람했는데, 그 영화는 정말 싫었다. 보고나서 너무 기가 막혀서 참 거지같다고 느꼈다. 우소노 가타마리(거짓말 덩어리)라는 생각이 들었고 속으로 굉장히 반발을 했다.

생활면에 있어서는 쌀이나 운동화 등이 모두 배급제였지만 그런 물자에 부족함이 없이 살았다. 아버지가 가진 정미소가 있었고, 신발도 만주에서 아버지가 고무공장을 할 때 한 궤짝을 가지고 왔기 때문이다. 그 대신 설탕이며 밀가루, 우유, 버터, 고기, 계란 등 맛있는 음식들이 모두 없는 것이 견디기 힘들었다. 해방이 되고 거리의 빵 가게에서 식빵을 보았을 때는 군침이 흐르고 발길이 떨어지지 않았다.

여학교를 졸업하고 원래는 일본 유학을 가려고 했었다. 부모님이 모두 일본 유학을 했었기 때문에 아버지는 일본 유학을 보내고 싶어 하였다. 그러나 동경에 폭격이 가해지는 등 전쟁이 격심해지자 하는 수 없이 이화전문에 진학했다. 당시 갈 수 있는 상급학교 중 사범학교나 의학전문은 자신에게 맞지 않았고, 숙명여전은 역사가 얕은 데다, 일본인이 세운 학교여서 가지 않았다. 입학시험으로는 작문문제가 한 문제 출제되었는데, 주제는 어머니였다. 1945년 4월에 입학하여 7월 말까지 삼개월을 다니고 해방이 되었다. 이화에 입학하고 보니 전시체제로 이름도 경성여전으로 바뀌었을 뿐만 아니라 전공이며 교육내용도 전부 갈기갈기 찢어진 상태로 이게 학교인가 하는 생각이 들었다. 배운 내용이라고는 육아법과 화학, 가정관리 같은 것들이었다. 이화의 교수들은 공립이었던 여학교에 비해 일본어에도 미숙했다. 한국어 인토네이션으로 서투르게 일본어를 하여서 듣고 있으면 웃음이 나올 정도였지만, 그런게 일본에 대한 저항의 자세로 느껴져 오히려 반가운 생각이 들었다. 근로 봉사도 열심히 하는 것이 아니라 하는 척하면서 사보타지하였고, 일본어도 서투른 대로 하는 그런 방식이 고등학교 때에 비해 새롭고 좋았다. 화학을 가르쳤던 이정구 교수는 암시적으로 기독교적인 이야기를 해주었는데 군국주의만 듣다 들어서인지 굉장히 감동적이었다. 그때 처음 기독교에 노출이 되었다. 이화여전의 교정에도 일본군이 주둔하였다. 사방에 모래주머니가 쌓여 있었고, 교문 입구에는 보초가 서있었는데, 보초 앞을 지날 때마다 절을 하라고 하였다. 학생들은 그런 요구가 싫어서 되도록 그 앞을 지나가지 않으려고 돌아서 가곤 했다.

1945년 8월 15일 갑작스럽게 해방이 되자 갑자기 한국어로 만세를 외치면서 사람들이 거리를 휩쓸고 다니는 등 몹시 혼란스럽고 어수선한 분위기였다. 기쁘다는 느낌보다 이제 어떻게 될 것인가 하는 불안감이 앞섰다. 여성들의 복장이 전쟁 말기의 억압에 대한 반동으로 화려해지기 시작했다. 양복을 입은 사람은 적었고, 여대생들 사이에서도 벨벳 한복치마와 양단 저고리에 하이힐이 대유행을 했다. 학교에서 겪는 가장 심각한 문제는 전부 일본어책을 쓰다가 일본어를 안 쓰게 되니까 책이 없다는 점이었다. 수업도 갑자기 한국말로 하게 되었지만 대부분의 학생들이 한글을 쓰지 못했다. 김활란 총장이 한글학자인 이희승 선생을 모셔다가 한글특강을 하도록 하여, 두 주일 만에 한글을 배웠다. 그런데 일본어발음을 했던 한자의 한글발음을 선생님도 잘 몰라서 틀린 예가 많았다.

남경희와 같이 1920년대 말에 유복한 가정에서 태어나 학교교육을 받은 여성들의 경우, 그들의 전시체제의 경험은 주로 학교교육을 통해서 체험되었다. 따라서 이들의 구술은 군국주의 교육이 여성에게 요구하는 측면들을 잘 보여준다. 여학생들은 공통적으로 근로봉사와 같은 노동동원과 방공연습, 사열과 행군, 응급치료로 구성된 교련과목을 배웠다. 역에 나가 출정하는 병사들을 배웅하고 위문편지를 쓰거나 위문주머니를 채워 보내는 일 등 여러 가지 전쟁을 응원하는 일들을 했다.

이와 대조적으로 학교교육을 받지 못한 김지배의 구술은 전쟁이나 식민체제를 직접적으로 언급하지는 않았지만, 그의 삶 역시 전쟁과 식민지배의 영향에서 자유로울 수는 없었다. 김지배는 충남 서산의 빈곤한 농민가정에서 태어났다. 그가 여섯 살 되던 해 사십 세였던 아버지는 전염병에 걸려 병사했다. 10월 달에 병이 돌았는데 집집마다 심어놓은 벼를 거두지도 못하고 앓았다. 남편이 죽은 후 사남매를 혼자 힘으로 부양하기 어려웠던 어머니는 김지배가 열한 살이 되자 시집을 보냈다. 그때는 마을에 학교도 없었다. 부잣집이어야 집에 선생을 모시고 글을 배웠고 가난한 사람은 공부하지 못했다. 신랑은 열아홉 살이었는데 그 역시 빈곤해서 남의 집에 머슴으로 가 있었다. 신랑이 뭔지 모르고 살았다. 이미 시부모도 모두 사망하였고 스무 살이 넘었던 나이 많은 동서가 시집살이를 시켰다. 먹을 것도 제대로 주지 않았고, 옷도 못 얻어 입어서 숱하게 고생했다. 어머니가 보고 싶어서 울기도 하고 어머니를 찾아 가기도 하였다. 그러면 큰동서가 데리러 와서 다시 시집으로 돌아가야 했다. 열한 살 이었지만 방아도 찧고 삼 삼고 치마 꿰메 입고, 머리에 옹이를 이고 물도 길러 다녔다. 물을 이고 오다가 미끄러져 죽을 뻔하기도 했다. 큰 동서는 물 이어 오라, 밥 안 쳐라, 빨래하라, 삼 삼으라는 등 일만 시켰다. 신도 없어서 짚으로 얽어서 신었는데, 신고 밖에 나가면 금방 물이 들어 왔다. 버선도 양말도 없어서 맨발로 살았다. 스무 살이 되니 큰 동서가 곁방을 얻어서 제급을 내어 신랑과 같이 살기 시작했다. 같이 살아도 남자를 따르지 않았다. 남자가 그렇게 싫었다. 스물두 살에 큰 딸을 낳았다. 아기는 신랑이 있을 때도 있었지만 거의 다 혼자 힘으로 낳았다. (아기는) 언젠가 나오면 낳는 거지 어떻게 낳는 건지 알지도 못했다. 모두 아이를 아홉을 낳았는데 그 중 넷이 아기 때 사망했다. 베피 앓다가 죽고, 입옆이 썩어서 죽고, 천연두, 이질로 죽었다. 다섯 살, 세살, 한 살, 또 한 살도 되기 전에 죽었다. 죽은 딸 넷을 생각하면 지금도 가슴이 아프다. 그래서 더 늙은 것 같다. 그때는 아이들 병으로 홍역이라고 꽃 나는 병, 손님(천연두), 이질 이 세 가지가 아주 심했다. 예방도 없고 병원도 없어서 아이들이 이 세 가지 병으로 많이 죽었다. 당시에는 아이가 죽으면 무덤도 만들지 않고 그냥 매장하고 다시 가보지도 않았다. 산에 개나 여우가 매장한 아이의 시체를 파서 끌고 다니는 일도 있었다.

아이는 생겨서 낳은 거지 많이 낳고 싶었던 것은 아니었다. (피임법을)몰라서 (아이를) 못 낳게 할 수가 없었다. 아이 하나를 낳아서 키우기가 얼마나 힘든 데 아이를 아홉을 낳았으니 얼마나 어려웠겠는가. 기저귀도 없어서 채우지 못했다. 걸어다니는 아이도 위 옷만 입히고 아래는 벗겨 두어야 했다. 흙방바닥에 왕골자리나 멍석을 깔았는데 방바닥에 오줌을 싸니까 어린애 하나 키우자면 자리 하나씩은 다 썩었다.

해방되기 전에는 먹을 것도 없었다. 먼저 익는 보리 이삭을 잘라서 볶아서 쪄서 갈아서 죽도 쑤어 먹었다. 보리도 없어서 조금 해먹었다. 그때는 비료가 없으니까 곡식이 되지 않았다. 벼이삭이 조금밖에 붙지 않았다. 보리 먹다가 떨어지면 호밀을 있는 집에서 돈 주고 사다가 갈아서 죽도 쑤어 먹었다. 또 호박을 모아서 호박죽을 끓여 그런 것들을 먹고 살았다. 물론 농사도 지었다. 아이는 저희들끼리 놀게 집에 두고 일이라는 건 다 했다. 모도 심고 밭도 메었다. 옷도 목화 갈아서 올 뽑아서 베짜서 입었다. 여름엔 삼하기가 더 어렵다. 삼을 삼아서 여름사리 해 입고, 목화해서 저사리 해 입고, 그렇게 해 입어도 지금 옷과 달라서 몇 번만 빨면 금방 떨어졌다. 옷도, 먹을 것도 없이 숱한 고생하고 살았다. 거기다가 일본 사람들이 와서 목화나 누에고치, 농사지어 놓은 쌀도 뺏어가서 굉장히 어려웠다. 가마니 쳐서 공출하라고 해서 가마니 치느라고 죽을 뻔했다. 그렇게 해서 일본 사람에게 갖다 주었다. 공출하라고 일본 사람들이 막 족치는데 안 해다 주면 벌금을 물어야 하니까 할 수 밖에 없었다. 식기, 숟가락, 젓가락 등 놋그릇과 무쇠도 가져갔다. 겨울에 방에서 사용했던 화로도 가져갔다. 여기 사람들은 나무 깎아서 숟가락, 젓가락 만들어서 살았다. 석유가 없어서 광솔을 따서 쓰고 살았다. 광솔은 송진이 있어서 잘 탔다.

반상회 같은 것이 있어서 회의한다고 다니기는 했는데 다 잊어버려서 모르겠다. 밖에 나가서 훈련하라는 소리도 들었다. 지금 아이들이 학교에서 체조하는 것처럼 몸을 움직이는 거였는데, 젊은이나 늙은이나 넓은 벌판에 나가서 다같이 해야 했다. 그거 하는 날이 정해져 있어서 나가지 않으면 안 되었다. 일본 사람들이 무슨 보험인지 모르겠는데 보험에 들라고 했지만, 돈이 없어서 들지 않았다. 드는 사람이 많았다. 일본 사람들이 시골에 살았지만 한국 사람들 하고 이야기하지는 않았다. 일본 사람들 집에 다니는 사람들은 그 집에 가서 일해주고 품값을 받았다.

김지배의 일제시대의 생활은 빈곤한 가정에서 태어나 아버지의 사망으로 열한 살에 시집을 가야하는 비극적인 것이었다. 그에게는 친구들과 놀거나 부모에게서 사랑을 받는 유년의 생활이 없다. 그의 생활은 조혼과 거듭되는 임신과 출산, 자녀의 사망, 그리고 생계를 이어가기 위한 하루하루의 고된 노동의 연속이었다. 따라서 그의 구술도 노동과 가족생활에 제한되어 있다.

김지배와 달리 유복한 환경에서 태어나 여학교교육을 받을 수 있었던 정채영의 구술은 그 자신의 여학교생활과 결혼, 자녀들의 학교생활, 전시하에 지역에서 맡겨진 후방의 주부로서의 책임 등 다양한 내용을 담고 있다. 그는 20세기 초기에 태어나 근대적인 교육을 받은 소수의 여성에 속하지만, 그의 교육은 부모에게나 교육당국자, 그리고 자신에게도 결혼 후에 가정에서 주어질 아내와 어머니로서의 역할을 보다 잘 수행하기 위한 준비교육에 지나지 않는다. 그 자신도 교육을 받은 신여성이지만, 신여성은 결혼과 관습에 매이지 않고 자유로이 행동을 하는 부정적인 이미지를 가진 집단으로 규정짓고 이들과 자신을 구분하고자 하였으며, 자신은 가정에서 전통적인 어머니, 아내, 며느리로서의 역할을 해내는 삶을 살았다고 자리매김한다.

정채영은 1910년 경기도 수원에서 태어났다. 아버지는 군청의 군서기였다. 12세에 인천공립보통학교에 입학하였는데 월반하여 5년 만에 졸업했다. 보통학교 졸업 후 부모님은 상급학교에의 진학을 반대하였지만, 자신이 원서를 사와서 일주일을 써달라고 운 끝에 마침내 아버지의 허락을 얻을 수 있었다. 4학년 때 서울로 이사할 때까지 인천의 집에서 서울 재동의 경기고녀로 3년간 기차통학을 했다. 여학교 1학년 때에 순종황제가 서거했다. 학생들끼리 창덕궁에 나가자 해서 갔더니 청년들이 땅에 엎드려 곡을 하고 있었다. 사람들이 하도 많아서 치마폭이 밟혀서 찢기기도 했다. 이왕전하가 일본여자 후사코(이방자)여사와 결혼하게 되었을 때는 배재학생들이 정신차리라는 내용의 삐라를 뿌렸다. 그러나 후사꼬여사는 치마저고리도 맵시 있게 잘 입었고 제일가는 미인이라고 들었다.

캅보(일본요리)시간이 있어서 이 시간에는 일본동경여고사 출신인 손정규 선생으로부터 일본요리도 배우고, 예법시간에는 무릎꿇고 앉아서 일본식 예절도 배웠다. 수예는 일본인 선생님이었는데 이 시간에 50가지 이상의 색을 사용하여 만든 수를 나라에서 뽑아서 쇼와천황에게 보냈다. 쇼와(소화)천황이 즉위해서 일본이 바치라고 하니까 바친 것이다. 일본인 가사선생님이 태교나 태동에 대한 이야기를 해주어 결혼 후에 그대로 했는데 선생님 말씀대로 되었다. 가사 선생님도 애기 낳기 전에 50일, 낳은 후에 50일을 쉬었다.

학교생활은 즐거웠지만, 집과 학교 외에는 부모로부터 엄격하게 간섭받았다. 집에 들어오면 문 밖에도 자유로이 나갈 수 없었고, 잡지나 소설 같은 것도 보지 못하게 했다. 그래서 기쿠치 칸의 소설을 몰래 숨어서 읽곤 했다. '보고 싶고 만날수록 보고 싶고 무서운 것도 잊어버리고 나갔다' 하는 노래가 있었는데 이불 속에서 부르다가 아버지에게 들켜서 꾸중을 들은 적도 있었다. 집에서나 학교에서나 현모양처가 되라는 것이 교육이었다. 경기고녀가 현모양처주의였고, 자신도 의례 시집가면 현모양처가 되는 것으로 생각했다. 경기고녀의 일본인 교무주임은 장차 결혼하면 '어머니 같은 아내가 되라, 친구 같은 아내가 되라, 동생 같은 아내가 되라, 선생 같은 아내가 되라, 누나 같은 아내가 되라'고 가르쳤다. 옛날 한국 여자들은 무조건 남편한테 순종하지만 일본인 선생은 이런 아내가 되어야 한다고 가르친 것이다. 집안에서 남편 성공시킨 여자들의 이야기도 많이 들었다. 그때는 연애도 없었고, 부모가 시집 보내주면 보내주는 대로 가는 것으로 생각했다. 여학교를 졸업한 1930년에 결혼했다. 남편이 판사였기 때문에 전라도 광주, 순천, 장흥, 경기도 수원, 춘천 등지를 돌아다녔다. 지금은 여권이 세지만 그때는 여자가 남자한테 말대답도 못하게 했다. 봉건적 사상이 많아서 남편과 싸워보지 않았다. 싸우는 것은 부닥쳐야 되는 거다. 그때는 참았다가 나중에 남편이 기분좋을 때 이야기하면 되는 것이다.

당시에는 신여성은 밖에나 돌아다니고 살림 못한다는 말이 많았다. 그래서 그런 말 안 들으려고 노력을 많이 했다. 건강이 좋지 않은 시어머니에게 세숫물을 떠다 바치고 밤 11시에는 밤참을 만들어서 갖다 드리고 그랬다. 결혼한 이듬해 첫 딸을 낳았는데 난산이어서 근처에 살았던 의사가 집에 와서 받았다. 1남 7녀를 낳았는데 해방되던 해 낳았던 막내만 산파가 와서 받고 그 외에는 시어머니가 받아주거나 했다. 다섯째 딸이 10개월 때 경기로 죽었다. 그때는 열다섯 낳은 사람도 있고 의례히 생기는 대로 낳았다. 넷째에 아들을 낳았으니까 더 아들을 낳으려고 자꾸 낳았다. 유산이나 산아제한 같은 것은 해서는 안 되는 것이었다. 법으로도 금지되어 있었을 뿐만 아니라, 우리나라 풍습도 낳아야 되는 것이었고, 아이를 띠거나 하는 것은 현모가 되지 못하는 것이다. 당시 학교 다니는 여자도 별로 없었지만, 간혹 시골 부잣집 아들들이 신여성과 만나 결혼도 하지 않은 채 임신한 여자들이 있어서 아주 문제가 되었다.

아이들 키울 때는 박봉 생활에 식구가 많았으므로 빠듯한 생활이었다. 『후진고오론(婦人公論)』의 부록을 보고 아이들 옷도 만들어 입혔다. 당시 남자들은 어린애를 돌보거나 하지 않았다. 더군다나 집안 어른 앞에서 아이를 귀여워하거나 하면 안 되는 줄로 알았다. 자식교육은 열심히 했다. 그래서 아이들을 경성사범부속소학교에 넣고 그랬다. 아이들 모르게 학교 담임선생을 찾아가서 아이에 대해서 물어보곤 했다. 열심히 공부 가르쳐서 잘 되기만 바랬다. 왜정시대니 일본말도 잘 해야 하니까 집에서 일본말도 가르치고 그랬다. 학부형회 같은 것도 열심히 참여했고, 학교에서 지시하는 폐품수집 등도 다 따랐다.

일본어도 할 줄 알고 하니까 동네에서 애국반장도 맡았다. 모여서 훈련도 하고 물건을 모으기도 하고 배급탄 것을 나누어 주기도 했다. 밥

푸다가도 경계경보가 내리면 하던 일을 멈추고 애국반원들을 다 모아 가지고 산으로 피하고 그랬다. 해방 후에는 애국반원들이 모여서 좋아서 춤추고 그랬다. 애국반장에게는 방공훈련 때 쓰도록 데츠가부토(철모)를 주었는데, 해방 후에 이것을 동네 부인에게 주었더니 여기다 밥을 하니 맛있더라고 하였다. 애국부인회 종로구 총무로 이름도 올라가 있었지만, 집안 일이 바빠서 부인회나 시국강연 같은 데에는 별로 나가지 않았다. 그렇지만 이름이 올라가 있어서 6.25 때 사흘만 있었으면 산으로 끌려 올라가서 죽을 뻔했다. 전시에는 무시무시했다. 말 한마디 잘못하면 순사가 잡아가니까, 나라에 대한 말은 조금도 못했다. 여동생 하나는 정신대 뽑아간다고 하여서 얼른 시집을 보냈다. 뭐든지 배급했으니까 식량난 때문에 고생했다. 배급으로 만주에서 가져 온 콩깻묵도 주었고, 신발 같은 것도 살 수가 없어서 아이들 데리고 힘들었다.

이은실은 1915년생으로 정채영과 비슷한 나이이지만, 그의 인생은 기독교신앙과 교직이라는 두 가지를 주축으로 구술되었다. 이은실의 아버지는 목사였고, 어머니 역시 독실한 기독교신자로 이화학당을 졸업하고 일본의 성서학원에 유학하였으며, 교회에서 전도부인으로 활동했다. 이은실은 아버지가 목사로 있었던 부여에서 부여공립보통학교를 졸업하고 서울로 이사하여 이화고등여학교에 입학했다. 부여공립보통학교에서는 일본인 교사들이 규율이 엄하고 틀에 박힌 일본식교육을 시켰다. 일본어도 철저하게 가르쳐서 국어책 1학년부터 6학년까지의 내용을 아직도 환하게 기억할 정도이다. 그러다가 이화에 와보니 분위기가 이상할 정도로 대단히 자유스러워 규율이 흔들리는 것 같았다. 일주일에 한 번씩 크라스 까이(학급회의)라고 하여 회장도 선출하고 학생들끼리 사회도 보고 하였는데 일본학교(부여공립보통학교)에서는 없는 것이어서 아주 다르다고 느꼈다. 주로 이화보통학교에서 온 아이들이 크라스 카이를 이끌어 나갔다. 이화고녀를 졸업하고는 이화전문의 보육학과에 입학했다. 당시에는 아직 전시 이전이어서 미국인 선교사 교수들도 많았다. 이화전문을 졸업하고 국민학교 교사를 하다가 1936년에 결혼했다. 신랑은 교토 도시샤대학에서 철학과 신학을 전공한 후 귀국하여 목사가 된 사람이었다. 그러나 남편이 결혼 1년 3개월 만에 급성 장티프스로 사망하여 임신 7개월의 몸으로 친정으로 돌아와 1938년 아들을 출산했다. 출산 후 친정에 살면서 다시 교사로 복직하여 정년퇴임할 때까지 41년간 교직에 몸담았다. 처음에는 일본인에게 억눌린 교육을 하기 싫어서 사립학교의 교사가 되었다. 그러나 점차 사립학교를 탄압하였기 때문에 공립학교로 옮겨야 했다. 공립학교에서는 전시체제하에서 일본인 교장이 하라는 대로만 해야 했다. 아이들에게 황국신민의 역할을 잘 하고 일본에 대한 애국심을 기르도록 가르쳐야 했다. 한국인 교사들은 겉으로는 하는 체 했지만 속으로는 자탄도 많이 했다. 일본인교사들에게는 벽지수당이 붙어서 한국인 교사와의 월급차이가 많았다. 한국인교사들은 일본인교사한테 안 지려고 노력을 많이 했다. 겉으로는 경쟁심을 나타내지 않아도 일본인 담임의 학급보다 높은 점수를 받으려고 열심히 했다. 교수용어가 일본어였고, 아이들의 이름도 창씨 개명한 이름을 불러야 했으니 그 생각을 하면 지금도 슬프고, 8.15 광복절만 되면 눈물이 난다. 전시하의 국민학교교육은 체조와 교련 등 운동을 많이 시켰다. 내한훈련이라 하여 추위에 인내할 수 있는 훈련도 시켰다. 월요일마다 애국일이어서 교장이 시국과 전쟁에 대해서 아이들에게 이야기했다. 일본교육체제는 철저해서 뭐든지 하면 따라하지 않을 수 없게 만들어져 있었다. 일본 사람들은 예절을 똑바르게 가르쳐서 나 역시 그런 교육체제하에서 잘 배웠고 교사로서 잘 가르쳤다고 생각한다. 일본 여성들은 친절한 게 몸에 배어 있고, 신발 같은 것도 나가기 편리하게 벗어 놓는다. 무릎 꿇고 앉는 습관도 봉건적이라고 흉볼 게 아니며, 그들의 예절과 절도 있는 생활은 우리가 본받을 만 하다. 보통학교 때 일본인 선생님 집에 가서 절도 있는 생활을 하는 것을 보았다. 일본인가게는 한국 사람들보다 진열해 놓은 것도 더 질서 있고 정돈되어 있었던 것이 기억난다.

아들은 친정어머니가 돌보아 주셨다. 학교교육을 받은 신식분이므로 자신보다 더 잘 돌보아 주셨다고 생각한다. 아기 때에는 여교사의 수유시간이 허용되어서 아이보는 아이가 아기를 학교에 데려오면 아기에게 수유를 할 수 있었다. 친정아버지는 창씨개명도 거부하였고, 일제 말기에는 신사참배를 거부하여 투옥당했다. 친정아버지가 아들에게 이순신 장군의 이야기 등을 해주면서 한국인으로서의 의식을 심어주려고 노력했다. 전쟁 말기에는 소작지가 있었던 경기도 퇴계원으로 소개했다. 물자가 부족하긴 했지만 소작지가 있었으므로 식량부족을 경험하지는 않았다. 해방 후에는 1961년의 5.16혁명 후 여교사에게도 교감과 교장의 행정직을 허용하는 교육방침에 따라 서울시에서 여자 교감 1호로 발탁되었다. 이후 장학사, 교장으로 승진했다. 또한 나사렛교단에서는 최초로 여성 장로가 되었다.

이은실이 22세에 과부가 된 후 아들 하나를 키우며 재혼을 하지 않은 데에는 "찬 물의 돌같이 되라"는 어머니의 말씀을 인생의 좌우명으로 삼았기 때문이다. '찬 물의 돌'이란 주변의 유혹에 흔들리지 않고 변함 없이 자기의 지켜야 할 입장을 지킴을 의미한다. 그는 젊은 나이에 과부가 되자 주변에서 어떻게 되나 보자고 했던 시선을 느꼈으며, 해방 후 최초의 여자교장으로서 다른 여성들의 모범이 되어야 한다는 의식도 가지고 있었기 때문에 의식적으로 불명예스러운 이야기를 듣지 않도록 조심하며 살았다. 재혼을 하고 싶다고 생각한 적도 없었다. 한국 사람은 한 번 가면 그만이라고 생각했기 때문이다. 더구나 시댁과의 관계도 평생 유지하고 있었기 때문에 재혼하면 새로운 가족과의 관계와 의무가 생길 것이니 얼마나 복잡할 것인가. 여성으로서 사회생활을 하면서 남존여비사상은 의례히 있는 것으로 생각했다. 여권신장이라고 하지만, 남자와 여자는 다르기 때문에 여자는 여자다워야 하고, 남자에게 순종해야 한다고 생각한다.

정채영과 이은실의 구술은 일찍이 근대적인 교육을 받은 소수의 여성들 역시 전통적인 여성성에 대한 관념을 유지하고, 결혼 후에는 가정에서 혹은 사회에서 그러한 관념들을 유지하여 왔음을 보여준다. 따라서 근대적인 여성교육이 여성에게 새로운 기회나 가능성을 열어줌과 동시에 여전히 전통적인 의무와 정절을 유지시키는 방향으로도 작동되었음을 읽을 수 있다.

〈표 2〉 구술자의 일반적 특성

	이 름	출생년	결혼한 해	첫 자녀 출산 시기	1937-45년 사이 거주지	출산 자녀수	교육 정도	1937-45년 사이 직업
1	한진숙	1930년	1953년	1955년	원산	1남 1녀	대학 중퇴	학생
2	오혜자 (남편: 박상현)	1927년 1922년	1949년	1950년	원산 원산, 서울, 만주(학병)	3남	대학 중퇴 전문 졸업	학생 학생
3	강옥자	1914년	1938년	1942년	철원	4남매 (장녀 아기 때 사망)	전문중퇴	교사→주부
4	김인옥	1918년	1942년	1945년	서울, 평양	1남 3녀	전문 졸업	학생→주부
5 ☆	정채영	1910년	1930년	1931년	서울	1남 7녀 (5녀 아기 때 사망)	고녀 졸업	주부
6 ☆	이혜숙	1919년	1936년	1937년	만주, 서울	1남 1녀	무학	주부·농사
7 ☆	김지배	1912년	1922년	1933년	서산	2남 7녀 (딸넷 아기 때 사망)	무학	주부·농사
8 ☆	조연수	1915년	1930년	1934년	인천	1남 1녀	무학	주부·공장노동
9	윤심덕	1923년	1941년	1950년	전남 신안	1남 2녀	무학	주부·농사
10	이종희	1921년	1945년	1946년	만주, 서울	4남매	여의전 졸업	교사→학생
11	정옥순	1921년	1947년	1948년	서울, 평북	5남매	전문 졸업	학생→교사
12	김덕순 (남편: 신정호)	1924년 1923년	1944년	1945년	황해도, 서울 서울	6남매	여자사범 전문 졸업	교사→주부 학생→회사원
13	김희진	1922년	1944년	1946년	서울, 평북	2남매	전문 졸업	주부
14 ☆	윤주영 (남편: 장영문)	1910년 1910년	1928년	1930년	대구, 청송 대구	5남매 (장녀 아기 때 사망)	무학 보통학교 졸업	주부 회사원→상업→ 시청직원
15 ☆	이은실	1915년	1936년	1937년	서울	1남	전문 졸업	교사·주부
16	남경희	1929년	1950년	1951년	서울	1남 3녀	대학 졸업	학생
17	전영석	1923년	1944년	1945년	서울, 동경	1남 2녀	전문 졸업	학생→교사

*☆표는 일제 말기 학부모의 경험이 있는 여성들이다.
*이름은 가명을 사용함.
*오혜자의 남편(박상현)과 윤현주의 남편(장영문), 김덕순의 남편(신정호)을 참고로 조사하였다.

2. 출산의 경험

앞서 기술한 바와 같이, 일제는 전시체제를 확립하면서 일본에서와 같이 조선에서도 적극적으로 다산을 장려하였다. 1941년 후생국이 신설되기 이전부터 다산자에 대한 표창이 실시되었고 태평양전쟁 발발 이후부터는 더욱 적극적으로 전개되었다. 출산을 장려하는 선전은 '낳아라 불려라 국가를 위하여'(일본어로 '우메요 후야세요 오쿠니노 다메니')라는 슬로건을 내걸고 일종의 캠페인형식을 띠고 대중적으로 전개되었다. 이 정책을 기억하고 있는 연구대상자들은 대부분이 '아이를 많이 낳으면 상을 주었다'고 이야기했다:[7]

> "애 열둘 난 사람 봤어. 표창장 받았어요. 우메요 후야세요가 뭐 입에서 술술 나올 정도니깐."〈오혜자〉

일제 말기에 여학생이었던 한진숙은 '우메요 후야세요라는 노래두 있어서 학교에서 근로봉사갈 때는 줄서서 그런 노래를 불렀다'고 기억했다. 오혜자와 한진숙과 같이 구술자중 비교적 나이가 어리고 일제 말기에 여학교를 다니고 있었던 여성들은 다산정책이 구체적으로 어떠한 방식으로 주입되었는가에 대해서 보다 확실한 기억과 경험을 가지고 있었다. 이것은 전시 교육이 얼마나 철저했는가를 나타내주는 하나의 예라고 생각된다. 전시체제하의 학교교육은 소위 황민화교육을 목표로 전시 이데올로기와 정책을 학생들에게 주입시켜 보다 철저히 전시 태세를 갖

---

7) 참고로 조사했던 오혜자의 남편 박상현과 윤주영의 남편 장영문도 다산선전에 대해서 기억하고 있었다: "현수막 걸어 놓구, 구호루두 했어. 세금을 내자 이런 거처럼."〈박상현〉

추는 데에 있었다. 특히 여학교교육은 '전시하의 여학교교육은 인구증식의 국책수행을 위한 산아지도가 없어서는 안 된다'고 하였던 교육당국자의 지적대로, 실제로 모성을 강조하고 식민지배세력의 모성정책을 주입시키는 통로가 되었음을 알 수 있다. 다산정책도 전시 국가정책의 하나로서 특히 장차 결혼하여 출산을 하게 될 여학생들에게는 모성교육적 차원에서 주입되었던 것이다.

한진숙이나 오혜자와 같이 십대의 여학생으로 학교에서 다산정책에 관해 주입받은 경우 외에 그보다 좀더 나이가 많고, 당시 여학교를 졸업하고 전문학교 등 상급학교에 재학하고 있었거나 아직 결혼하지 않은 여성들 중의 일부분은 다산 선전을 일제 말기의 수많은 전시 구호 가운데의 하나 정도로만 받아들이는 다소 무관심한 태도를 나타냈다:

"우메요 후야세요 있었지 그럼. 아무 감각이 없었어. 다 나가서 죽으니까 그러나부다. 전쟁나가서 죽으니까 남자들이." 〈김희진〉

당시 전문학교에 재학 중이었던 정옥순 역시 '그런 거에 대해선 아무 생각이 없었다'고 하였다. 이러한 태도는 이들이 당시 결혼과 출산의 경험이 없어서이기도 하겠지만, 여성들에게 다산이 새로운 이데올로기는 아니었기 때문이기도 하다. 실제로 당시 이미 결혼하여 자녀를 출산한 경험이 있는 여성들은 교육수준에 관계없이 결혼했으니까 당연히 아이를 낳는 것이고, 또 꼭 아들을 낳으려고 했다고 대답했다:

"생기는 대로 다 낳았지. 몇을 낳고 싶다 그런 것도 모르고. 할아버지(남편)가 또 외동이거든. 그러니까 적게 낳을려고도 안하고 생기는 대로 다." 〈윤주영〉

윤주영은 유교적 가부장제가 강한 영남지방의 지주계급에서 태어났다. 열 두세 살 쯤에 처음 학교에 갔었는데 등교한 지 이틀 만에 집안의 큰아버지에게 불려갔다. 큰아버지는 집안의 여아들이 학교에 다니기 시작하자, 이들을 불러모아 긴 회초리를 들고서 '여자는 학교가면 버린다'며 등교를 금지하였기 때문에 이틀 만에 그만두어야 했다. 집에서 기본적인 한글을 익혔고, 일곱 살 때부터 시집갈 때까지 집안에서 바느질과 길쌈만을 배웠다. '일고 여덟살만 되도 자기 집안에만 있지 밖에 안 내보냈기 때문에' 외부 출입이라고는 명절 때 한 동리에 모여 살았던 친척집을 며칠 방문하는 것뿐이어서 그는 '발이 얼굴보다 더 고왔다'고 하였다. 그에게 있어서 출산은 결혼상대자의 선택에 있어서 부모의 결정에 따랐듯이 자신의 의사결정을 요하는 일이 아니었다. 이것은 여학교를 졸업한 정채영도 마찬가지였다:

> "(다산선전)신문에 나구 이런 거나 봤지 뭐. 뭐 아무 생각 없어. 내가 낳구 있는 데 뭐. (아기가)들어서는 대로 낳았지. 뭐 힘들어 그때는 으례 낳는 건가 부다 했지. 우리 한국 풍습두 낳아야만 헌대는 거."〈정채영〉

윤주영과 정채영은 같은 1910년생이다. 윤주영이 태어난 곳에서 '물 건너도 못 가본'데 비해 정채영은 당시로서는 드물게 보통학교를 나오고, 부모의 반대를 설득하여 자신의 희망대로 인천에서 서울로 기차통학을 하며 경기여고보를 졸업한 신여성이다. 그런데 이 두 여성 사이에 출산과 남아선호에 관한 관념의 차이는 전혀 발견되지 않았다. 정채영은 딸 셋을 낳고 넷째에 아들을 출산하였지만, 더 아들을 원하였기 때문에 18년간 전부 여덟 명의 자녀를 낳았다(그 중 한 명은 아기 때 사망했다). '한국 풍습도 낳아야만 하는 것'이라고 말하였듯이 그는 가부장제 이데올로기를 내면화하고 있어서 자녀, 특히 아들을 많이 낳는 것을 결혼한 여성으로서 의례히 해야 하는 의무라고 여겼다. 이것은 적어도 그가 학교를 다닌 1920년대에 여성에게 베풀어졌던 제도교육이 전통적인 가부장제를 유지시키고 가부장제에 순응하는 현모양처를 생산해내는 방향으로 이루어졌음을 의미한다:

"경기가 현모양처주의여. 밤나 현모되구 양처되라구 그르지. 으례 그렇게 되는 줄 알지. 우리 한국 사람들이야 으례 시집가믄 현모양처되는 거지. 그게 교육이지." 〈정채영〉

정채영은 현모양처가 되도록 가르치는 것이 교육이고, 자신이 다닌 경기여고보가 바로 그런 교육을 했었음을 자랑스럽게 이야기하였다. 그는 '신여성 살림 못한다'는 당시의 신여성에 대한 일반인의 비판을 의식하여 자신은 더욱 전통적인 현모양처역할을 잘 하고자 노력하였음을 강조했다:

"(시어머니에게)아주 그냥 세숫물 떠다 바치구 그랬어. 밤 11시에는 꼭 밤참 맨들어서 갖다 드리구……내가 왜 그랬냐믄 신여성 살림 못한다구, 그때 우리 적엔 모두 그랬거든. 돌아나 댕기구 그런다구. 그래서 참 뭐 허게 했어." 〈정채영〉

윤주영의 경우도 생기는 대로 3남 2녀의 자녀(그 중에서 장녀는 아기 때 병으로 사망)를 출산하였지만, 그의 시어머니는 때때로 윤주영이 일부러 자녀를 적게 낳았다고 불만을 터뜨렸다:[8]

---

8) 윤주영은 첫 번째 면접 때는 '남편이 외동이었으므로 생기는 대로 다 낳았

"시어머님은 많이 노라고 그래도 지절로 못 났어. 할아버지(남편)가 외동이니까 할머이(시어머니)가 자꾸 아들 다섯 노라 그랬다구. 화나믄 우리 시어머이가 더러 그런 소리 했다꼬, 애 노을 걸 안 놓고 그래가 못 놓았다꼬. 안 놓도록 방지했다고."〈윤주영〉

위에서 보듯이 다산의 관습이 강하게 작용했던 당시의 사회적 조건 때문에 일제의 다산정책은 여성의 출산 행위에 어떤 변화를 가져온 것은 아니었다.[9] 그보다는 이혜숙과 같이 다산이 불가능했던 여성들에게는 적어도 두 명 이상의 남아를 출산해야하는 가부장제 이데올로기가 커다란 억압으로 작용했다:

____

다'고 하였지만, 두 번째 면접 때는 "자식 많기를 바라지 않았어. 마음 속은 언제나 아들 서이 딸 하나만 노으믄 된다 카는 그런 생각이었지"하면서 강한 남아선호사상을 드러냈다. 또한 앞서 기술한 대로, 자녀수가 적은 데 대한 시어머니의 압력도 두 번째의 면접에서 밝힌 내용이다.

9) 일제시기 여성들은 보통 6명의 자녀를 낳았다. 한 여성이 일생 동안 낳는 자녀수를 나타내는 합계출산율을 보면, 1925-30년 6.198명, 1930-35년 6.126명, 35-40년 6.210명으로 나타난다: Tai Hwan Kwon(1984). 『Demography of Korea』, p.347. 문소정(1986). 일제하 농촌가족에 대한 연구.『일제하 한국의 사회계급과 사회운동』(서울: 문학과 지성사), p.75에서 재인용. 출생률은 1936- 1940년 32.57, 1941-1944년 사이에는 35.58이다. 그러나 1921-1925년에는 36. 32, 1926-1930년 37. 52로 다산정책이 실시되었던 시기보다 높게 나타난다: 김철(1988). 식민지기의 인구와 경제.『일제 말기 파시즘과 한국사회』(서울: 청아), p.113. 또한 인구 천 명당 출생아수를 나타내는 조출생률에 있어서도 1930년 45, 1935년 44, 1940년 44, 1944년 42로 점차 감소하는 경향을 나타내어 일제의 다산정책이 실제로 출생률에 영향을 미치지 않았음이 드러난다: 권태환(1977). 한국에 있어서의 인구의 변동과 그 요인. 권태환·한초연 편. 『인구와 생활환경』(서울: 서울대학교 사회과학 인구 및 발전문제연구소), p.5. 정진성(1995). 인구 변동과 도시화. 신용하 외 편.『한국사회사의 이해』(서울: 문학과 지성사), p.364에서 재인용.

"우리 영감님이 삼대독잔데 우리 시어머님은 왜 애기를 남매만 낳고 더 낳지 안느냐……(시어머니가) 어느 날은 산에 가서 백 가지 풀인가를 해왔어요. 그러면 애를 낳는다구. 우리 시어머님이 얼마나 원하시는지 하여튼 이웃에 누가 애를 낳았다 하면 진지를 안 잡숫고 돌아누워 우세요."〈이혜숙〉

이혜숙의 경우는 두 번째에 아들을 낳고 여러 해가 지나도록 아기가 없자 시어머니는 민간요법을 쓰는 등 갖은 방법을 다하다가 결국에는 외지에서 한 여성을 데려와 아들과 따로 살림을 차리도록 했다. 이혜숙은 '몹시 괴로웠지만 어쩔 수 없었다'고 하였다. 사실 이혜숙의 남편은 화류병이 있었고 이것이 이혜숙에게로 옮겨져 불임의 원인이 되었던 것이다. 이혜숙은 불임의 원인이 자신에게 있는 것이 아님을 알고 있었지만 주어지는 모든 책임과 고통을 감내했다. 결국 그 여성은 본처인 이혜숙이 괴로워하는 모습을 보고 또 불임의 원인이 된 남편의 화류병이 치유되지 못하여 아기가 생기지 않자 떠나고 말았지만, 이것은 1930-40년대까지도 여성에게 다산의 의무를 가하는 가부장제 이데올로기가 얼마나 지배적이었으며, 얼마나 여성의 삶을 억압하는 기제였는가를 말해준다. 이러한 가부장제 이데올로기하에서 대부분의 구술자들은 적어도 2명 이상의 아들을 출산하기를 희망하였고, 이러한 남아출산은 시가에서 며느리로서의 자신의 떳떳한 입지를 갖추게 하는 자격요건이 되는 것이었다.[10]

---

10) 기틴스는 여성이 남성과 달리 어머니가 되지 않고는 결코 정식 지위를 획득할 수 없는 것은 가부장제 이데올로기의 근저를 이루는 것이라고 지적한다: Diana Gittins(1985). *The Family in Question* (U. K.: Macmillan). 안호용·김홍주·배선희 옮김(1997). 『가족은 없다 - 가족이데올로기의 해부』(서울: 일신사), p.146.

한편, 앞서 여성들이 다산선전에 대해 다소 무관심한 태도를 나타냈던 것은 이러한 남아출산의 가부장제 이데올로기 외에도 그것이 일본의 전쟁을 위한 정책이라는 의식이 있었기 때문이었다. 다산캠페인을 접한 여성들 중 일부는 일제가 그들의 침략전쟁을 위해 조선 여성들에게 출산을 강요하는 모순을 인식하고 있었고, 따라서 이 정책에 대해서 반감을 드러냈다:

"전쟁가서 자꾸 죽으니까, 우메요 후야세요를 자꾸 했지요. 많이 들은 말이에요. 그래서 번영하도록 만들어라 하는 건데, 미친 놈의 새끼들이라 그랬지요. 얼마나들 욕 많이 했게요. 전쟁과정에 다 갖다 죽이구는 헐 소리 없으니까 개소리 한다구. 귓 등으루두 안 들었어요. 한국 사람에게는 안 들리는 말이고. 느이나 잘해라 죽일 놈들." 〈강옥자〉

강옥자는 다산선전을 '그때 당시에는 속국이었으니까 아주 듣기도 싫은 말'이었다고 하면서 혐오감을 나타냈다. 김인옥 역시 '다 자기 나라를 위해서 많이 낳으라고 했지만 누가 그렇게 하느냐'고 반문하였다.

"그러니까 웃기는 소리 한다 그 정도죠 뭐. 느이두 급하긴 급하구나. 다 죽었으니까 장려하지 않으면 국민이 급격히 줄어들 거 아니에요. 20년 후에 국력이 줄어들 테니까." 〈이종희〉

구술자들 중에서 다산정책에 반감을 나타낸 여성들은 당시 전문학교에 재학 중이었거나 졸업한 여성들이었다. 앞서 기술한 바와 같이, 여학생으로 이들보다 나이가 어렸던 여성들은 다산정책의 모순을 잘 인식하지 못하고 있었던 데 비해, 이들은 다산선전이 일본의 전쟁수행을 위해 조선에서 필요한 병사를 확충하기 위한 목적이었음을 인식하고 일제의

무모한 침략전쟁에 대한 비판의식을 가지고 있었으며, 민족의식을 드러내며 저항감을 표시하였다.

　전통적으로 조선사회는 다산의 관념이 지배적이었고, 위에서 기술하였듯이 정채영과 같이 당시로서는 드물게 교육받은 여성이라 하더라도 다산의 가부장제 이데올로기에서 벗어나기는 어려웠다. 그러나 그렇다고 모든 여성들이 많은 수의 아이를 원한 것은 결코 아니었다:

　　"우리는 그래도 다 배웠으니까 산아제한 해야 한다 하구 안 날려구 그랬지. 자기네 생활수준하고 안 맞으니까. 아이만 자꾸 낳으면 어떻해. 교육시켜야 할 텐데. 배운 사람들이야 그거 다 아니까."〈김인옥〉

　그러나 적절한 수의 자녀를 원하는 것은 남아의 출산이 전제된 후의 일이었다. 앞서 기술한 바와 같이 정채영은 두 번째 아들을 낳기 위해 일곱 명의 딸을 낳았고, 지주계층으로 넉넉한 살림이었던 윤주영의 경우 그의 시어머니는 아들 다섯을 요구하였으며, 윤주영 자신은 아들 셋을 희망하였다. 경제적으로 여유 있는 생활을 했던 윤주영이나 전문학교를 졸업한 김인옥과 같은 교육받은 계층의 여성보다는 오히려 빈곤층이었던 김지배와 조연수의 경우 다산에 보다 강하게 부정적인 태도를 나타냈다.11) 그들에게는 김인옥이 말하는 교육시키는 문제보다 제대로 먹이고 입히지 못하는 궁핍한 생활과 어머니로서 양육과 노동의 이중부담 때문에 결코 많은 수의 자녀를 원하지 않았다. 특히 일제 말기의 조선 농촌은 일본의 식량생산을 확충하기 위한 적지로 파악되어 일제는

---

11) 문소정도 경제적으로 빈곤한 계층에서는 다산주의의 가치하에서도 출산 억제의 욕구가 상당히 퍼져있었다고 지적했다: 문소정(1991). 일제하 한국 농민가족에 관한 연구: 1920-30년대 빈농층을 중심으로. (서울대학교 사회학과 박사학위논문, 미간행), p.74.

조선에서 전시 농산물을 확보하고자 하였다.[12] 이에 따라 각종 농작물이 공출되고 산미 증산을 위해 노동력이 동원됨에 따라 농민들의 생활은 더욱 궁핍해질 수밖에 없었다.[13]

"아이그, 그때는 애기를 못 낳게 하는 법이 없었어. 막내둥이 마흔 넷에 났어. 뭘 많이 낳구 싶어. 생겨서 나니까 낳는 게지. 으이고 아이를 아홉을 났으니 얼마나 어려웠겠어요. 어린애 하나 낳아서 키우기가 얼마나 어렵다고. 먹을 것두 없는데 애 조금만 낳아야 할텐데 그렇게 많이 났어." 〈김지배〉

김지배는 빈농층 출신으로 그는 '일년 내 쌀농사를 지어놓으면 일본사람들이 다 가져갔기 때문에 먹을 것이 없어서 굉장히 고생을 했다'고 하였다. 기본적인 의식주의 해결도 어려운 빈곤한 생활 때문에 김지배는 자식 하나 낳아서 키우는 일이 얼마나 어려운 일이었는가를 거듭 강조했다. 이 시기 빈곤층을 중심으로 자식은 농경사회에서의 노동력과 부모의 노후보장책으로서의 가치보다는 부양대상자라는 관념으로 점차 변화하고 있었음이 드러난다. 자식에 대한 이러한 태도는 공장노동자로 어려운 생계를 꾸려가야했던 조연수에게서도 발견할 수 있다:

---

12) 강경구(1988). 전시하 일제의 농촌 노동력과 수탈정책. 최원규 엮음. 『일제 말기 파시즘과 한국사회』(서울: 청아출판사), pp.86-108.

13) 일제는 전쟁확대에 따라 더욱 식량이 필요해지자 1940년 양곡의 자유매입을 공출제로 전환시켰다. 처음에는 물가통제령하에서 공정가격제를 실시하였으나, 태평양전쟁 발발 이후 1942년부터는 강제공출로 제도를 바꾸었고, 생산량에 대한 공출량의 비율은 해마다 증가해갔다. 각 연도별 미곡생산량에 대한 공출량의 비율은 다음과 같다: 1941년 43.1%, 1942년 45.2%, 1943년 55.7%, 1944년 63.8%; 조동걸(1978). 『일제하 한국농민운동사』(서울: 한길사), p.13, 289-290.

"그때는 조금 밖에 안줘. 남자들이 8원 받았나……우리 영감님이 5원 받다가 올라서 10원 받구. 한국 사람만 월급을 그렇게 조금 주니까 항상 모자라잖아 돈이. 그러니까 그때 고통을 받았으니까, 아이 많이 낳기 원 안했다구. 모두 가난해서 먹이지두 못하구 입히지두 못하구 할 때 너무두 딱하구 해서 아이 많이 낳는 거 제일 싫구. 그건 증말 싫었는데." 〈조연수〉

조연수의 남편은 공장노동자였지만 한국인 노동자는 일본인 노동자에 비해 반 정도의 임금밖에 받지 못했다.14) 조연수 역시 제대로 먹이고 입히지 못하는 가난 때문에 결코 자식 많이 낳기를 원하지 않았다고 하였다. 그는 자식이 많은 집에서는 부족한 배급쌀로 고통받는 것을 보면서 자신에게는 자녀가 둘인 것을 오히려 다행으로 생각했다.

그러나 자식을 많이 낳고 싶지 않더라도 당시 피임이나 낙태에 관한 지식이나 기술이 보편화되지 않은 상황에서 현실적으로 대부분의 여성들은 '생기는 대로 낳아 기를 수밖에' 없었다.15)

---

14) 공장노동자의 임금차별을 보면 일본인 남자에 비해 조선인 남자는 반 정도의 임금을, 조선인 여자는 사분의 일 정도밖에 받지 못했다. 1937년 일본인 남자 성년공의 평균 1일 임금이 1원 92전이었던 데 비해, 조선인 남자 성년공은 98전, 여자 성년공은 49전을 받았다: 이의식. 수자잡관.『批判』 1938.4. pp.61- 64; 신영숙(1989). 일제하 한국여성사회사 연구 (이화여자대학교 사학과 박사학위논문, 미간행), p.35에서 재인용.

15) 출산을 통제하기위한 여러 가지 방법은 고대 이집트시대부터 있어왔다고 한다. 일제시기 의학적인 산아제한법이 보급되지는 않았지만, 간장을 마신다든지 높은 곳에서 뛰어내린다든지 하는 민간적인 방법이 이용되고 있었다. 1931년 매일신보에 연재되었던 소설『流産』에서는 유산을 원하는 남편이 아내에게 '부르주아 부인들이 사용하는 유산시키는 약'의 복용을 권하는 장면이 나오며, 일간지에는 삭구(콘돔)의 판매광고도 게재되었지만, 이러한 약품이나 도구의 존재를 알았다 하더라도 고가여서 일반인들이 쉽게

"그때는 산아조절 할 줄도 모르고 생기는 대로 낳으니까 애기배믄 다 날 줄 밖에. 생기면 낳는 거지. 그때는 중절도 몰랐거든요."〈이종희〉

연구대상자 15명 중에서 해방 전에 피임법을 알고 있었거나 피임을 실행한 사람은 한 사람도 없었다. 김인옥만이 임신주기법을 이용한 오기노식 피임법을 간접적으로 들어서 알고는 있었지만 그도 실행해 본 적은 없다고 하였다.[16)]

"산아제한 생각은 가지고 있었지. 우리도 많이 낳은 셈이지. 그런 거, 일본말루 오기노법. 우리 친구들은 그거 썼어. 체온 재구 뭐. 그거 썼어. (그럼 그런 거 써보셨어요?) 아니. 그러니까 1남 3녀씩 낳지. 오기노법 그게 일본 잡지에 다 나지. 일본 사람들은 그런 걸 하니까."〈김인옥〉

사용하기는 어려웠다. 콘돔은 일본에서 군대에서의 성병예방을 위해 '유해 피임기구취체법'이 공포된 이후에도 다른 피임기구와 달리 허용되었기 때문에(Tiana Norgren(2001). *Abortion Before Birth Control: The Politics of Reproduction in Postwar Japan* (Princeton and Oxford: Princeton University Press), pp.28-29.), 조선에서도 전시기 내내 콘돔의 판매광고가 매일신보에 빈번히 게재될 수 있었다.

16) 해방 이후 피임법으로는 미군 부대를 통해 입수한 콘돔의 사용이나, 60년대 초 김덕순의 경우와 같이 배란기 투약법 등이 있었다.

"산아제한 한다는 게 배란기에 병원에 가서 거기다 옥도정기를 바르면 된다 그래서 다녀봤어. 그래도 생기니까 할 수 없이 낳았지."〈김덕순〉

"우리 친구 하나 삼남매만 딱 낳았어요. 피임 했어요. 피임 했는지 어떻게 알았나 하면 하루는 놀러 갔는데 피임기구를 썼어. 물에다. 사기가 힘드니까. 남자 쓰는 그거, 뭐, 삭구. 콘돔 같은 거. 약방 같은데 팔지도 않고 미군에서 나오는 거니까, 그걸 소독해서 말리더라구. 6.25 나기 직전이지. 그때 오기노식은 몰랐어."〈김희진〉

　김인옥이 해방 전에 언제쯤 일본 여성잡지를 통해 피임법을 접하였는가는 분명치 않다. 일본에서는 이미 1926년경부터 여성잡지에 피임에 관한 방법을 게재하는 것을 금지하고 있었다.[17] 조선에서도 일본에서와 마찬가지로 공개적인 피임지식의 보급을 금지하는 등 산아제한을 법률로 금지시켰다.[18] 산모의 건강상의 이유로 인공 임신 중절을 시술해야 할 경우에도 시술을 맡은 산부인과 의사의 단독 결정으로 할 수 있는 것이 아니라, 내과 등 다른 과 의사 2명 이상의 허가를 얻지 않으면 시행되지 못하였다. 이는 모체의 건강보다는 인적자원으로서의 가치로 여겨지는 태아의 생명을 우선시하는 정책을 시행했던 것이라고 할 수 있다.[19] 일제 말기 경성여자의학전문학교에 재학하면서 병원에서 실습을 하였던 이종희의 구술에서 이 점을 확인할 수 있다:

---

17) 1926년과 1927년에 여성잡지인 『슈후노토모(主婦の友)』는 임신중절과 피임에 관한 지식과 이에 성공한 경험담을 게재하였지만, 대부분의 내용이 삭제되어 출판되었다: 永原和子(1985). 女性統合と母性－國家が期待する母親像. 『母性を 問う(下)－歷史的變遷』(東京: 人文書院), p.202. 전시하 일본에서의 산아제한 금지에 대해서는 제3장 1.을 참조.

18) 제3장 1.에서 기술한 바와 같이, 일본은 1930년 12월 '유해피임기구취체법'을 공포하고 이듬해인 31년 1월부터 이를 시행하여 산아제한을 금지하였다. 조선에서는 1931년에도 피임방법과 기구를 설명하는 기사가 잡지에 게재되었으나(『삼천리』 1931. 3-5), 이듬해인 1932년 동아일보(산아제한을 공인하라. 『동아일보』 1932. 7. 9. 사설)에는 산아제한의 공인을 요구하는 사설이 실린 것으로 보아 일본보다는 다소 늦게 산아제한을 법적으로 금지하기 시작했다고 생각된다.

19) 조선에서 1941년 제정된 국민우생법은 한 해 전 일본에서 공포한 국민우생법을 도입한 것이다. 일본에서와 마찬가지로 일제는 조선에서도 이 법에 의해 적극적으로 인공임신중절을 단속하였음을 알 수 있다.

"(소파수술은) 띠지 않으면 산모에 지장이 있다 하는 내과의사 적어두 두 사람의 진단서가 있어야 되요. 이 사람의 건강이 어디가 어떻게 안 좋아서 지금 임신을 계속하면 안 되겠다. 그런 내과의사, 또 산부인과 에서 시술하는 사람이외에 다른 사람(의사)이 이 사람은 어디가 어떻 구 어때서 수술이 꼭 필요하다 하는 식으로 법으로다가 정한 거죠. 임 신중절이 국법으루 금지되 있었어요." 〈이종희〉

임신 중절시술에 대한 법적인 금지는 다음의 정채영의 구술을 통해서 도 실제로 상당히 엄중하게 시행되었음을 알 수 있다:

"산아제한이 어딨어. 하믄 큰 일 나지. 못 허게 해. 유산허구 그러는 거 안 돼. 만약 그때 어린애 띠구 저거 허면 법에 걸리니까 안돼. 경기 가 현모양처주의야. 그러니까 산아제한 그런 것두 읍지. 산아제한하면 현모양처 못 되지. 주어지는 대루 낳는 거지." 〈정채영〉

정채영은 산아제한에 대해서 강한 거부감을 드러냈다. 그는 산아제한 을 곧 낙태로 이해하고 있었는데,[20] 낙태는 현모양처가 되지 못하는 것 이고 법에 걸리는 것이므로 해서는 안 되는 것이라는 생각을 굳게 가지 고 있었다. 일제는 다산을 장려하면서 산아제한을 금지하였고, 여학교교 육자는 '독신과 산아제한, 피임법을 향락주의, 개인주의의 망국사상으로

---

20) 배은경에 의하면, 1950년대 말 1960년대 초까지 산아제한은 거의 낙태와 동의어로 이해되고 있었다: 배은경(1999). 출산통제와 페미니스트 정치. 심영희 외 공편. 『모성의 담론과 현실』(서울: 나남출판), pp.148-149. 본 연구대상자 중 오기노식 피임법을 알고 있었던 김인옥은 산아제한을 피임 을 포함하는 개념으로 이해하였고, 의사였던 이종희는 산아조절이라는 말 을 사용했다. 김지배는 이후의 경험에 의해 아이를 낳지 않는 방법을 '긁 어내는 일'로 표현했다.

박멸하지 않으면 안 된다'고 하였다.[21] '경기가 현모양처주의이기 때문에 산아제한을 해서는 안 된다'는 정채영의 구술을 통해서 여성교육이 이러한 군국주의적인 목적을 현모양처의 교육이념에 담아 여성들에게 교육하였음을 알 수 있다.

결론적으로, 전시의 다산정책은 당시 남아출산을 위한 가부장제의 다산 관습이 여전히 지배적이었던 조선의 사회적 조건상 출산율에 영향을 미치는 것은 아니었다. 그러나 1920-30년대에 신여성들 사이에 논의되기 시작했던 산아제한이 다산정책으로 법적으로 금지되면서,[22] 여성들의 출산에 대한 자기결정권 논의도 더 이상 발전하지 못하고 말았다. 여성교육 담당자들은 일부 소수의 사회활동을 하는 여성들의 독신주의를 비방하고, 당시 일본에서와 같이 여성의 교육기회가 확대되고 직업에의 진출이 증가함에 따라 결혼연령이 높아짐으로 인해서 출산율이 저하되는 현상이 조선에서도 나타나지 않을까 경계하였으며, 그로 인해 특히 교육받은 여성들을 대상으로 하여 다산을 강조했었던 것이다.[23]

---

21) 제3장 3. 참조.

22) 제2장 3.의 산아제한론 참조.

23) 면접결과 다산선전은 한국어가 아니라 주로 일본어로 시행되었음을 알 수 있었다. 구술자 중 무학으로 한글이나 일본어를 알지 못했으며 농촌에 거주했던 5명의 여성들은 다산선전에 대해서 전혀 알지 못했다. 1943년 말 현재 일본어가 해독가능한 인구는 전체 인구의 22.15%에 불과했다. 10세 이상의 인구 중에서는 남자의 44.9%, 여자의 15.8%만이 일본어가 해독 가능했다. 따라서 일본어가 해독불가능한 대부분의 여성들이 이 정책에 접하기는 어려웠다고 본다. 그러나 식민지하라는 사회적 여건상 학교에 다니지 않았더라도 어느 정도 일본어를 이해할 수 있다고 볼 때, 이 여성들이 다산선전에 접하지 못한 이유는 언어문제 외에도 그들이 거주했던 외딴 농촌에는 행정적으로 다산선전이 그다지 침투되지 않았던 것으로 보인다. 즉 다산선전은 도시를 중심으로 일본어를 이해할 수 있는 소수의 교육받은 여성들을 겨냥하여 선전되었던 것이다. 일본어 해독 인구에 관해서는 남창균(1995). 위 글, pp.79-80 참조.

정채영의 경우에서와 같이 당시로는 드물게 근대적인 학교교육을 받은 여성이라 하더라도 결혼 후에는 가정에서 현모양처역할을 수행하고, 남아출산의 의무도 현모양처역할의 하나로써 당연한 것으로 수용하고 있었음을 볼 때, 서구에서 교육이 여성의 산아제한 욕구를 촉진시키는 요인이 되었음에 비해[24] 조선에서는 일본의 제국주의적 팽창을 위해 모성이 더욱 가부장제 이데올로기하에 억압되고 말았던 것이다.

다산정책은 일본의 전쟁을 위해 조선 여성의 모성을 하나의 도구로 이용하고자 한 것이며, 모성이 사회의 이데올로기로서 지배세력의 이해관계에 따라 구성되어 여성을 억압하는 기제로 작용할 수 있음을 보여준다. 전시의 다산정책을 가부장제의 남아출산의 의무와 같은 맥락에서 이야기한 정채영의 구술은 이 시기 여성의 출산 행위가 여성들 자신의 선택이 되지 못하고 사회 여러 이데올로기의 도구가 되었던 실상을 반영한다.[25]

3. 양육의 경험

전시 인적자원으로서의 중요성 때문에 조선 어린이의 건강과 위생에 관심을 갖게 된 식민권력은 어린이의 생존과 건강을 모두 어머니의 책임으로 규정하였다. 그러나 사실상 농촌에서는 쌀 공출뿐만 아니라 면화 공출로 기저귀감도 마련하기 어려웠던 것이 당시 양육의 현실이었다:

---

24) 제2장 3.의 산아제한론 참조.
25) "색시 폐백 드릴 적에 시아버지 뭐래는지 알어. 대추 뿌리면서 아들 몇 형
    제 낳아라. 맨 아들만 몇 형제 나라구 그러잖아. 그런거나 (일제의 다산정
    책이나) 같지 뭐."〈정채영〉

"입을 것두 목화 따서 목화루 올 뽑아서 옷 해입는디 그런 거 다 뺏어 가서 입을 것두 없지. 어린애 기저귀가 어딨어. 포대기도 없고. 그런 거 없구는 왕골자리 깔았지. 어린애 하나 키우자면은 자리 하나씩 다 썩었어. 오줌 싸서. 어린애 위만 옷 해입지 아래는 그냥 벗겨놨지." 〈김지배〉

빈농이었던 김지배는 당시 면화 공출로 입을 옷도 부족하였다. 헌 옷으로 만든 기저귀도 여의치 않아 기저귀 없이 아이들을 키웠다. 방은 흙방바닥에 직접 만든 왕골자리를 깔아 대신하였는데, 그는 '왕골자리도 없어서 멍석자리 깔고 산 사람도 있었다'고 하였다. 이러한 사정은 같은 농민층이었던 이혜숙이나 윤심덕도 마찬가지였다:

"기저귀는 뭐 그냥 헌 옷 같은 거. 떨어진 옷 잘라서 하면서 매번 물에 나가서 많이 헹구고. 떨어진 옷이라고 그렇게 많이 하겠어요? 그런 거(기저귀) 사러 갈려면 한 백리씩 가야만 사요." 〈이혜숙〉

일제가 출산을 장려하면서 출산 시에는 산의(產衣)나 순면을 배급한다는 선전이 바로 이러한 사정에서 나온 것이었음을 알 수 있다. 그러나 기저귀나 옷과 같은 유아용품의 부족보다 아동양육에 더 심각한 문제는 식량 부족이었다:

"감자를 많이 채쳐서 가세다 엎어서 밥하고 섞어서 많이 먹고. 한 달치씩 (배급)타오면 보름밖에 못먹어, 양식이. 그러니까 만날 못 먹으니까 누렇게 부황이 났었다구, 얼굴이. 식량 고생을 굉장히 했다구." 〈조연수〉

식량 부족은 빈농층뿐만 아니라 거의 모든 계층에서 공통적으로 경험한 것으로 나타났다. 김인옥은 남편이 고등문관 시험에 통과한 변호사였고 정채영의 남편은 판사였지만, 그들의 가족 역시 일제 말기에는 궁핍한 식량 사정 때문에 자녀들의 영양상태가 좋지 않았다:

"(식량사정)어려운 거 말할 수도 없지. 아이들이 그냥 서너 명이 지금 봐서는 영양실조 같았지."〈김인옥〉

"왜정때 배급되서 먹을 거 사기두 힘들구. 있는 사람은 몰라두 우리같은 사람은 월급가지구 사는 데, 애들두 고상했지."〈정채영〉

일제는 조선에서 많은 어린이의 사망을 조선 어머니에게 영양과 위생에 관한 과학적 지식이 부족하고 비과학적인 전통적인 양육법을 쓰기 때문이라고 지적하였다. 그러나 어린이의 건강에 가장 큰 영향을 미친 것은 열악한 식량사정과 의료시설의 미비였다. 당시 의료시설이 거의 전무한 농촌뿐만 아니라 도시에서도 유아의 사망은 드믄 일이 아니었다. 아래의 〈표 3〉에서 나타난 바와 같이 1930년 경성부에서 출생한 아동 약 5명 중 1명은 생후 1년 이내에 사망하였다.[26]

---

26) 외국의 유아사망률과 비교하면, 1936년 영국은 6.19, 독일 6.58, 프랑스 6.70, 일본 11.67(%)이다; 女性史總合硏究會 編(1990). 『日本女性生活史 第4卷』(東京: 東京大學出版會), p.212. 일본에 비해서도 조선의 유아사망률이 2배가량 높음을 알 수 있다.

<표 3> 1920년대 유아사망률 (%, 경성부, 1세 미만)27)

	1921년	1922년	1923년	1924년	1925년	1926년	1927년	1928년	1929년	1930년
조선인	31.5	27.9	22.5	22.1	22.9	22.2	23.6	24.7	25.4	21.2
일본인	18.3	16.7	17.7	14.4	14.0	11.5	13.1	10.8	13.9	11.3

(일본인은 조선거주 일본인)

윤주영은 장녀가 세 살 때 늑막염에 걸려 병원에 갔었지만 병원에서의 치료로는 고치지 못했다. 요양을 위해 좀더 환경이 나은 친정으로 갔지만 그곳에서 장녀는 사망하고 말았다:

"그때 병원도 없었다고. 대구서는 병원에 한 번 갔지. 병원 한 번 갔다가 촌으로 간 거지. 요새 같으면 살았을지 모르지. 그래도 우리가 그때는 사는 게 중 이상은 살았는데도 그렇다고."〈윤주영〉

윤주영과 같이 자녀의 질병 치료를 위해 병원을 찾을 수 있는 것은 도시에 거주하는 여유 있는 계층이 아니면 어려운 일이었다. 그것은 의료비가 높았던 때문이기도 했지만,28) 조선인이 진찰을 받기 쉬운 사립병원의 수가 일제의 단속으로 대폭 감소하여 의료시설의 수가 절대적으로 부족했었기 때문이다.29) 따라서 빈농층의 아동 중에는 전염병에 걸

---

27) 이각종(1931). 『朝鮮社會事業』 9.5, p.38; 김혜경(1998). 위 글, p.34에서 재인용.

28) 1928년 총독부는 조선총독부의원과 도립병원의 의료수가를 전국적으로 통일하였는데, 이에 따르면 의원의 1회 진찰료는 1원에서 5원이었다. 1932년 조선인 남자 노동자의 1일 평균 임금이 85전 정도였으므로 이러한 진찰료는 무척 비싼 것이었다: 김문실 외(2001). 『간호의 역사』(서울: 대한간호협회), pp.199-203.

29) 일제시기 의사의 수는 증가 추세에 있었지만, 1921년 의사 1인당 인구수는

려 어렸을 때 사망하는 율이 높았다. 김지배가 살던 충청도 서산의 농촌에는 의료시설이 전혀 없었다. 그의 딸 넷은 홍역과 이질, 천연두, 그리고 입병에 걸려 한 살 전후와 세 살, 다섯 살 때 모두 사망했다:[30]

"병원이 없었어 그땐. 그러니께 죽었지, 앓다가. 그 땐 애들이 나만 그렇게 죽은 게 아니라 넘들도 그렇게 죽었시유. 그때는 병원도 없고 예방도 없고 가만 내버려 두니께 애들이 크들 못하고 죽더만."〈김지배〉

농촌 여성들은 육아와 가사노동 외에도 낮에는 밭일과 밤에는 길쌈 등 많은 양의 노동을 해야만 했다:

"보통 일이 아니죠. 아주 밤이구 낮이고 쉴 새간이 없지. 들에 가면서두 바늘 실꾸리 가위를 다 갖구 가요. 참때 일 하다가 좀 쉬는 시간 있거든 그 시간이라두 안 놀고 다 꼬매. 그렇게 힘들게 살았어요."〈윤심덕〉

특히 농촌에서는 쌀 등의 곡류 이외에도 여성들의 노동에 의해 생산되는 잠사와 면화, 심지어 가마니에 이르는 갖가지 농산품의 공출의무

평균 만 명으로 전반적으로 의사의 수가 심각하게 부족하여 대부분의 조선인은 의료의 혜택을 받기 어려웠다. 또한 조선총독부의원이나 도립병원과 같은 관·공립의 병원은 일차적인 목적이 일본인의 구료에 있었기 때문에 조선인을 위한 병상은 전체의 1할 정도에 불과하였다. 게다가 일제는 1919년 '사립병원 취체규칙'을 제정하여 사립병원을 단속하기 시작했다. 이로 인해 특히 조선인이 경영하는 사립병원의 수는 1919년 111개소에서 1939년에는 13개소로 대폭 감소했으며, 일본인과 외국인이 경영하는 사립병원의 수를 합쳐도 368개소에서 93개소로 감소했다; 김문실 외(2001). 위 글, pp.201-207.

30) 해방 전 출산을 했던 9명의 연구대상자 중 자녀의 유아 시 질병으로 인한 사망을 경험한 여성은 4명이었다.

는 지키지 않으면 벌금을 부과할 정도로 강제적이어서 농촌 여성들의 노동량을 더욱 가중시켰다.[31]

> "목화 따놓으면 다 뺏어가고 누에 쳐서 고치 따면 다 뺏어가고. 농사 지어 쌀 조금씩 해놓으면 그것도 뺏어가고. 그래서 더 어려웠지. 가마 니쳐서 공출하라고 해서 가마니 치느라고 죽을 뻔 했시유. 그렇게 해 서 일본 사람네 갖다 주지요. 공출하라구 일본 사람들 막 족치는데. 안 해다 주면 벌금 물라구."〈김지배〉

일제는 아동양육의 국가적인 의미를 강조하면서 어머니를 양육의 전 담자로 규정하고, 그들이 제시하는 세부적인 양육지침에 따를 것을 요 구했다. 이러한 담론에는 모든 어머니를 전업주부로 상정하고 자녀양육 에 세심한 주의와 보살핌을 기울여야 한다는 메시지가 함축되어 있었 다. 그러나 일제하의 어머니의 양육 경험과 노동을 고려할 때 중요한 점은 가족의 생존 문제가 절실한 계층에서는 어머니의 양육 역할이 다 른 노동보다 우선시되지 않았다는 점이다. 이는 어머니가 가족 경제에 서 중요한 노동력이 될 때 양육의 역할만을 담당하고 있을 수는 없기 때문이며, 게른스하임은 이것이 전산업사회에서는 보편적인 일이라고 지적했다.[32]

---

31) 공출농산물의 품목은 1939년 쌀에서 1942년에는 잡곡, 면화, 삼 등 특용작 물과 채소, 송진 등 40여 종에 이르렀다: 한국여성연구회 여성사분과 편 (1992). 위 글, p.218. 가마니짜기 작업은 각 호당 배당량이 정해져 있었는 데, 주로 여성들이 담당했다: 김진명(1993). 『굴레 속의 한국 여성 - 향촌 사회의 여성인류학』(서울: 집문당), p.101.
32) 엘리자베트 벡 - 게른스하임(2000). 위 글, pp.45-46.

"(방바닥에)자리를 깔아 노면은 암만해도 왕골자리라 잉. 거기다 발뒤꿈치를 비비고 울어서 피가 나서 그냥 발뒤꿈치가 다 이렇게 막 버서졌어. 피가 막 찍찍 흘러내리고. 그래가 막 똥 져쳐 오줌 져쳐 그래갖구 그렇게 컸어. 애기 못 데리구 나가지 들에는. 그냥 집에다 놔 두고 나간다구. 배가 고프지. 아침 9시쯤에나 나가면 참젓도 안 멕이러 오고 낮에 점심먹으러 12시쯤에나 들어오잖아요. 그러면은 애기들이 막 헹펜해. 저녁 5시쯤 드러오고. 젖주구. 그러면은요 그냥 저희들끼리 있어요. 그냥 그렇게 키웠어요." 〈윤심덕〉

윤심덕은 전라도의 빈농층 출신으로 그도 역시 많은 양의 농업노동에 종사했다. 아침에 젖먹이를 혼자 집에 놔두고 들에 나가서 일하다가 점심때 돌아와 보면 아기는 왕골자리에 발뒤꿈치를 비비고 울어서 발에서 피가 날 정도였다고 한다. 어머니의 노동이 가족의 생존에 필수적인 농민가족에 있어서 어린이의 양육은 성인의 보호 없이 방치되었고, 그것은 당연한 일로 여겨졌다.

"농사지었지. 모심기도 하고. 어린애는 상관없었어. 그냥 저희들끼리 놀게 집에 두고 일이라는 건 다했지. 모도 심고 밭도 메고. 옷도 목화 갈아서 올 뽑아서 베짜서 입고 여름 내 삼하기 더 어려워. 그렇게 해 입으면 옷이 얼른 떨어져. 지금 옷같지 않고. 아침 8시에 나가믄 12시 점심와서 해서 먹고 어둑어둑해지면 집에 와서 저녁하고. 집에 오면 배고프니께 애가 젖 있는데루 기어와서 지가 빨다가 배부르면 가." 〈김지배〉

김지배 역시 '어린애에 상관없이' 농사일을 했다. 어린 아기를 집에 두고 밖에 나가 농업 노동을 해야 했던 여성들의 경우, 아이들을 방치하는 것에 대해 죄책감을 갖는다거나 하는 모습은 찾아볼 수 없었다. 그들은 '그때는 다 그렇게 키웠다'고 말했고, 양육보다는 궁핍한 생활 때문에 육체적으로 많은 양의 노동을 해야 했던 일이 그들에게는 더 힘든 경험으로 기억되고 있었다.

농민층뿐만 아니라 노동자계층에서는 여성들이 낮은 임금으로 공장노동에 동원되는 일이 있었다. 조연수의 남편은 인천의 제마공장에서 노동자로 일했다. 그 공장에서는 일본에서 폭격으로 불에 탄 방직기계를 들여와 군복 등 군수용품을 생산하기 위해 공장노동자의 부인들을 동원해 기계 닦는 일을 시켰다:

"나는 가서 기계 닦았지. 가루쇠루 뻬빠루 깨끗이 하얗게 닦아서 다 기름칠해서 내놓으면 갖다가 기계 맞춰서 다 한다구. 공기가 아주 나뻐서 아주 힘들었어. 이 목이 아파서 숨을 쉴 수가 있어야지. 기름냄새에다가 쇠가루가 많이 나서. 그래서 십장한테 얘기해서 나중에는 여직원들 300명 있는 식당에 가서 배추다듬구 그런 일 했어. 안 나가면 안 되지. 군수품이니까. 부지런히 빨리 닦아놔야 기계를 놓지. 품삯은 주지. 우리는 조금 줘요. 하루 종일 기계 닦아두 아주 조금 밖에 안 줘. 째끔씩 주는 거 버나 마나지."〈조연수〉

조연수는 쇠가루 때문에 호흡하기도 곤란한 열악한 작업환경 속에서 아침 7시부터 저녁 6시까지 하루 11시간의 중노동을 했지만 주어지는 품삯은 민족과 성에 의한 이중의 임금차별로 생활에는 아무런 도움이 되지 않았다. 조연수가 이러한 노동에 동원되는 동안 당시 일곱 살인 아들은 혼자 집에 두었고 아홉 살인 딸이 학교에서 돌아오면 저희들끼리 아침에 차려놓은 점심을 먹었다고 한다:

"이제 밥공기루 밥을 하나 퍼주면 반 나눴다 나중에 점심 먹으라 그러면 그렇게 해 아이들이. 우리 아들하고 딸하고 학교가 가까우니까 점심 먹으러 오면 고거 반을 먹어. 물하고 김치하고 먹는 거야. 애들은 지들끼리 있었다구. 나는 회사서 일하믄 거기서 먹게 되면 먹구 못 먹게 되면 못 먹는거지. 저녁 때 집에 가믄 아이들이 밥해주기만 기다리구 있는 거지."〈조연수〉

노동자계층이나 농민층과는 달리 도시의 여유 있는 계층이었던 윤주영은 바깥 노동을 하지 않았지만 그렇다고 양육이 주된 일은 아니었다. 어린 자녀의 양육은 주로 가사보조인이나 대가족의 경우 조부모가 담당하고 어머니는 바느질과 그 외 살림 등 다른 가사노동을 주로 담당했다. 이 시기의 가사 노동은 아직 합리화되지 않은 재래식 부엌과 길쌈 노동, 거기에 손으로 뜯어 빨아야 하는 한복의 세탁 등 많은 시간과 노동을 요구하는 것이었다. 윤주영은 가사보조인을 두었지만 그가 주로 담당한 것은 침선으로, 그는 사남매를 키우면서 아이들을 업어본 적이 없다고 하였다:

"우리는 애보는 애가 있었고. 애보는 애가 밥도 하고 설거지 다하고. 그런 애들 대략 가정에 있었다고. 어머니가 젊으니까 배급타는 거 해주고. 우리는 그때 시어머니 치마, 버선 같은 거 다 해드렸다구. 며느리보면 바늘 잘 안 들었다고 보통사람들은. 결혼하니까 시어머니가 바늘 안 들어. 치마까지 다 꾸메야 되는거야, 버선 다 짓고. 그러니 맨날 바느질하지. 장 봐서 당기는 거(같은) 밖에 일은 못 했다구. 요새하고 달라서 그 땐 풀해서 뜯어 가지고 할 때마다 꾸매야 된다. 옛날에는 시간이 없고, 애보는 애도 있고. 그래서 애 안 업어봤어."〈윤주영〉

214

특히 대가족이나 종가의 주부는 빈번한 제사준비와 수시로 찾아 드는 손님을 접대하는 일이며, 대가족의 유지를 위한 가정 경영으로 농촌여성 못지않게 많은 일을 해야 했다. 자녀양육은 이러한 가사노동보다 더 중요시된 것은 아니었다.[33]

한편, 일부 부유한 계층에서는 근대적인 양육방식에 접하게 되는 변화도 일어났다. 육아에 관한 새로운 지식은 서양 선교사들을 통해 전파되거나 일본 여성잡지를 통해 접하는 두 가지 방식이 주된 경로였다.

"우린 시골이래두 서양 사람이 먼저 들어 왔잖아 선교사가. 존슨 앤드 존슨 있죠? 베이비 파우다. 우린 그거 어렸을 때부터 다 썼다구. 그리구 삔침. 미국거 커다란 거. 우리 고모가 늘 가져와요. 애 났다 그러면 그거부터 선물해. 기저귀 난목을 가운데 이렇게 해서 삔침으로 찔러요. 거기 선교사가 먼저 들어와 가지고 상당히 깼다구요. 애 낳을 적에는 의례 소독 다 하구요. 또 우리 어머닌 반 의사야. 에큐부스라는 거 있어요. 가슴에 끼는 거. 그거 다 준비가 되어 있구. 또 흡입기. 그건 알코올 램프 넣어가지구 이렇게 다 준비되 있구. 우리 어머닌 의학 상식

---

33) "미명에 일어나야 하고 밤늦도록 바느질했는데, 지금 생각하면 어떻게 견뎠나 하는 생각이 든다……1년에 제사가 자그마치 열여덟 번이나 되고 손님 맞아 대접하고 빨래는 하인이 해주더라도, 풀하는 일, 다리미질, 다듬이질, 그 일이 전부 내 일이었으니까……명절만 되면 바느질로 밤을 새워야 했다……나는 태교뿐 아니라 자식교육 문제에도 특별히 신경을 써본 적이 없다. 내가 원체 바쁘기도 했지만……다 제 능력에 맞게 크려니 하는 생각 뿐이었다……내 머리에는 항상 "대가족을 지켜야 한다", "봉제사를 어떻게 받들어야 한다" 이런 큰일로만 꽉 차 있었으니까……지금 생각하면 내가 자식들에게 너무 소홀했다. 내 스스로 농사를 지어야 하고 돼지도 키우고 누에도 치고 했으니 어디 여력이 남았겠는가?": 박필술 구술·조규순 정리(1985), 『명가의 내훈』(서울: 현암사), pp.36-37, 82-83. 구술자인 박필술은 1917년생으로 경북 안동 하회 류씨의 종부로 살아왔다.

이 보통이 아니예요."〈정옥순〉

정옥순의 어머니는 신식교육을 받은 신여성은 아니었지만, 집안에 의사가 있었던 가족적 배경과 그 자신이 기독교인으로 선교사들과 접촉하였던 관계로 남달리 서구적인 의학지식을 먼저 수용할 수 있었다.[34]

"우리 어머니두 딸들 시집 보내면 의례 그걸 준비해놨어. 융, 넬이라 그러나? 면. 면류. 그걸 대뜸 준다구. 기저귀 하게. 그걸 사각짜리를 접어서 삼각을 만들지."〈김희진〉

김희진의 어머니 역시 신식교육을 받지는 않았지만, 정옥순의 어머니와 마찬가지로 이들이 살았던 평안북도에는 서양 선교사들이 많아서 다른 지방보다 앞서서 그들로부터 근대적인 양육방식을 수용할 수 있었다. 정옥순과 김희진은 '기저귀를 삼각으로 접어서 미제 핀으로 고정시키는' 것과 같은 신식 육아방식을 어머니를 통해서 배웠다. 특히 김희진은 미국과 일본으로부터 수용한 당시의 신학문인 가정학을 전문학교에서 전공했다. 여자전문에서는 미국인 교수로부터 서양식 가정을 견학하고 과학적이고 합리적인 가사지식을 배웠다. 그러나 그러한 서양식 육아법은 소수의 상류층이 아니면 현실의 가정생활과는 매우 동떨어진 것으로서 실제로 그가 활용한 육아법은 가정에서 어머니나 올케로부터 보고 배운 전통적인 지식이었다:

---

34) 정옥순의 어머니는 양육법뿐만 아니라 요리 등 서구적인 생활양식도 일찍이 받아들였다: "우리 어머닌 신식교육은 안받으셨는데, 한문은 많이 아시구 소설책을 좋아 하셔서 춘원 소설은 다 읽으셨어요. YWCA 정순원 씨 중국요리, 조자호 씨 한국요리 하는 거 꼭꼭 가셔서 다 배우셨다구 그 옛날에. 그래서 우린 어렸을 적부터 카레라이스, 하이라이스 이런 거 다 해 먹었어요."〈정옥순〉

"(육아에 대한 지식) 그건 우리 집에서 배운 거. 봤단 말이지. 우리 올케도 있고 그러니까. 그 당시에는 그게(가정학) 신학문이요. 서양에 대해서도 가르치고 가정학에 대해서도 가르치고. 서양 가정생활 그런 거 보여주고 자기네 집에 가서 견학 시키고. 많이 동떨어지지 뭐. 해놓고 사는 게 다른데. 할려고 하지……대개는 돈 많은 집 애들이 가정과 다녔어요. 그리고 잘 사는 집 애들이 그렇게 결혼을 하고. (나는) 헐라구 해도 못했어요. 현실대로 사는 거지. 또 전쟁 당시구."〈김희진〉

김희진과 같이 전문학교에서 가정학을 전공한 경우도 실제 양육에 있어서는 어머니세대의 지식에 주로 의존했다. 이은실은 전문학교를 졸업하고 결혼 후에도 교사로 일하면서 아들의 양육에 있어서 어머니의 도움을 받았는데, 그 역시 어머니로부터 육아방식을 배웠다. 김인옥은 전문학교를 졸업한 신여성으로 스스로 '최고 교육을 받았다'고 하였지만, 전통적 가족제도하에서 살면서 시부모의 전통적인 육아법을 따를 수밖에 없었다:

"분가해서 사는 친구들은 일본잡지 보고 하드라구. 나는 어른들 모시고 사니까 그렇게 못했지. 어른들 하라는 대루 해야지."〈김인옥〉

김인옥과 같이 시부모와 동거하는 경우 새로운 육아방식을 실천하는 데 어려움이 있었다는 것은 이 시기 여전히 부모세대의 권위가 영향력이 있었음을 의미한다. 이와 같이 근대적이고 새로운 육아지식을 실천하는 데에는 교육받은 신여성이라 하더라도 어떤 가족제도하에서 사느냐가 중요한 요인으로 작용하였던 것이다. 또한 정옥순이나 김희진의 어머니와 같이 학교교육을 받지 않았더라도 새롭고 근대적인 양육지식을 수용한 여성들이 있었으며, 딸 세대는 어머니의 양육지식을 상당 부분 수용하였다. 이것은 양육이라는 것이 지식만이 아니라 실제적인 경험이 중요한 영역이기 때문일 것이다. 더구나 김희진과 같이 전문학교에서 가정학을 전공한 여성도 그의 어머니의 전통적인 육아지식을 별다른 마찰 없이 배우고 활용했다. 그는 대학에서 배운 서양식 육아지식이 현실적으로 '동떨어진 것'이었다고 하였는데, 특히 전시체제와 같은 모든 물자가 궁핍한 당시에는 더욱 그러하였을 것이다. 이는 근대적인 양육법을 실천하기 위해서는 지식뿐만 아니라 물질적인 여건이 갖추어져야 함을 의미한다. 윤주영의 경우가 그러한 예를 잘 보여주는데, 윤주영은 학교교육을 받지 못한, 말하자면 '구식 여성'이다. 그러나 경제적으로 부유한 계층이었던 그는 연구대상자 중 30년대에 인공수유를 했던 유일한 여성이었다:

"내가 젖이 모자라서 애들 우유도 많이 먹이고 젖도 먹이고. (우유) 가루도 있고 일본서 나오는 거 요새 마시는 통 같은데 찌르르 한 것도 있었다고. 그런 거 부어가지고 물 타 가지고. 요새 우리 사이다 마시는 통 같은 데 나온다구." 〈윤주영〉[35]

위에서 나타나듯이 연구대상자들이 근대적인 양육방식을 구술할 때에는 베이비 파우더나 간단한 의료도구 그리고 분유 등 근대적인 상품이 함께 언급되었다. 이는 근대적 양육방식이 실천되는 데에는 유아용품이나 의료도구와 같은 근대적인 상품의 보급이 수반되어야함을 의미한다. 정리하면, 30년대에 근대적인 양육지식을 수용하고 실천하는 데에는 어

---

35) 윤주영이 말한 것처럼 당시 신문에는 유아용 분유와 연유의 광고가 게재되어 있다. 매일신보 1937년 1월 17일의 광고란에는 미국제품인 'Gail Borden Eagle Brand'가, 같은 해 3월 3일에는 '모리나가 드라이 밀크' 광고가 실려있다.

머니의 교육 정도와 더불어 근대적인 양육에 필요한 상품을 구매할 수 있는 가족의 경제적인 조건과 부모세대와의 동거여부와 같은 가족형태가 중요한 요인으로 작용하였음을 알 수 있다.[36]

결론적으로, 일제하의 양육에서 드러나는 점은 거의 모든 계층에서 실제적으로 어머니의 양육역할은 다른 가사노동이나 생산노동보다 특별히 중요시되거나 우선시되지 않았다는 점이다. 농촌가족의 경우, 말기에 갈수록 여성의 노동에 의한 농산품의 공출 증가는 농민여성의 노동을 더욱 가중시켰으며, 노동자계층에서는 여성들이 군수산업에 동원되어 장시간 노동을 해야 하는 경우도 있었다. 이렇게 어머니가 가족의 생존을 위해 집 밖에서 장시간 노동에 종사해야 했던 경우 자녀들은 보호자 없이 방치되는 것이 일반적이었으며, 어머니나 가족들은 이에 대해 특별한 죄책감을 가지지도 않았다. 경제적으로 여유 있는 계층의 경우도 어머니는 양육과 더불어 다른 많은 가사노동을 담당해야했기 때문에 어머니는 양육의 전담자가 아니었으며, 양육은 조부모나 가사보조인과 함께 상당 부분 공유되었던 것으로 나타났다. 이러한 현실에서 일제가 어머니를 아동양육의 전담자로 규정하고 아동의 건강과 위생을 모두 어머니의 책임으로 규정한 것은 대빈이 지적한 대로 제국주의의 모성에 대한 "도덕적 협박"이라고 할 수 있다.[37]

---

36) 일제하의 근대적인 아동양육에 관한 김혜경(1998)의 연구에서는 근대적인 양육법이 신식교육을 받은 여성들을 중심으로 수용되었다고 보았다. 물론 학교교육을 받은 여성들의 경우 활자매체에 접하기 쉽다는 점에서 그러하겠지만, 일반적으로 경제적으로 여유 있는 계층의 여성들은 학교를 다니지 않았더라도 한글 정도는 해독할 수 있었다고 볼 때, 근대적 양육방식이 교육받은 여성들의 전유물은 아니었던 것 같다. 본 면접조사에서 정옥순이나 김희진의 어머니, 그리고 윤주영의 경우에서 그들이 학교교육을 받지 않았더라도 상당한 정도의 근대적 양육법을 실천하고 있었다는 점에서 가족의 경제적인 조건 역시 중요한 요인으로 고려되어야 한다고 본다.

근본적으로 병사력과 노동력의 증강에 관심이 있었던 일제는 아동의 건강과 위생 증진을 위해 실제적인 의료시설이나 의료서비스를 마련하는 데에는 매우 소극적이었다. 일제는 아동건강상담이나 무료검진 등의 행사를 개최하였지만, 연구대상자 중 이러한 행사를 들어보았거나 참여한 경험을 가진 여성은 한 사람도 없었다. 오히려 무리한 전쟁으로 시행되었던 갖가지 공출로 농촌 여성들의 노동이 가중되었고, 그러한 노동의 증가는 모체의 건강을 해치고 양육을 소홀히 하게 하는 요인이 될 수 있었다.38) 특히 일제 말기 대부분의 계층이 겪어야 했던 식량 부족은 아동의 건강을 악화시키는 중요한 요인 중의 하나였다. 식민권력은 제국주의적 팽창을 위해 아동의 양육과 위생에 관한 기사를 게재하는 것과 같은 사회적 비용이 들지 않는 선전 위주의 방식으로 어머니들의 양육에 대한 개인적인 책임을 강조하였고 그럼으로써 물질적으로 궁핍한 전시의 양육과 가정생활을 타개해 나가고자 한 것이었다. 동시에 조선의 전통적인 육아방식을 비과학적인 것으로 폄하함으로써 부모세대의 지식의 권위를 부정하고, 조선 여성이 근대적 양육에 무지하다고 비판함으로써 그들의 양육에 있어서의 근대적인 우월성을 나타내고자 하였다.39) 그러나 실제로 근대적 학교교육을 받은 여성들도 어머니세대의

---

37) Anna Davin(1997). 위 글, p.103.
38) 일제시기 빈농층 여성의 76.9%는 출산 직전과 직후까지도 농업 노동을 하였으며, 농촌 여성의 대다수가 산후 일주일 이내에 일을 재개하였다: 문소정(1995). 가족생활의 변화와 여성의 성장. 신용하 외 편. 위 글, p.470.
39) 식민지하 이집트의 모성과 양육에 관해 연구한 샤크리 역시 식민지관료들은 교육받지 않은 "무지한" 어머니들을 양육에 부적합하다고 문제시하였으며, 그들의 주장을 입증하기 위해 진보되고 과학적인 유럽의 교육을 예로 제시하였다고 하였다. 그는 이러한 모성에 대한 우려에는 제국주의적인 명령이 함축되어 있다고 지적했다; Omnia Shakry(1998). Schooled Mothers and Structured Play: Child Rearing in Turn-of-the Century Egypt. *Remaking Women: Feminism and Modernity in the Middle East.* Edited

전통적인 양육방식을 존중하고 수용하였으며, 이들의 어머니세대는 학교교육을 받지 않았더라도 근대적인 양육지식에 대한 수용력이 있었으며, 또한 딸 세대에게 양육의 지식과 방법을 전달하는 역할을 수행했다.

4. 가정교육자로서의 어머니의 경험

전시 학교교육의 목표는 내선일체의 지배정책에 따라 조선인으로서의 정체성을 없애고 천황에 충성을 다하는 황국신민을 육성하는 데에 있었다. 일제 말기 국민학교 교사였던 이은실에 의하면, 이러한 황국신민화교육은 실제로도 철저하고 엄격하게 시행되었다:

"월요일마다 애국일이야. 애국에 대해서 또 교장이 시국에 대해서 아이들에게 이야기허구. 전쟁에 대해서 이야기하지. 철저허게 잘 시켰어. 철저해. 뭐든지 하면은 안 따라할 수가 없게끔 맨들어져 있어 체제가. 아주 엄격해. 스파르타식." 〈이은실〉

일제는 황국신민화교육의 효과를 높이고 전시체제에 맞는 가정생활의 "개선"을 실천해야함을 강조하였는데, 이를 위해 주목한 것이 가정에서의 어머니의 역할이었다. 이에 따라 어머니들이 전시체제의 학교교육에 어떻게 협조해야하며 가정에서 황국신민화 교육방침에 맞추어 어떻게 자녀를 교육시켜야 하는가에 대한 구체적인 방법을 알리고자 노력했다. 이는 가정에서도 학교교육의 방침대로 자녀를 지도하게 함으로써 보다

by Lila Abu-Lughod (Princeton: Princeton University Press), p.127.

식민지배 체제의 교육적 효과를 높이기 위한 것이었다. 실제로 이 시기 국민학교를 중심으로 학교는 어머니들에게 전시교육의 협조자로서의 역할을 요구했다:

"학부모회, 부형회라고 해서 교장이 1년에 한 두 번씩 학부모들 불러서, 교장이 요구하는 거는 일본에 협력하라는 거죠. 자력갱신을 시켜서 이거 하라고. 일본 사상을 넣어주느라고 너희들 정신이 그러니까 황국신민이 되라고 일본 신민이 되라고. 교장이 학부형들에게 얘기하고 그랬죠." 〈이은실〉

이은실의 구술에 의하면 학부모회에서는 교장이 직접적으로 학부모들에게 자녀에게 황국신민사상을 고취시키고 스스로 식민체제에 협력할 것을 요구하였다. 학부모의 소집은 일 년에 한두 번에서 한 달에 한두 번에 이르기까지 학교에 따라 차이가 있었고, 명칭도 아버지들을 대상으로 한 부형회와 어머니들 중심의 자모회가 있었다. 일제 말기 학부모 경험이 있었던 6명의 구술자 중 김지배를 제외한 5명의 여성들이 학부모회에 참가한 경험이 있었고, 이들이 참석한 학부형회에 아버지들이 온 경우는 드물었다:

"(학교에서 부모 소집) 처음에는 한 달에 한 번두 넘구. 많이 따라 다녔지. 반 년 정도 지나고는 한 달에 한 번 정도 오라 그랬어. 안 가믄 아이들 성적이 떨어져가 안돼. 학교로 오라 카는데 부형들이 잘 가야 애 성적이 올라가지. 일학년부터 잘 안가구 하믄 애 성적이 떨어진다. 왜냐면 그런 거 빠지면 애들 성적에 다 들어갔다고. 그럼. 부형들이 잘 가야 왜놈덜이 좋아가지고 그래 해 주거덩. 부형회라 그랬는데 주로 어머니들이 모였다. 다 엄마들이야. 국민학교도 나온 사람은 앞장 서가 일하고 암것도 모르는 사람은 뒤에 서가 오라카이 그저 참석만 하고. 학부형회 하믄 일본말로 해야 되고. 어지간하면 어머이들이 대략 국민학교 나왔드라고. 아덜 국민학교 보내는 사람들. 우리는 시골서 살아서 그렇지. 야학해도 그른 말(일본말)은 다 할 수 있잖아. 될 수 있으면 일본말 할라고 다 애쓰고.”〈윤주영〉

윤주영의 자녀가 다닌 지방 도시의 학교에서는 학부모회의에의 참석이 아동의 성적에 영향을 미친다고 함으로써 학부모들을 의무적으로 참석하도록 하였다. 학부모회에서는 교장 또는 교사가 일본어로 학교의 교육방침을 시달하였으므로 일본어가 능숙하고 자녀교육에 관심이 많은 학부모는 앞장서서 적극적인 활동을 하였고, 윤주영과 같이 일본어가 그다지 능숙하지 못한 경우는 소극적으로 따라가는 정도였다고 한다.

“학교서 오라믄 가잖아요. 그러믄 애 성적보여주구, 지금 일본이 어디까지 쳐들어갔다, 일본이 틀림없이 이긴다구 그런 얘기를 해줬어요. 우리야 귀담아 안듣죠. 그렇지만 일본이 이긴다구 이야기하드라구요.”〈이혜숙〉

앞서 이은실의 구술대로 일제 말기의 학부모회는 순수하게 교육적인 내용보다는 전시 사상이나 전쟁에서의 일본의 승리를 확신시키기 위한 시국선전이나 방공훈련법, 폭격에 대비하여 피난을 권고하는 등 전시체제에 관한 내용이 많았다:

“비행기오면 어떻게 훈련하는 거 얘기하구 피난갈 사람 가라구 그러구, 피난가믄 먹을 거 어떻게 준비하라구 얘기하드라구.”〈조연수〉

뿐만 아니라 일본의 경축일에는 학교에 소집하여 천황에 대한 만세를 부르게 하는 등 학부모들에게도 천황에 대한 충성심을 갖게 하고자 하였는데, 이것은 부모의 태도가 자녀교육에 영향을 미치는 중요한 요인 중의 하나라고 보았기 때문이다. 이러한 학부모동원에도 자녀의 성적에 영향을 미친다거나 배급을 주지 않는다는 압력이 있었기 때문에 학부모들은 자의반 타의반 참석하지 않을 수 없었다:

"뭐라더라 가미사마라나? 만세 부르라구 나오라면 다 나가야 돼. 다들 불러서 마당으로 하나 세워 놓대. 천황폐하 만세 그렇게 불렀다구. 어머니구 아버지구 집에 있는 사람들은 다 나가야 돼. 주로 어머니들이 나갔지. 않나가면 아이들이 둘이나 학교 다니는데. 않나가믄 아이들 퇴학시킨다구 그랬어. 그러구 배급두 못 타니까 나갔지." 〈조연수〉

전쟁수행을 위한 각종 공출은 애국반 등 지역단위 조직에서뿐만 아니라 학교에서도 강제성을 띠고 시행되었던 것으로 나타났다. 일반적으로 널리 공출되었던 것은 놋그릇과 금속류이고 그 외에도 전시 물자절약을 위한 폐품수집 등 학교는 학부모를 전시체제에 협조하도록 적극적으로 활용하였다. 어머니들은 '숟가락이라도 남겨놓으면 아이들 퇴학시킨다'는 압력에 공출에 협력하지 않을 수 없었다:

"놋그릇은 전부 갖다 바쳐야 되. 숟가락이라두 남겨두믄 아이들 학교 못 다니게 퇴학시킨다 그러기 때문에 숟가락까지 다 갖다 줬다구. 전부 놋그릇으루 먹었는데." 〈조연수〉

학교에서 학부모들에게 요구했던 또 한 가지는 가정에서의 일본어의 사용이다. 일본어의 사용은 '국어상용'이라 하여 언론매체를 통해서도

'국어상용가정'에 대한 표창사례를 게재하여 모범적인 가정으로 칭송하는 등 적극적으로 선전하였다.[40]

> "밤낮 국어 상용하라 그러구, 국어 상용하는 가정이 신문에 나곤 했어요. 모범가정으로. 그럼요. 신문에 나요."〈정옥순〉

일제 말기 학교에서는 일본어의 사용이 의무적이었고, 심지어 실수로 조선어가 튀어나와도 벌을 설 정도로 조선어의 사용은 철저히 금지되었다.[41] 이러한 조선어의 말살과 일본어의 사용을 강요하는 가운데 학교에서는 가정에서도 일본어를 사용하도록 학부모회를 통하여 권장하였다. 뿐만 아니라 윤주영의 자녀가 다닌 국민학교에서는 학부형들을 소집하여 신사참배에 동원하면서, 이때에는 직접 학부모들에게 간단한 일본어의 교육도 실시했다.[42]

---

40) 뿐만 아니라 국민학교를 중심으로 각 가정의 일본어 해독 정도를 조사하여 전 가족이 일본어를 이해하는 집과 조부모 및 학령 이하를 제외하고 모두 이해하는 집을 선발하여 '國語의 家'를 상징하는 휘장을 대문에 부착하게 하였다; 남창균(1995). 위 글, pp.51-52. 이러한 '국어상용'에 대한 강요와 이를 위해 일본어의 사용을 솔선수범한 가족에 대한 표창은 전광용의 소설 「꺼삐딴 리」에도 묘사되어 있다; 전광용(1994). 『꺼삐딴 리』(서울: 을유문화사), pp.118-119.

41) "국민학교 때 학교에서 한국말하면 벌섰어. 한국말 나두 모르게 입에서 툭 나오면 애들이 일러. 그래 가지구 벌섰어. 복도에다가 고구고죠요(국어상용)라구 써붙여 놓구."〈한진숙〉

42) 김지배 역시 황국신민체조에 동원되면서 간단한 정도의 일본어 교육을 받았다고 했다. 여기서주목할 점은 일제가 식민지 조선 여성들에 대해 신체의 단련과 더불어 일본어의 보급에 힘썼다는 점이다: "만날 밖에 나가서 훈련하라 소리 들었어. 체조. 이찌, 니, 산, 시, 고……말 세는 거 그거는 줄창 나가서 일러주데, 일본 사람들. 안 나가면 안되지. 단체로 다 나가지 넘들도. 그거 하는 날이 있어. 손 이력 하구, 몸뚱이 이렇게 돌리구."〈김지

"진자삼빠이(신사참배) 그런 거 잘 하라 그러고. 방공훈련 어떻게 하라고 그러고. (신사참배하러) 부형들끼리 같이 달성공원에 가는 데 쫓아다녔고, 그럼. 또 하나 둘 셋 하는 거, 이찌 니 산 시 하는 거 일본사람이 가리키고."〈윤주영〉

이러한 상황에서 정채영과 같이 자녀교육을 위해 가정에서 일본어를 사용한 경우도 있었다. 1920년대에 경기여고보를 다닌 정채영은 '일본시대인데 일본말을 잘 해야 한다'고 생각했기 때문에 가정에서 자녀들에게 일본어를 가르치고 되도록 자녀들과도 일본어를 사용하려고 노력했다:

"애들 교육엔 열중자지 내가. 그러니까 내가 거기(경성사범부속소학교) 쑤셔 넣지. 으레 일본말 허는 건줄 알구 다. 일본말 쓰라구 야단들 허지 그럼. 집에서두 다 애들허구 일본말 했지. 그 땐 으레 일본말 허는 건 줄 알구 그랬지. 왜정시대니까 안 쓸 수 있어? 집에서두 한국말두 쓰구 애들은 일본말 자꾸 가르치구 그러지 뭐. 일본시댄데 일본말 잘 해야지. 많이 잘 배웠지 그때. 자식교육 열심히 했지. 공부 가르키는 중에 잘 되기만 바라지."〈정채영〉

식민국가는 이중어를 할 줄 알고, 중심모국과 식민지 국민들 사이를 언어로 매개할 수 있는 사무원들을 필요로 한다.[43] 일본어가 지배계급의 언어인 이상, 좋은 상급학교에 진학하고 지배엘리트가 되기 위해서는 일본어의 숙달이 요구되며, 일상적인 생활에 있어서도 일본어는 우

배〉 이 점은 매일신보의 기사에서도 발견되는 내용이다; 규방에도"체련"열―구여성들 每夜기본체조. 『매일신보』 1941. 10. 14.
43) 베네딕트 앤더슨. 윤형숙 옮김(1991). 위 글, p.145.

월한 언어로서의 위치를 갖는다.[44]

스스로 자녀교육에 열심이었다고 생각하는 정채영은 당시 공립으로 좋다는 학교에 자녀들을 입학시켰고, 자녀교육상 가정에서 일본어를 가르치고 그럼으로써 자식들이 잘 되기를 기대했다. 그러나 그도 해방 후에는 당연히 일본어 가르치기를 중단했는데, 그는 "해방되구는 일본말을 왜 써. 어이구 친일파가 될라구?"하고 반문했다. 여기서 중요한 것은 어머니역할의 수행은 사회체제 이데올로기의 영향권 내에서 이루어지고, 그러한 체제 이데올로기의 영향력을 벗어나기 어렵다는 것이다. 루딕은 역사적으로 여성은 군사적, 사회적 폭력, 때로는 심한 빈곤 속에서 어머니가 되어 왔는데, 그 사회의 가치를 결정할 수 없는 어머니의 무력 때문에 어머니의 사고방식은 타인들이 '바람직하다고 하는 것,' 즉 지배문화의 가치를 선택해 왔다고 지적한다.[45] 정채영의 어머니역할은

---

44) "일본 사람이 타서 운전수나 차장에게 「오마에(너)」 혹은 「깃부구레(차표 다오)」라는 하대하는 말을 해도, 「하이(네)」 어쩌고 가장 공손하게 굽디다. 조선사람에게는 불공하기 짝이 없고, 이따금 가증하고 밉살스러운 차장들은 정류장 이름을 일본말로만 하고 조선말로는 아니합니다.": 京電에 대한 시민의 불평. 『동아일보』 1926. 3. 6. 김영근(1999). 일제하 일상생활의 변화와 그 성격에 관한 연구-경성의 도시공간을 중심으로-. (연세대학교 사회학과 박사학위논문, 미간행), p.106에서 재인용. 파농의 지적에 의하면, 식민지화된 민족은 모두 토착 문화의 독창성을 사장당했기 때문에 열등의식을 갖게 되고, 그래서 문명을 부여한 나라의 언어, 즉 식민지배국의 언어와 문화적 규범을 자신의 가치로 수용함으로써 미개에서 벗어나고자 한다. 인간은 언어를 소유하는 특성으로 인해 결국 언어에 의해서 표현되고 의미가 주어지는 세계를 소유하기 때문이다. 식민지하 조선인의 일본어사용도 이러한 맥락에서 설명될 수 있다고 본다. Frantz Fanon. *Peau Noir, Masque Blanc*. 프란츠 파농. 김남주 역(1978). 『자기의 땅에서 유배당한 자들』(서울: 청사), pp.19-20.

45) 사라 루딕(1991). 어머니의 사고방식. 권오주외 역.『페미니즘의 시각에서 본 가족』(서울: 한울), pp.114-115. 김정희는 어머니들이 이러한 체제를 읽

특히 이러한 체제이데올로기의 영향력을 거부하는 것이 곤란한 식민체제하에서 지배체제의 가치를 일부 수용하면서 자녀의 발전과 향상을 위해 노력한 경우라고 할 수 있다.

정채영과 같이 경제적으로 여유 있는 계층이었던 윤주영도 자녀교육에 관심이 많았다. 그는 민족 차별 속에서 자식들이 공부 잘 해서 좋은 직장에 들어가 되도록 덜 차별받고 살도록 하는 것이 자녀교육에 있어서의 희망이었다.[46]

"우리 애들 키울 때 나는 해방 카는 그른 거는 생각해보도 몬 해도 우리 애들 그래도 잘 키아 가지고 일본 사람 이길 수 있는 거 그런 생각은 가 있었지. 중학교 시험도 얼매나 어려웠다고. 제한이 있었어. 일본 사람 몇 프로 한국 사람 몇 프로 이레 해노은끼네, 한국 사람 시험 잘 쳐도 떨어지고 일본 사람을 더 많이 뽑지. 중학교도 가기 힘들었지. 중학교 나오면 실력이 좋고 말고. 어떻게 해서라도 우리 자식들 공부 잘 해서 재네들은 꼭 그거를 해야지 그런 마음은 더 했지. 왜놈들한테 저려서 더하지 마음이. 그럼. 그때는 보통 어지간하면 직장 못 들어갔잖아. 똑같은 거 같으면 왜놈 넣지 한국 사람 안 넣거든. 공부를 잘해야 직장도 좋은 데 들어가잖아……그런 마음밖에 없지." 〈윤주영〉

어내지 못하면, 자녀를 체제내의 사다리의 맨 꼭대기로 올라가게 독려하는 맹모(孟母)가 될 수밖에 없다고 지적한다: 김정희(1998). 생명여성주의의 존재론적 탐구: 반야 불교와 노자의 '마음'개념에 기초한 신인간형의 모색. (이화여자대학교 여성학과 박사학위논문, 미간행), p.87.

46) 앤더슨에 의하면, 식민지 교육정책의 목적 중의 하나는 정치적으로 믿을 만하고 '은혜'를 알며 문화변용을 겪은 토착 엘리트로서, 식민관료체제와 상업적 기업의 하급 계층의 일을 하는, 식민종주국의 언어를 아는 식민지인을 일정한 수만을 배출하는 것이다. 윤주영이 말하는 좋은 직장이란 결국 이러한 일을 하는 직장을 의미한다고 볼 수 있다: 베네딕트 앤더슨. 윤형숙 옮김(1991). 위 글, p.158.

일제는 내선일체를 주창했지만, 실제로는 진학과 취직 및 급여에 있어서 일본인과 조선인사이에는 엄연한 차별이 존재했다. 식민지 교육의 목적은 사실상 하급노동력의 확보에 있었기 때문에 실업학교 외의 중등교육기관의 신설을 허락하지 않았다.[47] 그 결과 중등학교 진학률은 10-15%에 불과했다. 여기에는 학비를 부담할 수 없는 조선인들의 경제적인 빈곤도 이유가 되었겠지만, 보다 큰 이유는 조선인을 위한 중등교육기관의 수가 절대적으로 부족했었다는 점이다.[48] 게다가 공립학교는 일본인 학생을 더 많이 뽑았기 때문에 1930년대에 이르면 중등학교의 입시경쟁이 치열해지는 현상이 나타났다.[49] 이러한 사회적 조건하에서 정채영이나 윤주영과 같은 여유 있는 계층에서는 이미 교육을 통해 사회적 지위가 높은 근대적 직업을 획득하고 사회적 상향이동을 기대하는 교육열이 높은 어머니들이 나타나기 시작한 것이다. 정채영이나 윤주영은 자녀들이 좋은 상급학교에 진학할 수 있었기 때문에 자신들이 어머니역할을 열심히 했고 잘 해냈다고 평가한다.

이와 같이 교육문제가 어머니역할에 있어서 중요한 문제로 인식되는 것은 경제적으로 여유있는 가족에 한해서이다. 김지배와 같은 빈곤한 농민·노동자계층의 어머니에 있어서는 앞서 지적한 바와 같이 자녀교육보다 생존이 절실한 문제여서 먹이고 입히는 문제가 우선 과제였다:

"내가 뭐 원한다구 그렇게 되남. 지들이 해야 되는 거지. 아이구 뭐 자식이 어떻게 되길 바라구 그런 것두 없었시유. 잘 멕이구 입히구 그렌

---

47) 홍일표(1997). 위 글, p.301.
48) 김정우(1999). 일제하 초등교육과 근대적 주체의 형성에 관한 연구-1920-40년대 보통학교교육을 중심으로-(연세대학교 사회학과 석사학위논문, 미간행), pp.8-9.
49) 오성철(2000). 『식민지 초등 교육의 형성』(서울: 교육과학사), p.202.

게지유. 먹을 것두 못 먹어서 참 고상 많이 했시유."〈김지배〉

조연수는 당시 훌륭한 어머니란 남편이 죽어서 살기 어렵게 되어도 아이들을 버리지 않는 어머니라고 하였다.[50]

"그때 훌륭한 어머니는 어려워두 애들 끝까지 잘 기르는 게 훌륭한 어머니야. 그런 사람 많았어요. 남편 죽구 나서 살기 어려워지면 어디루 엄마가 나가 버리는거야. 그르믄 애들은 고아원에 가거나 거지가 되는 거지. 그 땐 거지 많았어요. 지금 인하대학교 있는데 거기 내가 시장을 혼자 못 댕겼어. 무서워서. 남편 죽구 살기 어려워두 애들 잘 키우는 게 훌륭한 어머니지."〈조연수〉

이와 같이 일제시기 자녀교육자로서의 어머니는 계층에 따라 상이한 성격의 역할을 수행했다. 여유있는 계층에서는 상급학교의 진학을 염려하고 학부모회에도 열심히 참가하는 등 교육열이 나타나기 시작하였지만, 빈곤층에서는 교육적인 기대보다는 자녀들의 기본적인 의식주를 충족시켜주는 일이 절실한 문제였다.

또한 일제는 가정에서의 일본어 사용뿐만 아니라, 전시체제에 맞는 시

---

50) 이는 당시 매년 증가 일로에 있었던 기아현상을 반영한다. 1920년 기아는 96명에서 1929년에는 207명으로 증가했다; 善生永助. 朝鮮の生活と犯罪.『朝鮮』1931. 3. 1932년에는 378명(남아 162명, 여아 216명)에 이르러 12년간 약 4배로 증가하였다; 수자로 나타난 조선의 혼인조사.『신여성』1933. 9. 이렇게 기아가 급증하는 주원인은 빈곤이다. 조선총독부 통계에 의하면, 1926년 세궁민이 총인구의 11%이고 거지가 11만 명이었으나, 5년 후인 1932년에는 세궁민이 25%, 거지수도 16만 명으로 급증했으며, 소작농의 75%가 부채를 안고 있었다; 김송달(1998).『한국근현대 100년사 1』(서울: 거름), p.424.

230

국교육을 철저히 시키고, '어머니회'를 조직함으로써 어머니들로 하여금 자녀들의 사상적 감시 역할을 하도록 요구하였다.[51] 그러나 점차 일본의 패망을 어느 정도 직감하고 있었던 구술자들은 일본의 패전에 대한 예상이나 식민체제에 대한 비판을 자녀들 앞에서는 드러내지 않도록 조심하였다.[52] 이것은 당시의 사상 단속이 얼마나 삼엄하였는가를 말해주는 단적인 예이다:[53]

"(일본인들의 지시를) 다 받아들여야지 안 받아 들이면 그 치하에서 어떡하우. 그리고 일본이 이제 망한다 하는 말을 그 아이(집에 와있던 국민학생 조카를 말함) 듣는 데서는 못했어. 우리는 상상은 했지. 왜 그른가면 놋그릇 다 빼앗아 가고 놋그릇 빼앗아 가서 총을 만드니 그게 물자가 되겠어? 미국같은 그런 나라하고 지금 대결을 하고 있는데. 그러니까 이것은 망할 징조다 하고 어른들은 알았지만 그 아이 듣는 데선 그런 말을 일절 못했어요."〈김인옥〉

김인옥은 '학교에서 배운 대로 내선일체인 줄 알고 있는 어린 조카가 밖에 나가서 무슨 말을 할 지 모르니까' 그 아이 앞에서는 일본에 대한 비판을 할 수 없었으며, 일상생활에 있어서도 되도록 일본어를 사용하고자 했다:

---

51) 제3장 3. 참조.
52) 변은진 역시 44년 말경부터는 조선인들 사이에 일제의 패망을 확신하는 사고가 팽배해졌다고 지적한다; 변은진(1998). 日帝의 파시즘전쟁(1937~45)과 朝鮮民衆의 戰爭觀 『역사문제연구』 제3호 (서울: 역사문제연구소), pp.161-216.
53) 나치 역시 가족을 보호한다고 하였지만, 아동들로 하여금 부모의 반국가적 행위를 밀고하도록 하였다.

"우리 집에 국민학교 다니는 아이가 있으믄 집에서두 함부루 한국말도 안해야 되. 일본말로 해야되. (그렇게 하셨어요?) 그럼. 우리 조카애가 하나 우리 집에 와 있었는데, 걔 듣는 덴 될 수 있는 대로 일본말로 했지. 국민학괸데 순진하니까, 학교에서 하라는 대루 하니까 무서워서. (학교 가서 얘기할까봐?) 그럼."〈김인옥〉

김희진의 아버지는 지주로 평안도에서 독립자금을 모집해서 보내주는 역할을 하였다. 그러나 김희진과 그의 형제들은 이 사실을 해방 후에야 비로소 알았다:

"우리 아버지가 독립자금 모집해서 보내는 책임자요. 몰랐어. 우리가 아버지 행적을 몰랐어요. 알면 큰 일 나지. 민족이라던지 그런 거 다 비밀이니까. 아버지가 그거 하는 것도 몰랐다니까. 해방 후에 책 나와서 알았지."〈김희진〉

김희진의 아버지는 가족의 안전을 위해 이러한 일을 철저히 비밀리에 했던 것이다. 김희진은 가정에서 부모로부터 특별히 민족정신을 고취시키는 교육을 받지는 않았지만, 이러한 민족의식을 가진 부모의 영향으로 자연히 일본에 대한 반감을 갖게 되었고 조선인으로서의 정체성도 형성시킬 수 있었다:[54]

"특별히 부모님이 (민족에 관한) 얘기 하시지는 안았지만, 우리는 벌써 어른들이 앉아서 자기네끼리 하는 얘기 듣구……우린 일본이라면

---

54) 정옥순 역시 가정에서 보는 부모들의 태도에서 자연히 민족의식을 가지게 되었다고 하였다: "집안에서 애국자적인 말씀 안 하셔두 그냥 우리들은 어렸을 때부터 저절로 그런 걸 좀 깨달았죠."〈정옥순〉

늘 배격하구 조금두 호감이 없구 항상 적개심만 가지구 있었으니까.
우린 일본 사람이라구두 안하구 일본놈이라구 그랬구. 될 수 있으면
일본말 안쓸라 그랬구. 우리 집안엔 삼일운동때 전부 옥고를 치루구
그런 사람들이라……"〈김희진〉

더 나아가 민족정신이 강한 가정에서는 보다 적극적으로 조선인으로
서의 정체성을 갖게 하는 가정교육을 하였던 예도 있다. 이은실의 아버
지는 목사로서 식민체제를 비판하는 행위로 인해 옥고를 치르기도 하였
고 창씨개명도 하지 않았던 인물이다. 이은실은 아들 출산 후 남편과
사별하여 친정에서 살았는데, 그의 아버지는 손자에게 민족정신을 고취
시키는 가정교육을 하였다:

"자녀교육 바르게, 한국 진짜 조선인 맨들려고 했죠. 국가의식 넣어줄
려고 했죠. 외할아버지께서 계시고 그러니까. 우리 아들은 춘원 이광수
씨가 동아일본가 조선일보인가에 이순신 장군을 연재했는데 그걸 몇
번이구 계속 읽었어요. 외할아버지가 이순신 장군 얘기만 만날 해줬다
구요. (집에서) 아유 일본어 안 시키죠. 누가 그거 시켜요. 우린 안 했
어요."〈이은실〉

이은실은 비록 직장에서는 교사로서 일본식 교육을 해야 했지만, 가
정에서는 아들에게 일본어를 가르치거나 하지는 않았다. 그는 일본식
교육을 강요하는 억압이 싫어서 사립학교의 교사로 재직했지만, 점차
사립학교에 대한 탄압이 강해지자 공립학교로 옮길 수밖에 없었다. 한
진숙은 전시체제기에 줄곧 교육을 받아, 이전 시기에 교육을 받았던 다
른 구술자들에 비해 일본인으로서의 교육에 대해 무비판적이었으며, 일
본인으로서의 정체성을 자신의 정체성으로 수용하려했던 태도가 강하게

나타났다. 그러나 그는 이러한 태도는 학교에서만이었지 집에서는 달랐다고 하였다:

"학교에 가면 성적이 좋아야 되니까 하라는 대로 했다 뿐이지. 일본이 우리나라라는 생각은 안했지. 당연히 한국 사람이라구 생각했지. 일본 사람이라고는 생각 안했지. 집에 오면 당연히 한국 사람이지. 생활이 한국 사람 생활이었으니까. 너는 한국 사람이다 그런 교육은 없었어도."〈한진숙〉

한진숙은 학교에서는 성적 때문에 일본인 교사가 시키는 대로 따라할 수밖에 없었지만, 집에서는 모든 생활이 한국적이었으므로 당연히 한국인으로서의 정체성을 가질 수 있었다. 예를 들면, 그의 어머니는 백색 한복의 착용을 금지하는 일제의 통제에도 불구하고 제삿날에는 반드시 흰 치마저고리를 입었으며, 그는 일제 말기 학교에서는 가르치지 않았던 한복 만드는 법을 어머니에게서 배울 수 있었다:[55]

"우린 여학교 때 한복만드는 건 안 배웠거던. 맨날 근로봉사 나가구 하니까. 그래두 집에서 우리 어머니가 (한복)만드시는 걸 보고 옆에서 같이 하면서 보고 배웠어. 우리 어머닌 그때 흰 치마저고릴 못 입게 해두 제삿날 같은 때는 꼭 입으셨지."〈한진숙〉

---

55) 전시체제 이전에 여학교교육을 마친 여성들은 학교에서 한복만드는 법을 배웠다고 하였다. 전시체제하에서는 근로동원으로 수업은 오전에만 이루어졌고, 교육내용에 있어서도 군사훈련을 중요시하는 한편 다른 과목에 있어서는 이전 시기보다 상당히 소홀해진 면이 많았다.

234

일제는 조선인의 의식주와 관혼상제를 비롯한 여러 관습을 일본식으로 바꾸고, 전시체제에 맞추어 정한 '비상시생활기준양식'에 따라 생활양식을 통제하였다. 이에 따라 앞서 기술한 바와 같이 결혼예식에 있어서도 많은 규제가 있었고, 명절과 제사를 양력으로 지내게 하였으며, 여성들은 전시 여성복장인 몸뻬차림이 아니면 외출이 어려웠다:

"해방 직전에는 요, 몸빼 안 입으면 여자들 다니질 못했어요. 할 수 있어요? 몸빼 바지 하나 입구 윗도리 하나 맞춰 입구……"〈정옥순〉

그러나 구술을 통해서 보면 대부분의 여성들이 강제적인 규정을 제외하고는 가정 내에서는 조선적인 생활양식과 습관을 그대로 유지해 나갔다.56) 한진숙은 민간신앙에 대한 규제에도 불구하고 전시체제하에서도 그의 어머니가 가정에서 부엌신과 터주신 등 민속적인 종교를 유지하고, 의식주의 생활에 있어서도 전통적인 생활양식을 고수해 나가는 것을 보았다:57)

"집 뒷산 밑에 산신 모시는 초가집이 있었어. 짚으루 초가집처럼 만들어서 해놓은 데다 밥 한 그릇하고 정화수하고 떠다 놓고 어머니가 내

---

56) "그때는 음력설을 못 쇠게 했어. 떡두 못하게 하구. 술두 해먹으면 그냥 벌금 물리구. 그래서 밤이면 몰래 몰래 지내구 했다구."〈김연수〉
57) 일제는 동화주의와 미신타파를 위한다는 명분을 내세워 민간신앙을 규제하였다. 특히 마을 주민의 공동의 신앙인 동신(洞神)신앙은 이를 통해서 집단의 단결이 형성되었기 때문에 일제에 대한 저항의식이 발생하는 것을 우려하여 강하게 제재를 가하였다. 그러나 여성들에 의해 주관되던 가택신(家宅神)신앙은 가정 내에서 은밀히 이루어졌기 때문에 지속적으로 유지될 수 있었다: 이은순(1999). 일제하 농촌여성의 생활과 민간신앙. 『국사관논총』 제83집, pp.227-238.

내 빌었지. 그리구 집안에 부엌에도 있었어. 무슨 새로운 음식을 하면 거기다 놓고 빌고. 외부에서 온 음식도 먼저 거기다 놓고 빌고 난 다음에야 먹었지. 뜨락에는 터줏대감도 있고. 초하룻날에는 흰 밥에 정화수 떠놓고 빌고. 우리 어머니가 혼자 내내 그렇게 비셨어."〈한진숙〉

한진숙의 경우와 같이 일제 말기 줄곧 철저한 황국신민화교육을 받았음에도 불구하고, 조선인으로서의 흔들림 없는 정체성을 가질 수 있었던 것은 가정에서 어머니에 의해 조선적인 생활양식이 유지되고 이를 통해 고유의 가치와 문화가 전수되었기 때문이다.

정리하면, 식민지 교육체제는 가정을 황국신민화를 교육 방침으로 하는 학교교육이 연장되어 실천되는 장으로서 기능하기를 요구하였고 어머니들에게 그러한 교육의 주된 담지자역할을 요구했다. 이를 위해 강제성을 띠고 소집되는 학부모회를 통하여 어머니들에게 식민체제가 요구하는 학부모로서 수행해야 할 사항들을 주입시키고, 어머니들을 학교교육에 협력하는 순응적인 주체로 형성, 변화시키고자 하였다.

식민지라는 상황은 식민권력과 모성이 각기 서로 다른 목적을 위해 각자의 이익을 추구하고자 경합을 이루는 상황이라고 볼 수 있다. 식민체제는 체제유지의 도구로써 모성을 활용하고자 하며 이를 위해 모성에 대한 관념을 새로이 구성한다.[58] 그리고 식민지의 교육방식을 비근대적인 것으로 폄하하고, 계몽과 근대화라는 이름으로 개입을 정당화하였다. 그러나 어머니들의 모성 역할 역시 자녀의 생명을 보호하고 성장시키며, 공동체가 기대하는 사회적 역할을 수행할 수 있도록 준비시키고자 하려는 목적을 가지고 있다.[59] 따라서 어머니들은 자녀들을 생존을 위

---

58) Jean Allman(1994). *op. cit.*, p.29.
59) 사라 루딕(1991). 어머니의 사고방식. 권오주 외 옮김. 『페미니즘의 시각에서 본 가족』(서울: 한울아카데미), pp.108-109.

236

해 식민지배체제에 적응하게 하고, 다른 한편으로는 민족적 정체성을 가지고 이에 저항하도록 자녀를 준비시켜야 하는 상호모순적이면서도 복잡한 관계를 협상해야하는 상황에 직면하게 된다. 이러한 협상의 과정에서 어머니들이 내리는 선택은 다양할 수 있다.

구술에서 나타난 바와 같이, 어떤 어머니들은 식민체제에 대한 비판을 삼가고 가정에서도 학교가 요구하는 사항을 준수하고자 함으로써 체제 내에서 자녀를 안전하게 지키고 보호하고자 노력하였으며, 억압적인 체제하에서 생존하는 기술을 가르치고자 하였다. 또 어떤 어머니들은 보다 적극적으로 가정에서 지배권력의 언어를 익히도록 가르치는 것과 같은 가정교육을 통하여 식민지인에게 주어지는 제한된 기회 속에서 자녀들이 경쟁에서 유리한 위치에 올라 사회적 성취를 이루도록 지원하고자 노력하였다.

그러나 조선 아동을 황국신민으로 동화시키려는 식민체제의 억압하에서 자녀에게 민족적 정체성을 형성시키려는 노력은 어머니들에게 많은 긴장과 곤란을 수반한다.60) 면접에서 드러난 바에 의하면, 이은실의 경우와 같이 가정에서 자녀에게 민족의식을 고취시키기 위해 적극적인 노

---

60) 식민지배하의 어머니의 역할은 미국의 유색 인종의 어머니역할과 상당히 유사한 사회적 맥락에서 수행된다. 유색 인종의 어머니들은 유색 인종의 아동을 백인중심 문화에 동화시키고자 하는 사회적 억압 속에서 자녀에게 체재 내에서 생존해 나가는 방법과 기술을 터득하도록 가르치고 사회화시켜야 하며, 동시에 인종적 정체성을 갖게 하여야 하므로 모성역할에 있어서 모순과 긴장을 경험한다. 콜린즈는 모성 연구에 있어서 이러한 사회적 맥락의 중요성을 지적한다; Patricia Hill Collins(1994). Shifting the Center: Race, Class, and Feminist Theorizing about Motherhood. *Mothering : Ideology, Experience, and Ageney*. Edited by Evelyn Nakano Glenn, Grace Chang, and Linda Rennie Forcey, (New York : Routledge), pp.57-60

력을 기울인 경우도 있었지만, 대부분의 구술자나 그들의 어머니들은 전시라는 억압적인 동원체제하에서 자녀를 안전하게 보호하는 일을 보다 중요시하였다. 식민지배하의 학교교육체제는 가족에 대한 개입과 통제를 중요시하였으며, 이러한 과정에서 어머니는 학교체제에 순응하도록 하는 규율화의 대상이 되었다. 그리하여 직접적으로 민족의식을 형성시키려고 노력하기보다는 전통적인 생활양식과 관습을 유지하는 일상적인 가정생활을 지속해 나감으로써 그 결과 자녀들의 정체성을 형성, 유지시킬 수 있었던 것으로 보인다. 이러한 어머니들의 모성 역할은 결과적으로 조선의 문화와 가치체계를 부정하고 일본화하려는 식민체제에 대한 저항으로 기능한 측면이 있지만,[61] 식민지배하의 학부모로서의 역할수행은 학교권력에 의해 순응적 주체가 되는 경험이 각인되는 계기로 작용하였음을 부정할 수 없다. 이와 더불어 어머니들의 체제억압에 대한 저항의 방식은 가족중심주의적 생존전략을 취함으로써 더욱 가족주의적 가치를 옹호하도록 하는 방향으로 나아갔다고 생각된다.

---

61) 제국주의와 식민지배하의 여성의 역할을 연구한 컬필드에 의하면, 아동이 사회 내에서 자신의 위치를 인식하도록 사회화되는 곳은 가족이기 때문에 가족은 제국주의적 압제에 저항하는 중심적인 장소가 된다. 따라서 식민주의자들은 연장자의 권위를 부정하는 등의 방법을 써서 체제에 대한 저항을 막아내기 위하여 가족을 식민화의 주요한 타겟으로 삼는다. 그러나 전통적인 제도를 파괴하고 폄하하는 식민자의 노력은 오히려 피식민지민들로 하여금 고유의 생활양식을 지키고 재창조하려는 동기를 부여한다. 이러한 가운데에서 전통을 유지하고 친족관계를 지속시켜 나가는 어머니들의 일상적인 활동은 체제에 대한 저항의 의미를 갖는다는 것이다; Minna Davis Caulfield(1975). The Family and Cultures of Resistance. *Socialist Revolution* 20, pp.67-85.

5. 조선 여성으로서의 정체성

작년 가을 여란이는 상급반 학생 몇 명과 함께 일본인 사감 배척운동
의 주동자로 몰려 종당엔 종로경찰서 신세를 진 일이 있었다. 나까무
라라는 일본인 사감이 기숙사생들의 반감을 산건 일본화 교육의 생활
화에 너무 철저했기 때문이었다. 방마다 가미다나를 모시게 하지를 않
나 숟갈질은 야만적, 젓갈질은 문화적이라고 우기지를 않나, 심지어는
다다미방에서 발달한 여자들의 꿇어앉기를 여성미의 극치인 양 온돌방
에서도 강요함으로써 앉고 일어서는 걸 형벌처럼 고통스럽고 굴욕스럽
게 했다. 기숙사에서 발단한 나까무라 사감 배척운동은 곧 전교생 맹
휴(盟休)로 파급됐다. 삼백여 명 전교생이 한 명의 이탈자도 없이 참
여한 맹휴에서……

–박완서 『미망 3』[62)

일제는 전시하에 조선 어머니들이 수행해야 하는 실제적인 가정교육
의 방침을 「어머니 전진훈(戰陣訓)」이라는 이름으로 알리고 이를 준수
할 것을 요구하였다. 이것은 태평양전쟁 이후 일본 문부성이 전시체제에
대한 여성의 전시 협력과 효과적인 여성 통합을 위해 일본 어머니들의
전시하 가정에서의 교육 방침으로 작성한 것이다. 식민권력은 조선에서
도 이와 동일한 내용을 제시하면서, 식민지라는 조건 때문에 조선 가정
을 일본화하고 조선 여성을 일본 여성화함으로써만이 내선일체의 효과
를 거둘 수 있음을 강조하였다. 즉 조선 어머니들이 가정에서 올바르게
자녀를 지도하기 위해서는 어머니 자신이 먼저 일본의 어머니를 배우고

---

62) 박완서(1990). 『미망 3』(서울: 문학사상사), p.32.

일본 여성의 정신을 배우지 않으면 안 된다는 것이다. 이러한 정책은 여학교의 교육방침에서도 나타났다. 일제는 여학교에 일본인 여교사를 두고 일본식 예의작법을 가르치게 하여 일본 정신을 불어넣고 일본식 예절과 몸가짐을 가르치고자 하였으며, 그들과 일상생활에 있어서도 자주 접촉하게 함으로써 자연스럽게 일본 문화를 접하고 수용하도록 했다:

"아 작법시간, 우리 숙명학교는 운동장이 좁은데두 저쪽에 일본집이 하나 있었어요. 거기에 후치자와 노에 선생이라구 학감이 계셨거든요. 그이가 늘 몸이 안 좋아서 겨울엔 마산으로 피안을 가고 그랬어요. 그분이 아주 훌륭하신 분이래요. 그 집에 가서 작법시간을 거기서 배웠어요. 다다미 방이거든요. 거기 앉아 가지구 차 내는 거랑, 걷는 거랑 일본식 작법 좀 배웠어요. 상징적인 인물이죠. 매우 훌륭하신 분이래요. 미국두 갔다오신 분이예요." 〈정옥순〉

후치자와 노에(淵澤能惠, 1850-1936)는 1905년 한국에 와서 한일부인회[63] 총무를 맡았고, 이 단체가 설립한 숙명여학교의 전신인 명신여학

---

63) 한일부인회 조직에 중심 역할을 한 것은 일본의 애국부인회로서 1905년 이후 조선에 파견된 일본 관리의 부인들은 거의 모두 이 단체의 회원이었다(애국부인회에 관해서는 제1장 3.을 참조). 1906년 애국부인회는 엄비를 총재로 하여 조선의 정부 각료의 부인들을 중심으로 한일부인회를 조직하고 명신여학교를 설립했다. 이 회의 회장 이정숙이 명신여학교의 교장이 되었지만, 그는 명목상의 교장에 불과했고 한국말조차 알지 못하는 후치자와 노에가 실제적인 학교 설립과 운영을 담당했을 뿐만 아니라 일본식 예법 등의 과목을 가르쳤다. 한일부인회는 표면적으로는 한일부인간의 친목과 여자교육이라고 하였지만 사실상은 조선 여성들을 일본의 식민정책에 협력시키기 위해 조직된 것으로, 상류층 자녀를 중심으로 한 여학교를 설립함으로써 병합 이전부터 조선 여성들을 식민정책에 협력하도록 규합하고, 일본식 여성교육을 시키고자 했던 것이다; 박용옥(1974). 한일부인회

교의 창립에 관여하면서 32년간 학감으로서 사실상의 교장 역할을 하였다. 말하자면 그는 식민지 여성교육을 담당했던 제1세대 일본 여성 중 대표적인 인물이라고 볼 수 있다.[64] 숙명여학교를 다녔던 정옥순은 재학 시 학교 바로 옆에 있었던 그의 일본식 가옥에서 일본식 예의범절을 배웠으며, 그가 학교에서 대단히 존경받는 위치에 있었던 교사였다고 구술했다.

> "(훌륭한 어머니는?)우리 적에는 그야말루 그냥 후사꼬(이방자) 그 양반 소리만 밤나 들었어. 제일가는 미인이었어. 그 양반 치마 저고리두 다아 뭣이 허게 입구서……그런 얘기 듣지."〈정채영〉

정채영이 다녔던 경기여고보에서 가장 훌륭하고 모범적인 어머니의 전범으로 가르쳐진 여성은 한국 여성이 아니라 일본 여성이었던 이방자 여사였다. 이러한 교육은 정채영에게 현재까지도 그가 훌륭한 어머니이며 동시에 '제일가는 미인'으로 각인되어 있는 것으로 보인다.[65] 이은실

의 조직배경과 활동. 『한국학논총』(서울: 형설출판사), pp.63-70.

64) 任展慧는 오쿠무라 이요코, 후치자와 노에, 쯔다 세츠꼬를 식민통치에 가담한 세 명의 여성으로 지적하고, 일본 여성의 조선 식민지배에 대한 책임 문제를 제기했다. 鈴木는 이들 세 여성은 정치, 경제뿐만 아니라 사상과 교육, 문화에 이르는 일본 여성에 의한 조선 여성의 지배를 나타내는 계보라고 지적한다. 그는 일본의 페미니즘은 일본의 제국주의적 침략과 식민지 건설에 반대하지 않았으며, 오히려 당시의 『婦女新聞』(1900-1942년까지 간행된 근대 일본 유일의 여성신문으로서 '부부의 도리를 바르게 하고, 여자 고등교육의 문호를 개방하며, 사회적으로나 가정적으로 여성의 지위향상'을 모토로 함)에서조차 무력적인 조선의 병합을 '다년의 악정'과 '국민의 무지'에 기인하는 '당연한 결과'로 보고, 식민지에의 일본 여성의 '진출'을 장려했다고 비판한다; 鈴木裕子(1994). 『フェミニズムと朝鮮』(東京: 明石書店), pp.38-44.

은 일제하에서 그가 배웠고 또 국민학교 교사를 하면서 가르친 일본식 교육이 절도 있고 철저한 교육이기 때문에 '잘 배우고 잘 가르쳤다'고 하였다:

"일본 사람들은 항상 예절, 바르게 참 똑바루 가르쳤다 그랬어. 나는 지금두 잘 배웠다, 잘 가르쳤다 그랬어. 내가 그렇게 배웠고, 또 내 자신이 일본인 밑에서 아이들을 그렇게 가르쳤고. 일본 사람은 질서있고 정연하고, 그것만은 참 본받을 만 해요. 일본 교육이 철저했다는 거는. 일본 여성 하여간 다른 사람들한테 친절헌게 몸에 배서 그렇게 나옵디다. 일본 여성들 그 예절, 절도있는 생활. 이거는 우리가 본받을만 해. 선생님 집에두 가구 그랬지. 아주 그냥 절도있는 생활 허는 걸 봤어."
〈이은실〉

정옥순과 비슷한 시기에 같은 여학교를 다녔던 이종희는 일본인 여교사를 통해서 배우는 일본식 예절이나 일본책을 통해서 접하는 일본 여성들의 태도를 배우고 본받아야 하는 것으로 생각하고 있었다:

---

65) 공립여학교에서 철저한 일본식교육을 받았던 정채영 뿐만 아니라, 당시 암 암리에 독립사상을 고취시키는 교육을 했던 야학에 다녔던 여성 역시 이 방자 여사를 훌륭한 여성으로 생각했던 것을 발견할 수 있다. 이것은 해방 이후의 이방자 여사의 활동에 대한 평가를 포함하는 것이겠지만, 식민지시기를 경험한 여성들의 일본 여성에 대한 어떤 고정된 관념의 일부일 수도 있을 것이다: "일본 사람 말이 났으니 하는 말인데 방자 여사만 해도 그렇다. 동기야 어떻든, 비록 적국 여인이긴 하지만 그 분에게 나는 존경심을 가지고 있다. 그 분은 남편을 따라 한평생을 보냈고 또 일본의 귀족딸로 태어났으면서도 우리나라를 위해서 일도 많이 했다": 박필술 구술. 조규순 정리(1985). 위 글, p.13.

"우리가 늘 책 같은 거 보면 그 사람들(일본 여성)의 태도는 참 본받을 만 해요. 뭐 소설이구 뭐구 그 땐 다 일본말루 읽었으니까. 한국말 책보다는 일본말 책이 훨씬 읽기가 쉽고 많이 읽었으니까. 개네들의 태도는 참 우리가 배워야 되겠다……그 말 또 상냥하게 하고, 우린 왈가닥이잖아요. 개네들 말 상냥하게 하는 말솜씨라든가 태도같은 거는 배워야 되겠다고 생각을 했어요. 평상시에 늘 접하죠. 선생들도 많고."
〈이종희〉

「어머니 전진훈」에서는 외래(서구)사상을 개인주의적인 사상이라고 배척하고 일본 부인들 본래의 유순과 온화, 정숙, 인내, 희생, 봉공의 미덕을 지키고 함양시키는 데 노력해야 함을 강조했다. 학교교육을 받은 여성들은 학교에서 일본 여성으로서 배우는 예절 교육뿐만 아니라, 식민지의 언어교육으로 인해 한국어보다는 일본어에 능숙하게 되고 따라서 독서에 있어서도 일본 서적을 더 많이 읽게 된다. 그 결과 독서를 통해서 책에서 재현된 일본 여성의 태도와 몸가짐을 여성으로서 이상적인 것으로 인식하고, 이를 수용하고자 했던 경향이 발견된다.[66] 이것은 식민지 여성교육이 어느 정도 "교육적 효과"를 거둔 것이라고 볼 수 있다. 더욱이 황국신민화교육이 가장 철저했던 일제 말기에 학교를 다녔던 여성일수록, 일본 정신과 일본인으로서의 정체성을 보다 내면화하고

---

66) 최근의 식민주의연구에서는 식민주의자와 식민지인의 관계를 일방적인 지배와 피지배(종속)의 이분법적인 구분이 아니라 양자 간의 상호작용에 초점을 맞추고자 한다. 이에 따르면 식민주의자의 식민지인에 대한 태도에는 동화와 배제가 동시에 존재하였으며, 식민지인에게서도 마찬가지로 식민주의자에 대한 저항뿐만 아니라 모방이 함께 발견된다는 것이다; F. Barker, P. Hulme & M. Iversen eds.(1994). *Colonial Discourse/Postcolonial Theory*. (Manchester University Press); 박지향(2000). 위 글, p.9에서 재인용.

자 했던 것으로 나타났다. 그 대표적인 예가 한진숙이다. 한진숙은 1930
년생으로 중일전쟁이 발발했을 때 그는 국민학교 1학년으로서 그가 학
교를 다닌 시기는 줄곧 전시체제하였다. 같은 여학교를 나온 오혜자가
말하는 예의작법시간에 대한 태도와 그의 태도는 불과 4년의 시차밖에
없지만 상당히 다르게 표현되었다:

"다다미방에 가서 일본절하고 일본 앉음새 그런 거. 일본 선생하구 똑
같이 해야지 틀리면 안되지. 다리 저리지. 일어나면 걷지두 못했지. 내
가 왜 배우나 그런 건 없었지."〈한진숙〉

한진숙은 예의작법시간에 배우는 일본식 예절과 걸음걸이, 차 마시는
법 등 모든 예절을 일본인 여교사와 똑같이 하려고 노력했으며, 당연히
배워야 하는 것으로 알고 배웠다. 이에 비해 오혜자는 일본식 예의작법
시간을 "점수 안받을 수 없으니까" 한 것이었고, 또 가미다나[67]앞에 무
릎꿇고 앉아야 하는 체벌이 싫어 얌전히 들을 수밖에 없었다고 하였다:

"이거 레이기 사호(예의작법)두 점수 안 받을 수 없잖아……(일본인)
선생들두 이제 한국이 식민지니깐 식민지에 보내는 선생, 양성소나온
선생이 있드라구. 무슨 교육양성소 같은 데 나온 선생한테는 우리두
조금 데데하게 생각하구. 말두 잘 않들구."〈오혜자〉

오혜자와 같은 여학생들은 일본인 교사의 자격에 대한 비판의식도 가
지고 있어서 자격이 부족한 일본인 교사에 대해서는 반감도 가지고 있었
다.[68] 반면에 한진숙은 학교에서 가르치는 것이므로 학생으로서 아무런

---

67) 일본의 신을 모셔놓은 곳.
68) 일본의 근대적 여성신문인 『婦女新聞』에서는 합방 초기부터 조선민족을

244

의문 없이 당연히 배워야 하는 것으로 알고 배웠다. 이는 전시체제에 돌입함과 동시에 황국신민화교육이 보다 철저하게 침투되었음을 의미한다:

"학교교육이 굳이 너희들은 조선 사람이니까 일본 사람처럼 해야 된다 이런 구별이 없었어. 우린 당연히 일본 사람으루 교육을 받았지. 조선 사람, 일본 사람 이렇게 구별이 없었어. 일본 역사두 다 우리나라 역사 인줄 알고 공부한 거야. 우리 그때는 완전히 일본 사람 되는 게 영광이었었지. 일본말두 더 잘하고. 우리는 일본책을 읽는 데 한국식 발음으루 읽잖아. 근데 일본식 학교에서 온 아이들은 일본식으루 읽어, 일본 사람처럼. 그게 우리는 얼마나 그렇게 하구 싶었는지 몰라. 국어시간에 선생님이 밤나 개만 읽으라 그래. 걔가 너머 발음이 좋고. 그렇게 하구 싶구 그렇게 할라구 노력했지."〈한진숙〉

이와 같이 대부분의 구술자 중 여학교 이상의 교육을 받았던 여성들은 일본식 교육의 영향으로 학교를 다니지 않은 여성에 비해 일본 여성의 상냥함이나 친절함을 본받아야 할 미덕으로 보는 경향이 강했다. 그러나 이와 동시에 학교교육을 받은 여성들 중에는 조선인으로서의 정체성과 민족의식도 함께 가지고 있었던 것을 볼 수 있다. 그 한 예로 학교에서도 전시체제 이전에는 일본 정신을 강조하는 일본인 교사에 대해

지도하고 일본화하여 '문명의 백성'답게 하기 위해서 일본 여성들이 솔선하여 조선에 건너갈 것을 주창했다. 그리고 조선 부인을 지도하기에 적합한 직업은 여의사와 여교사인데, 조선에서 필요한 것은 '고상한 학과교사보다는 편물세공 등 초보적 수예로 충분하므로 소학교 교원 정도의 기술이면 가능하다'고 하면서 '새로이 습득하기보다는 오랜 기간을 소비하지 않고, 자격을 얻는 것이 마땅하다'고 하였다: 鈴木(1994). 위 글, p.43-44. 오혜자의 구술에서 실제로 속성으로 교원자격을 얻어 식민지에 파견된 일본인들이 다수 있었음을 알 수 있다.

서는 학생들이 반감을 나타내고 실제적으로 저항하는 행동을 일으키기
도 하였다:

"특별히 일본 민족성을 강조하는 그런 선생은 미움을 받죠. 국어선생
중에는 야마도 다마시(일본정신)를 아주 저기하게 얘기하는 사람들은
싫죠. 우리보다 2, 3년 위 선배들이 스트라이키를 일으켜 가지고 몇이
희생당했다 소리가 있드라구요, 민족얘기로 해가지구."〈이종희〉

조선인이라는 민족으로서의 정체성은 구술자들이 당시 십대의 여학생
으로 어린 경우, 가정에서 민족의식을 고취시켜주는 부모나 형제로부터
의 영향이 중요하게 작용한 것으로 보인다:

"그건(민족의식을 가지게 된 것) 자연히 그눔들한테 압박받구 사니까
그랬던 거 아니에요. 아, 그러구두 부모님들이 일본 사람들한테 대해서
굉장히 반감을 가지구 계셨든 거 같에요. 거 누구 경찰되는 거 보면은,
그 땐 순사라구 그랬거든요, 에이 저 개, 돼지만도 못한 놈이라구. 소
위 그냥 굶어 죽으면 죽었지 그눔들 앞잡이 한다구, 아주 아주 안 좋
게 말씀하시는 걸 늘 들었거든요."〈이종희〉

이종희는 학교에서 일본인으로서의 교육을 받았고, 일본 여성의 태도
와 말씨를 배우고자 한 면이 있었지만, 한편으로는 가정에서 부모의 반
일적인 의식과 태도를 접하면서 자연스럽게 민족의식을 가지게 되었다.
그는 학교에서 암송해야 하는 교육칙어에 대해서도 강한 반감을 가지고
있었음을 드러냈다.[69] 그의 그런 민족적 정체성은 그가 여학교 졸업 후

---

69) "(교육칙어) 외어야 되는 거니까 외었죠. 지금 하나투 몰라요. 빌어먹을
    것들. 그럼 얼마나 화나요. 나쁜 놈들."〈이종희〉

면지도원으로 농촌의 젊은 여성들을 지도할 때와 만주에서 국민학교 교사로 재직할 때에도 학생들에게 민족사상과 애국심을 고취시키는 행동으로 이어졌다:

"시골의 젊은 여성들이 굉장히 애국심에 불타가지고 민족사상을 불러넣어 주는데, 새벽이 깊어지는 줄 모르고 우리 집까지 와가지고 밤을 지새다시피 했어요. (만주에서 교사시) 아이들보구두 선생하면서 너희는 꿈을 크게 가져야 된다구, 그걸 입버릇처럼 아이들헌테 얘기했든 거 같애요. 나라의 운명은 결국 너희들 손에 달렸다, 너희들 꿈이 크면 이 나라의 꿈도 큰 거구, 꿈이 적으면 그냥 그렇게 저기하다 만다. 그런 얘기를 항상 정말 귀에 못이 백이두룩 아이들한테 해줬든 거 같애요." 〈이종희〉

김덕순은 나이가 어려 식민체제에 대한 비판의식을 가지지는 못하였지만 개성 송도고보를 다닌 오빠들로부터 민족사상에 관한 이야기를 접할 수 있었다:

"(신사참배 등에 대해) 그거 뭐 반대하는 거 없어요, 우리는. 의례껏 해야되는가부다 하는 거지. 학교에서 시키니까 하는 거지 아직 어리잖아요. 열댓살 그런데 뭘 아나? 전혀 그런 애국심은 몰랐어요. 근데 오빠는 개성송도고보 다녔거든요. 거기서는 선생들이 조금 주입을 시키더라고. 우리나라가 어드렇다 하는 걸 주입을 시켜서 우리 오빠들하고는 내가 싹 다르더라구요." 〈김덕순〉

강옥자는 전시체제 이전에 모든 교육과정을 마쳐서 그가 학교를 다닌 시기에는 조선인 교사로부터 비밀리에나마 조선 역사에 대한 교육도 받을 수 있었다. 게다가 그의 아버지는 군수였지만 일제 말기에 일본인 경찰서장과의 대립 끝에 군수직을 사임하였고, 어머니는 독실한 기독교 신자로 일제 말기에 강요되었던 가미다나의 설치도 거부하였다. 그는 그러한 자신의 어머니를 '참 대단한 분'이라고 구술하였다. 강옥자가 다른 구술자들보다 일제에 대한 강한 반감과 민족의식을 가지고 있었던 데에는 전시체제 이전에 교육을 마친 것 이외에도 이러한 부모의 영향이 컸던 것으로 생각된다:

"국민학교 댕기든 책을 아직까지두 내가 외는 구절이 있거던요. 특별히 찬양하구 그런 거는 우리 한국 애들이 안 외지요. 그때두 배일사상이 우리 한국 아이들에게는 아주 강했어요. 그때에 아무리 친한 척 해두 일본인하구는 속주구 말 안하니까, 그럼. 배일사상이 아주 가뜩 차 있으니까. 일본말을 배우긴 해두, (교육)칙어 허잖아요. 그러믄 입 딱 다물구 이러커군 복창을 안했어요. 그런 건 변소간에 가서나 하라구 그랬잖아요. 그리구 우리 어머니가 참 대단한 분이셨지. 가미다나를 집 집이 하라구 그러는데 우리 집은 그런 거 안했어요." 〈강옥자〉

민족으로서의 정체성이나 일본에 대한 배일감정은 교육받은 계층에서만 발견되는 것은 아니다. 빈농층이었던 이혜숙은 어릴 때 아버지가 청소 조사를 나온 일본 순사로부터 부당하게 심한 구타를 당하는 것을 본 경험이 있다. 이 기억은 현재까지도 그를 괴롭히는 트러마(trauma)가 되었는데, 그는 이 사건과 힘들여 지어놓은 농사를 수탈해가는 쌀공출 때문에 반일감정을 갖게 되었다:

"어느 날 청소조사 나온다 그러면은요, 부엌이구 어디구 하얀 장갑 끼구 와 가지구 더럽다 그러구. 우리 아버지두 그것 때문에 맨땅에 이렇

게 엎드려놓고……내가 어렸을 땐데 왜 우리 아버지 때리냐고 발버둥
치며 울었어요. (아버지가)며칠을 앓았어요. 그렇게 매맞은 사람이 한
두 사람이에요 뭐, 다들 매맞죠. 내가 얼마나 울었는지……지금두 일본
사람들 들어와 그러던 거 생각하면 무서워요. 돌아누워요 막. 지금도
한이 맺혀지죠……가미사마라고 천황폐하 사진을 줘요. 거기다 절하라
는 거죠. 그때는 저는 그것이 다 내 마음에 싫어. 억지로 하는 거죠.
내 아버지랑 농사를 죽도록 지어논 걸 그렇게 와서 가져가는데 그 사
람들한테 내가 마음을 좋게 먹을 리가 있어요? 아버지두 맨날 매맞고
했는데."〈이혜숙〉

또한 「어머니 전진훈」에서는 조선 가정을 일본화할 것을 권장하였는
데, 이것은 조선적인 문화양식을 버리고 일본적인 생활양식을 따르라는
것이었다. 그러나 실생활에 있어서는 일본인과 조선인의 주거지역이 엄
밀히 구분되어 있었고,[70] 일본인과 조선인들은 생활상에 교류를 할 만
한 접촉이 별로 일어나지 않았다.[71] 간혹 민족 간 접촉이 일어나는 경
우 조선인들은 일본인으로부터 민족적 차별과 모멸감을 느끼는 경험을
하기도 했다:

---

70) 예를 들어 경성(서울)의 경우 북쪽은 조선인이, 남쪽은 일본인이 주로 거
　주하였고, 이 두 지역에 대한 개발정책에도 뚜렷한 차별이 있었다: 김영근
　(1999). 위 글. pp.171-172.
71) 일제하 조선에서 살았던 일본 여성들의 구술사 면접을 했던 다바타 가야
　역시 일본 여성들은 조선인 가정부나 사용인 외에 조선인과는 거의 접촉
　이 없었으며, 일본인들은 그들끼리 밀집한 지역에서 생활하며 일본인 학
　교를 다니고, 일본인 상가를 이용하는 폐쇄적인 생활을 하였다고 지적했
　다: 다바타 가야(1996). 식민지 조선에서 살았던 일본 여성들의 삶과 식민
　주의 경험에 관한 연구 (이화여자대학교 여성학과 석사학위논문, 미간행),
　pp.74-76.

"애들 그 동리 가믄 조센진(조선인)이라 카고 손가락질 해가 똑 말한다 꼬. 을매나 분한줄 아노. 안 당하믄 모른다 참 분하다꼬. 일본 동네, 그 아덜 맘대로 몬간데이. 조센진 조센진하고. 일본 아덜하고 싸우지 않나. 일본 사람들 한국 사람 여보라 캤거든. 즈그 아덜 싸우면 '여보노꼬 아 이테니 스루나 (조선아이 상대하지 말라)' 카그든. 참 분해."〈윤주영〉

결론적으로 볼 때, 식민권력은 여학교교육을 통해서 조선 여성의 일본 여성화와 더불어 일본인화, 황국신민화를 위해서 많은 노력을 기울였지 만, 이러한 두 가지 의도가 동일하게 성취된 것 같지는 않다. 즉 당시 여 학교를 다녔던 여성들은 식민주의적 여학교교육을 통해 일본 여성의 전 통적 미덕과 태도의 우월성을 주입받았고, 그로 인해 학교교육을 받지 않은 여성들에 비해 일본 여성의 태도나 몸가짐을 여성으로서 보다 이상 적인 것으로 인식하고 이를 모방하고자 했던 경향이 강했던 것은 사실이 다. 그러나 대부분의 구술자들이 한국적인 생활양식과 문화가 지켜지는 가정에서 자연스럽게 부모들의 일본에 대한 태도를 접하고, 또한 일본인 들의 조선인들에 대한 차별을 경험함으로써, 민족적 정체성은 오히려 더 강하게 형성되는 측면이 있었다고 보여진다. 즉 여성으로서의 일본 여성 화는 학교교육을 받은 여성의 경우 상당부분 수용된 경향이 있는 반면, 민족으로서의 정체성은 흔들림 없이 유지되었던 것으로 보인다.

6. 군국주의와 모성

일제 말기에 황국신민으로서의 구실을 열심히 한 것도 어머니였다. 일 본인도 섞여 있는 반상회에 나가서 옆 사람이 통역해 주는 지시사항을 손가락으로 꼽으면서 외어가지고 명절날이면 국기도 남보다 더 큰 것을 날이 밝기 전에 내다걸었고, 방공연습이 있을 땐 나이가 많아 안 나와도 좋다는 데도 몬뻬에 바께쓰를 들고 나갔다. 모두 동경에 가서 공부하고 있는 아들 때문이었다. 방학이면 돌아오는 아들의 입에서는 일본의 욕밖에 나오는 것이 없었다. 졸업을 해서 아주 돌아와 살게 될 후의 일이 걱정이었다. 그래서 자기가 인심을 얻어 두지 않으면 안 되겠다 해서, 나라에서 하라는 일이라면 무엇이든지 솔선해서 했다.
『너 때문에라도 일본이 빨리 져야 하겠구나.』

─장용학 「喪笠神話」[72)

일제는 지원병제도를 실시하는 데 있어서 어머니들의 협조를 얻기 위해 적극적인 노력을 하였다. 지원병제도 실시의 취지를 선전하고 어머니들이 솔선해서 국가의식을 가지고 일본 천황을 위하여 싸우도록 아들을 지원병으로 내보낼 것을 촉구하였다. 그러나 사실상 지원병이란 강제적인 성격이 강한 것이었고, 특히 학생의 경우 학도지원병이란 거의 모두가 강제적으로 징집되는 것이었다.[73)

"(지원병)나가면 하이튼 돌아오는 사람이 몇 사람이 없었죠. 강제로 나가죠. 숨어 댕기다 못해서 잡혀서 나간거죠. 지원병이라고 그러지만

---

72) 장용학(1975). 『장용학선집』(서울: 선일문화사), p.286.
73) 전문학교 재학 중 학도지원병으로 징병되었던 오혜자의 남편 박상현은 학도병에 끌려가지 않으려면 '지하로 숨는 수밖에 없었다'고 하였다: "학병두 지원병이야. 명칭은 지원병이지만, 지원 안하면 헌병대에 끌려가. 그 어떻게 지원안해. 그건 강제지. 일반지원병은 지원이야. 그것두 일부 강제는 있었겠지만, 노골적인 강제는 아니구. (학병은)재학 중에 다 끌려가는 거야. 졸업장두 다 주구. 학도지원병은 거의 90프로 강제야. 안 가믄 못 배기거든. 지상에 나타날 수가 없어." 〈박상현(오혜자 남편)〉

은 지원해서 나갈려는 사람이 어딨어요. 아무나 붙잡히면 나가면 지원
병이 되 버리는 거지요. 하이튼 그거 나가면 죽는 건줄 알았죠. 돌아오
는 사람이 없는 건데."〈이혜숙〉

일제는 조선인이 일본 군인으로서 전장에 나가는 일이 조선인으로서
큰 명예라는 것을 인식시키고자 했다. 지식인들을 선전대로 동원하여
지원병제도의 취지를 선전하고 청년들을 지원병에 지원하도록 촉구하는
강연회를 개최하였다. 뿐만 아니라 일본 유학생의 경우는 아들을 지원
병에 나가도록 설득시키도록 하기 위하여 부모를 일본까지 보내는 등
지원병이 될 모집대상을 확보하는 데 매우 적극적이었다.[74] 또한 지원
병으로 나간 청년의 집은 "응소가정"이라 하여 신문에도 게재되는 등
선전용으로 활용되었다.[75]

"지원병 나가는 집은 거기다 써서 갖다 붙이구 야단칩다. 지원병 나
간다구 온통 선전이지. 헝겊으로 만든 것두 갖다 붙이구. 프랑카드 응.
그치만 누가 모두들 지원병 헐라구 그러나요……저 웃동네서두 뭐 지
원병 몇 사람 나갔다구 선전들 합다."〈강옥자〉

---

74) "그러구 경상도에서는요, 애들 아버지가 동경 상대 다녔거든요. 아버지가
와서요 학병 나가라구 도에서 보냈대요. 그래서 일본 유학생 아버지들 다
왔대요. 일본으로 보낸거죠. 아들 학병 나가게 하라고 일본 다 보냈데요.
별일이 다 있지 뭐. 일본 것들이 얼마나 못되게 굴었는데. 많아요."〈정옥
순〉
75) 이종희의 약혼자의 경우도 만주에서 대학 재학도중 형과 동시에 학도병에
징집되어 나가게 되었는데, 그의 고향에서는 두 사람의 출정을 선전으로
활용하기 위해 출정을 축하하는 잔치를 벌여주었다고 한다: "그 사람(약
혼자) 하구 그 사람 형하구 어떻게 같이 나가게 됐어요. 그랬드니 서골서
잔치를 벌여줬다 그러드라구요. 군수두 오구 동네사람들 불러서. 출정한다
구요."〈이종희〉

징병대상이 아닌 국민학교 학생과 여학생들에게도 지원병제도와 징병제의 취지를 선전하고 일본의 병사로 나가는 일이 일본 국민으로서 당연하고 명예로운 의무임을 주지시켰다. 국민학교 교사였던 이은실에 의하면, 태평양전쟁에서 전사한 가미가제 특공대의 어머니들의 훌륭함을 국민학교 학생들에게도 알리고 인식시키고자 하였던 것을 알 수 있다:

"가미가제 특공대의 어머니들이 훌륭하다든지 하는 거 학교 교실에 환경정리 할 적에 했어요."〈이은실〉

일제 말기 여학생이었던 한진숙은 학교에서 전시사상에 대해 가장 철저히 주입받은 세대였다:

"우리는 한창 전쟁 말기라서 전쟁에 대한 사상을 많이 주입시켰어. 결사대, 곽사이[76] 이런 거에 대해서 많이 이야기했어. 정신대 교육두 많이 받았구. 시국에 대한 이야기 내내 많이 들었지. 그렇게 아주 정신적으루 무장이 단단하게 되있다 하는 거를. 하여튼 교육을 그렇게 받았든 거 같애. 내 정신이 그랬으니깐. 한국 사람두 일본 군인으로 나가야 한다 하는 거를 굉장히 주입시켰었어. 우리가 무슨 반항심을 가지지 않기 위해서 애국심을 길러주기 위해서 그랬든거 같애. 애국이란 말을 많이 했었지."〈한진숙〉

일제는 전사한 군인을 국가적으로 영웅시하고, 전사한 군인의 어머니를 위대한 "군국의 어머니"로 칭송하였다. 여성들은 학교교육을 통해서나 신문, 라디오방송 등을 통해서 이러한 선전에 자주 접하였지만, 조선

---

76) 전시 일본은 군인들의 전사를 옥쇄(玉碎)라고 하여 천황을 위해서 죽는 죽음으로 미화했다.

인으로서 일본의 전쟁에 동원되어 희생되어야 하는 모순을 인식하고 있었다:

"이런 소린 들었지. 일본 엄마들은 자기 아들을 전쟁에 내보낼 때두 절대 울지 않구 그런다구. 그런 말을 듣긴 많이 들었어. 누가 얘기 했는지 모르지만……그냥 그렇게 알았지. 독하다. 자기네 나라니까. 우린 나라가 없으니까 나가는 데 독할 게 뭐 있어. 우린 슬프구 괴롭기만 하지."〈김희진〉

전시 사상의 주입뿐만 아니라 일제는 여성들을 전쟁의 응원부대로 동원했다. 위문주머니꾸리기와 위문편지쓰기, 센님바리(千人針)[77] 만들기, 출정하는 군인의 송영행사에의 참여 등 마치 전쟁에 나가는 혹은 전장에 나가있는 아들을 위로하고 격려하는 어머니의 역할을 집단적이고도 국민적인 규모로 모든 여성들에게 대행하게 하였다. 일제 말기 여학교에 다녔던 구술자들은 누구나 이러한 경험을 가지고 있었다:

"지나사변(중일전쟁)부터는 내내 전쟁이야. 출정하는 사람들 그 왜 빨간 걸루 하는 센님바리라는 것도 많이 했다. 학교에서 못하면 길거리 나가서두 하구, 지나가는 사람한테 꾸며 달라 그러구. 그거 해서 그눔들 출정하는데 줘야 되니깐. 그기 뭐 내가 혼자 그걸 다 꾸메는 게 아니라, 센님바리니깐. 천 사람이 그걸 매듭을 지어서 이렇게 보낸다 하는 정성이지. 천 사람에게 이거 한 바늘씩 떠 주세요 그러커구 댕기는 거야, 길거리에 서서 모르는 사람한테. 가사 재봉시간에두 허구, 또 딴

---

77) 흰 천에 천 명의 여성이 빨간 실로 한 땀씩 떠서 '무운장구'라고 수를 놓은 것을 말한다. 이렇게 천 사람이 한 땀씩 떠서 정성스럽게 만든 것을 출정하는 병사들이 차고 전쟁에 나가면 죽지 않는다고 하였다.

시간 노는 시간에두 나가서 하구. 국어시간엔 뭘 했는가 하믄, 전시니 깐 위문문을 많이 지었다구. 학교에서 위문편지쓰기 대회도 있었어." 〈오혜자〉

일제 말기의 여학교에서는 이러한 행사와 근로봉사에의 동원으로 정상적인 교육이 이루어지지 않았다:

"우리는 여학교에서 신사참배 갔다가 일본 사람들이 출정할 때 기차 정거장까지 따라가야 되요. 일장기 막 휘두르면서 기차가 떠나는 것까지 보고와요. 어떨 땐 하루 세 번 나가요 정거장에. 그러니까 공부를 제대로 못했어요. 그때는 남경함락 했다구 막 시가행진하고 그랬어. 일본 이겼다구. 싸이렌 불면 방공연습하고, 공부하다가도 나가야 되구." 〈김덕순〉

여학교에서뿐만 아니라 지역의 부인회 조직을 통해서도 이와 같은 전쟁의 응원부대 역할을 하도록 하였는데, 여성들은 남편의 사회적 위치나 지역사회에서의 지위에 따라 회원으로 참여하지 않으면 안 되었다. 한진숙의 경우, 그의 아버지가 함경도의 도의원직에 있었기 때문에 그의 어머니는 애국부인회의 회원으로서 활동하였다:

"위문편지, 위문대, 센님바리하고. 우리 어머니두 애국부인회에 나가서 센님바리 했어. 그런 데 나가서 동원되서 했지. 그 동네서 유지다 하니까 나가서 했지. 애국부인회 회원으루 거기에 주동역할을 해야 되지." 〈한진숙〉

정채영은 남편이 판사였고, 본인이 일본어가 가능하였기 때문에 참여

의사는 없었지만 애국부인회의 종로구 총무직을 맡아야 했다. 애국부인
회에서는 여성들의 전시참여의식을 고취하기 위하여 수시로 궐기대회나
시국에 대한 강연 등을 개최하고 회원들의 참가를 요구하였다:[78]

"애국부인회 종로구 총무했지. 애국부인회 시켰지만 시킬테면 시킬테
지 뭐 그래. 난 별루 부인회 안 나갔어. 동회에서 날보구 총무세우라구
불안해서 이름만 세워났지만. 그 때두 많이 들 돌아다니면서 했어. 많
이들 모여서 가구 그랬어. 어디서 뭐허구 어디서 뭐허구. 가령 종로구
어디루 부인회 모여라 그러면 모이잖아. 모이면 궐기대회헌다, 시국이
어쩌구 얘기듣구. 거긴 난 참석을 못했어. 애들허구 살림살구 사는
데……부인회 안나가두 괜찮았어. 왜정때라는게 그렇지 뭐."〈정채영〉

강옥자의 어머니는 남편이 군수였지만 그의 어머니는 독실한 기독교
신자로 일제에 대한 반감을 가지고 있었고, 따라서 부인회에도 그러한
의식에서 참여하지 않았다고 한다:

"우리 어머니는 군수 부인이라두 부인회를 안 나가셨거든요. 우리 어
머닌 권사님이니까 교회 댕기시기 때문에 부인회 이런 거 뭐 나서서
하는 거 절대루 안하셨으니까. 안해두 괜찮았어요. 우린 살림이 크구
그런 델 나갈 새가 없구. 우리 어머니가 일본놈한테 우리가 애국해서
어떻게 될라구……"〈강옥자〉

정채영과 강옥자의 경우에서 나타나듯이 일제에 대한 저항감에서뿐만

---

78) 애국부인회의 회원은 1939년 30만 명에 달했고 이보다 늦게 설립된 국방
    부인회는 2만 명으로 두 단체의 조선인 회원은 모두 13만에 달했다; 津田
    節子. 銃後の半島婦人. 『朝鮮』 1939. 9.

아니라 당시 여성들이 실제적으로 가사에 바쁘고 또 여성의 사회적 활동이 자유롭지 못한 때에 부인회에 적극적으로 참여하는 경우는 많지 않았다.[79] 이는 애국부인회에의 참여는 놋그릇이나 쌀 공출과 같이 강한 강제성을 띠고 시행된 것이 아니었음을 나타낸다:

"(부인회) 그런 거 딴 사람들은 하고 있어요. 여자들이 하는 사람이 있더라구요. 저는 와서 하라 그래도 살림도 어렵고 그런 거 할 수 있어요? 안했어요. 지금으로 말하면 활발한 사람들이 했는지……대부분 억지로 하지 원해서 나가는 사람 없어요. 그 당시에 부인네들이고 여자들이 자유가 있어요? 자유가 없잖아요. 워낙 지금 말하자면 완고한 집이에요. 양반집이라면 어디 부인네들이 밖에 나가나요. 안 나가죠. 어디 나가서 활동하고 그럴 수 없죠. 와서 하이튼 막 들라구 강제로 선전하구. 모던걸인가 뭐 그런 사람이 와서 들라구 막 그랬어요."〈이혜숙〉

실질적으로 애국부인회나 국방부인회의 활동의 주체는 남편이 공직에 있거나 교육계 등에 종사하고 있는 일부 일본 여성들이었고, 조선 여성들의 경우는 한진숙의 어머니와 같이 남편의 사회적 지위에 따라 자의 반 타의반 참여하지 않으면 안 되는 여성들이었다. 그렇기 때문에 일제는 지속적으로 조선 여성들도 이제는 가정에서만 머물러서는 안 되며 사회적으로 국가를 위해서 활동하여야 한다는 것을 강조했다. 그러나 여성들은 전쟁을 일본의 전쟁으로 인식하고 있었고 따라서 조선인으로서 일본의 전쟁에 동원되는 모순을 인식하고 있었기 때문에 결과적으로 일반 여성들의 참여는 소극적이거나 타율적일 수밖에 없었다.

---

79) 時局과 都會女性. 『總動員』 1939. 6, p.30, 自主力없는 愛國班. 『동아일보』 1939. 11. 29에서도 부인들을 상대로 한 강연회에 부인들의 참여가 저조하다거나 애국반에 조선인들의 참여가 저조하다는 지적이 제기되었다.

제5장 맺음말: 식민정치와 모성

　본 서는 식민지시기 한국사회에서 모성이 어떻게 규정되었으며 이와 더불어 실제로 어머니들은 어떠한 방식으로 어머니역할을 수행하였는가를 밝히기 위한 연구였다. 이러한 논의에서 출발점으로 삼는 모성의 개념이란 모성이 여성이면 누구나가 갖는 본질적인 특성이라기보다는 사회적·역사적으로 구성되는 관념이라는 여성주의적 관점이다. 이러한 관점은 시기적으로 그리고 사회 내 정치적 이해관심을 달리 하는 다양한 사회세력들에 따라 모성에 관한 관념이 다르게 구성된다는 시각이다. 따라서 본 서에서는 한국사회의 정치적 조건의 변화에 따라 전통사회와 개화기, 그리고 일제 식민지시기로 시기를 구분하였으며, 사회세력에 있어서는 남성과 여성 그리고 식민지배세력으로 구분하여 각 사회세력들이 각각의 사회적 위치에서 구성해내는 모성에 관한 인식과 관념을 분석하고자 하였다. 특히 식민지시기를 구분하는 데 있어서 이제까지 간과되어 왔던 일제 말기에 초점을 맞추어 이전시기와 달리 전시체제와 더불어 군국주의적 모성이 형성되었음을 분석하였으며, 이와 더불어 여성의 현실적인 생활경험과 인식을 구술사 면접을 통해 고찰하였다.

　연구결과를 요약하면 다음과 같다:

　유교이념을 정치이데올로기로 하는 조선시대에는 가부장제의 질서를 지지·존속시키기 위해 여성들에게 어머니로서 자녀에 대한 부단한 희생과 책임을 요구하였다. 특히 친자식에 대한 사랑은 맹목적인 본성으로 경계하면서 의붓자식과 서출에 대한 사랑과 헌신을 강조함으로써 가부장제 가족의 질서를 유지하고자 하였다. 자녀교육의 내용은 유교적인 도덕규범과 아울러 군주에 대한 충성과 신의라는 공적인 규범을 가르치는 것도 어머니의 역할로 규정함으로써, 모성은 사적인 가족과 공적인 국가체제의 유지를 위해 도구적으로 의미화되었다.

개화기에는 국권상실의 위기 속에서 모성의 교육자적인 역할이 부각되었다. 서구에서 근대국가의 성립기에 국가적 필요에 따라 모성이 강조되었던 현상과 마찬가지로, 남성지식인들은 국권회복과 문명국으로 발돋음하기 위해서는 장래 국민이 될 아동의 자질 향상의 필요성을 인식하게 되었고, 이에 따라 여성의 자녀교육자로서의 중요성이 국가의 장래와 결부되어 인식되기 시작했다. 여성교육의 필요성도 어머니로서 자녀교육의 성공적인 역할 수행을 위해 제창되었고, 여성은 이러한 모성적 역할을 통해서 국가에 기여할 수 있는 존재로 위치지어졌다. 근대적 교육을 받은 소수의 여성들 역시 남성과 동등한 국민으로서의 위치를 요구하기보다는 가정에서의 어머니역할을 여성의 본분으로 인식하였다.

한일병합 이후 전시체제에 진입하기 전까지의 식민지시기는 남성과 여성 그리고 식민지배세력이 각각의 정치적·사회적 위치에서 상이하고 다양한 모성담론을 구성해낸 기간이었다. 남성들은 민족의 운명과 장래를 위해서라는 레토릭으로 여성의 모성성을 규정지었으며, 나아가 모성애를 예찬하였다. 이는 여성의 근대적 교육의 보급에 따른 사회적 진출을 견제하고 여성들을 가정에 귀속시키고자 하는 의도를 드러낸다.

남성들이 일관되게 여성의 모성성을 강조하고 예찬한 데 비해, 여성들은 현실적으로 부딪히는 모성의 문제들을 제기하였다. 대부분의 여성교육자들은 가정에서의 모성의 교육적 역할을 강조하였지만, 가부장제 하에서 제도로서의 모성이 갖는 억압의 문제에 눈뜨기 시작한 일부 진보적인 여성들은 현모양처주의를 비판하고 모성과 어머니가 되는 것이 개인의 선택적인 문제임을 제기하였다. 특히 여성문학자들은 문학작품을 통해 이러한 모성에 가해지는 사회적 억압의 문제에 예리한 비판을 가했다.

어머니가 되는 것을 여성의 천직이 아니라 개인의 선택으로 보고자 하는 문제의식은 자녀수를 제한하는 담론으로도 전개되었다. 산아제한의 필요성을 주창한 여성들은 경제적인 이유나 모체와 아동의 건강을 위해 다산에 반대하고, 출산과 양육이 여성의 사회적 지위를 제한하는 원인이 될 수 있음을 지적했다. 또한 현실적으로 모성보호의 문제에 처하게 되는 여성노동자들을 위해 사회주의 여성단체와 근우회 등은 탁아소의 설치와 산전산후의 휴양 등 모성보호를 요구하였고, 여성노동자들도 공장 파업에서 모성보호를 요구하였지만 이는 모두 식민권력에 의해 무산되고 말았다.

한편, 일제는 식민 초기부터 여성 교육의 이념을 현모양처주의에 두고 식민체제에 순종적인 여성을 양성하는 데 주력하였다. 그러나 점차로 '미래의 충량한 일본 국민을 교육하는 어머니로서의 역할'에 치중하여 모성을 강조하는 방향으로 교육방침을 개정시켜 나갔으며, 마침내 전시체제가 확립되는 30년대 말에는 여성교육도 군국주의화하게 되었다.

일제는 1937년 중일전쟁을 도발한 이후 조선에서 전시체제를 확립하고 조선인의 사상과 일상생활을 전쟁을 위해 전면적으로 통제하기 시작했다. 이미 연구된 바와 같이 물자와 식량의 수탈, 그리고 남성의 노동력과 군사력, "군위안부"와 같은 여성의 성적 착취뿐만 아니라, 일반적인 모든 여성들을 전시체제에 협력하도록 동원했다. 본 서는 그러한 일반적인 모든 여성을 대상으로 한 동원이 모성을 이데올로기화하고 식민화하는 것을 바탕으로 이루어졌음을 밝혔다. 구체적으로는 모성의 출산과 양육, 자녀교육, 군국주의적 어머니 역할을 식민지배의 정치적 목적을 위해 도구화하고 동원함으로써 이루어졌는데, 자료 분석을 통해 밝

힌 구체적인 내용은 다음과 같다:

첫째, 전쟁에서 소모되는 병사력의 충원을 위해 다산을 장려하고 산아제한을 금지시켰다. 독신주의를 국책위반으로 비판하고 강건한 모체육성을 위해 여성의 신체단련을 강화하는 등 출산을 국가적 목적을 위해 도구화하였다.

둘째, 인적 자원에 대한 필요성에서 유유아(乳幼兒)의 건강을 중요시하는 정책을 전개하였지만, 이것은 실질적인 의료서비스나 의료시설의 보급보다는 유유아의 건강과 생존을 전적으로 어머니의 양육 책임으로 규정하고, 식민권력이 제시하는 양육기준에 따르도록 "계몽"하는 방식에 그쳤다.

셋째, 황국신민화교육의 보조적 역할을 어머니들에게 요구하였다. 자녀에게 일본 정신을 고취시키고, 가정에서 일본어를 사용하게 할 것, 근검절약과 "애국적" 생활태도로 자녀에게 모범이 될 것 등 세부적인 사항을 시달하고 실천을 요구하였다. 소학교(국민학교)의 '모자회' 조직을 통해 학교교육체제에 협조하도록 어머니들을 규율화하였으며, 또한 청소년층의 사상적 범죄 방지를 위해서 '어머니회'를 설치하였다. 이러한 어머니의 조직화와 동원은 모두 식민체제가 필요로 하는 어머니역할의 주입과 규율화과정을 통해 식민지배에 적합한 '식민지형 어머니'를 만들어 내기 위한 것이었다.

넷째, 군국주의와 전쟁에 여성들을 협력시키고 동원하기 위하여 모성을 이데올로기로써 이용하였다. 전사한 군인의 어머니를 애국적인 어머니로 칭송하고, 아들을 지원병에 지원시키도록 어머니들을 설득하였다. 또한 군인의 사기 진작을 위해 병사를 위문하고 전쟁을 지지하고 응원하는 활동에 여성들을 동원하였다.

한편, 일제 말기에 이러한 식민지배세력에 의한 모성의 강조와 실제적 동원을 어머니들이 어떻게 인식하고 어떠한 방식으로 어머니역할을 수행해 나갔는가를 17명의 여성을 대상으로 구술사 면접을 통하여 분석하였다. 구술면접을 통하여 밝혀진 내용을 정리하면 다음과 같다:

첫째, 식민지시기 여성의 출산은 가부장제의 다산관습에 여전히 강하게 구속되는 것이었다. 대부분의 여성들이 남아출산을 며느리·아내로서의 의무로 내면화하고 있었지만, 빈곤층에서는 경제적 궁핍으로, 교육받은 여성들은 자녀교육의 어려움 때문에 산아제한의 필요성을 인식한 여성들도 있었다. 그러나 전쟁수행을 위해 다산을 강조한 일제는 산아제한을 법적으로 금지시키고 국책위반으로 억압하였고, 이로 인해 30년대에 활발하게 전개되었던 산아제한의 필요성과 여성들의 출산에 대한 자기결정권 논의도 더 이상 진전되지 못하고 말았다.

그럼에도 불구하고 일부 교육받은 여성들은 일본의 침략적인 전쟁 목적을 위해 식민지 여성들에게 다산을 장려하는 모순을 인식하였으며, 이에 대해 강한 반감을 가지고 있었던 것으로 나타났다.

둘째, 전쟁으로 인해 인적 자원의 필요성을 인식하게 된 일제는 어머니의 양육역할이 국가적 중요성을 띠는 것임을 강조하면서, 어머니를 양육의 전담자로 규정하고, 그들이 제시하는 세부적인 양육지침을 준수하는 것을 바람직한 모성의 역할로 정의했다. 그러나 이러한 '식민지적 모성의 재규정'은 식민지 조선의 현실에 맞지 않는 비현실적인 것으로써 실천되기 어려운 것이었다.

이 시기 실제적으로 어머니의 양육 역할은 빈곤층의 경우 생산노동보다, 경제적으로 여유 있는 계층의 경우 다른 가사노동보다 특별히 우선시되거나 중요시되지 않았다. 빈곤층에 있어서 어머니의 노동은 가족의 생존을 위해 필수적인 것이었으며, 양육을 보조할 다른 가족원이 없는 경우 어머니의 집밖노동으로 자녀는 보호자 없이 방치되는 것이 일반적이었다. 여유 있는 계층에서는 가사보조인이나 조모등과 더불어 양육이 이루어졌으며, 어머니로서의 역할보다 며느리, 가사경영자로서의 역할에 많은 시간이 할애되었다.

교육받은 여성들이나 부유한 가족을 중심으로 근대적인 양육법이 도입되기도 했지만, 전시하의 궁핍한 물질적 여건과 부모세대의 권위가 여전히 영향력을 미치는 가족제도하에서 그러한 지식이 실천되는 데에는 어려움이 많았다. 일제는 조선의 전통적인 육아법을 폄하하고 그들이 제시하는 양육법을 근대적인 과학적 지식으로 우월화하였지만, 실제로는 어머니세대의 전통적인 양육지식이 딸이나 며느리세대에게 전수되는 경우가 보다 보편적이었던 것으로 보인다.

또한 전시체제하의 통제경제와 물자수탈로 모든 계층이 공통적으로 식량과 물자의 부족을 경험하였으며, 이로 인해 아동의 영양상태는 더욱 악화되었다. 특히 농촌여성의 경우, 여성노동으로 이루어지는 생산품의 공출로 노동이 가중되었으며, 노동자계층에서는 전시 노동력동원으로 어머니의 양육 역할은 보다 소홀해지지 않을 수 없었다. 일제는 이러한 현실을 오로지 어머니의 책임을 강조함으로써 해결하고자 하였다.

셋째, 일제하 가정교육자로서 어머니의 역할은 식민체제의 이데올로기와 어머니들의 모성역할이 가장 첨예하게 경합하는 영역이었다. '식민지형 어머니'를 생산해내고자 하는 일제의 노력은 실제로 소학교의 어머니조직을 통해서 강제적이고도 구체적인 방법으로 이루어졌다. 학부모의 소집은 참여에 강제성이 강했으며, 식민지 제도교육의 보조적 역할뿐만 아니라 어머니들에게 직접적으로 전시사상을 주입시키고 신사참배에 동원하였으며, 일본어의 교육도 실시함으로써 어머니들을 규율화하고자 하였다.

한편, 식민지배하의 제한된 기회 속에서 여유 있는 계층에서는 자녀들이 교육을 통해 근대적 직업을 획득하기를 바라는 교육열이 높은 어머니들이 생겨났다. 자녀교육을 위해서 가정에서 일본어를 사용하고 가르친 어머니가 있는가 하면, 민족의식을 넣어주기 위해 노력한 경우도 있었다. 이는 어머니가 체제이데올로기를 어떻게 사고하는가에 따라 상반된 교육이 이루어질 수 있음을 의미한다. 그러나 실제적으로 전시체제하의 식민세력의 지배와 통제는 강압적인 것이어서, 대부분의 어머니들은 자녀의 안전과 보호에 더 많은 노력을 기울였다. 그러나 대부분의 어머니들이 고유의 생활양식과 친족관계를 유지함으로써 자녀세대는 학교에서의 철저한 황국신민화교육에도 불구하고 민족으로서의 정체성과 가치관을 형성시키고 유지할 수 있었다.

넷째, 전쟁을 응원하는 역할은 여학교를 중심으로 이루어졌다. 남편의 사회적 위치상 부인조직에 동원되어 활동해야 하는 여성들도 있었지만, 대부분의 여성들의 참여는 저조하였으며, 일본의 전쟁을 위해 동원되는 모순을 인식하고 있었다.

결론적으로, 일제 말기 제국의 팽창과 부족한 전시 군사력 확보를 위해 식민지인의 양적 증가와 질적 "향상"을 도모했던 일본 군국주의는 일본 여성뿐 아니라 식민지 조선의 여성들에게도 후방을 지키는 여성통합의 원리로써 모성을 이용하였다. 조선 여성의 모성은 임신과 출산 그리고 아동의 양육과 교육방식에 이르기까지 식민권력의 심각하고도 주도면밀한 통제와 개입의 대상이 되었다. 식민권력자들은 일본에서의 제국주의적이고 군국주의적 모성관념을 식민지에 도입하여 이를 기반으로 식민지에서 전시체제를 지탱해 나가는 데에 유용하고 적합한 방식으로 식민지적 모성을 재구성했다. 다산을 촉구하고, 아동의 질병과 사망을 어머니의 책임으로 규정하였으며, 공교육기관을 통해 아동의 교육방식에 개입하고 식민교육에 협조하도록 어머니들을 규율화하는 한편, 어머니들을 조직화하여 전시 협력에 동원했다. 이러한 모성에 대한 식민 권력의 개입과 통제, 동원과 규율화의 모든 과정은 모성을 하나의 정치적 도구로 이용하기 위해 식민화하는 것이었다. 모성의 식민화는 여성을 지배·통합하는 것이 식민체제를 안정시키는 일에 효과적임을 인식한 식민 정부에게 있어서 식민 통치의 중요한 프로젝트 중의 하나였으며, 식민주의가 여성의 신체와 사고 그리고 모자관계와 자녀 양육방식과 같은 일상의 가장 사적인 영역에까지 침범하여 통제하는 과정이었다. 특히 식민 권력은 전문가 집단의 권위를 이용하여 조선 여성 고유의 육아방식을 폄하하고, 조선 여성을 그들이 제시하는 방식을 수용해야 하는 전근대적이고 무지한 계몽의 대상으로 간주했다. 이것은 식민 권력이 근대적인 우월성을 나타내고 개입의 정당성을 보이기 위한 방법의 하나이기도 했다. 반면, 일본 여성은 전통적인 부덕을 체현한 어머니이면서 동시에 진보와 근대의 기표로서, 조선 여성이 항상 본받아야 할 이상적이고 모범적인 어머니로 제시되었다. 그러나 조선 여성은 일본 여성에게 주어졌던 모성 보호를 위한 지원은 주어지지 않은 채, 그럼에도 불구하고 모성이 강조되고 일본 여성에게 요구되었던 모든 어머니로서의 역할이 동일하게 요구됨으로써 식민주의와 전시체제에 의한 이중의 부담 속에 놓여져야 했다.

전시 모성의 식민화는 자식의 생명을 아끼지 말고 전장에 보내라는 데 극에 달했다. 전사한 군인의 어머니를 애국적인 어머니로 칭송하고 모성에 국가적인 의미를 부여하여 어머니들을 전쟁에 협력시키고자 하였지만, 일본을 자기들의 국가로 생각할 수 없었던 조선 여성들은 누구나 일본의 전쟁에 동원되는 모순을 인식하고 있었다. 그렇기 때문에 일부 지식여성들이 '군국의 어머니'로 전쟁에 협조할 것을 촉구했던 것은 일반 여성들의 공감을 얻지 못하는 일이었다.

전시체제 이전 다양하게 생산되었던 여성들의 모성에 관한 논의도 군국주의의 폭압에 의해 더 이상 발전할 수 없었다. 다산 관습에 대한 문제 제기와 산아제한의 필요성에 대한 요구가 전쟁을 위한 다산정책에 의한 피임 규제, 다산의 국가적 의의 제창에 의해 억압되었다. 가부장제의 모성 억압에 문제를 제기하고 어머니로서보다는 인간으로서의 삶을 선택하고자 한 일부 여성들의 의지는 전시체제하 사회의 보수화 속에서 국가에 대한 도전이요 반역으로 규정되었다. 결국 여성들은 그들의 자유로운 선택이 되어야 할 모성이 식민 체재의 정치적 목적을 위해 도구화되고 왜곡되는 경험을 하여야만 했다.

이러한 일제 말기의 여성에 대한 관념과 정책들은 해방 이후 한국에서 정치가, 행정가, 지식인들에 의해 많은 부분 모방되고 답습되었으며, 재구성되었다.[1] 모성에 대한 통제에서도 그러한 모방과 답습이 발견된다. 해방 이후부터 1950년대 말까지 한국 정부는 다산을 장려하는 정책을 지속했다. 일반인들은 출산억제에 대한 욕구가 있었으나, 국가는 출산조절기구의 국내생산이나 수입을 금지했다.[2] 우량아선발대회와 표창, '어머니날'의 행사도 지속되었으며, 이날에는 다산한 여성이 '대한의 어머니'로 표창되었다.[3] 국가는 여성의 출산을 국가적 목적을 위한 인구

---

1) 이에 대한 한 예를 들면 다음과 같다: "남여평등이란 어디까지나 인권과 능역에 의한 보수의 평등을 말하는 것이지 여성이 남성의 흉내를 내여 여성의 직분이 가정에 대한 의무까지도 이행치 않어도 좋다는 그러한 경박한 남여평등은 아닐 것입니다……그러므로 우리 여성도 운명적으로 맡은 직분인 가정을 버릴 수는 없을 것입니다……현모양처는 만대에 불변할 여성의 기본도덕일 것입니다……오늘날 우리 한국 여성의 입장을 생각해 볼 때 아직까지는 남성과 동등한 능역을 가지고 있다고는 볼 수 없습니다……" 사회부 후생국 부녀국장 박승호. 우리 여성의 진로 – 새해 신여성에게 보내는 나의 부탁. 『부인』 1949.1, pp.14-15.
2) 배은경(2004). 한국사회 출산조절의 역사적 과정과 젠더 – 1970년대까지의 경험을 중심으로 –.(서울대학교 사회학과 박사학위논문, 미간행), pp.60-61.

통제의 수단으로 인식하고 있었으며, 이러한 관념은 60년대 이후 국가 경제발전을 위해 출산을 억제하는 가족계획으로 정책을 전환시키는 데에도 근간이 되었다. 이와 같이 여성의 어머니로서의 역할은 제국주의뿐만 아니라 민족주의와 가부장주의의 도구로 사용될 수 있음이 드러나며, 한국사회에서 이러한 측면에 대한 보다 깊이 있는 이해는 식민체제의 전후를 연속성의 측면에서 고찰할 때 비로소 가능하다고 생각된다.

마지막으로, 본 연구에서는 구술사면접을 통해서 식민체제하의 여성의 경험과 인식을 고찰하였다. 여성들의 전시 경험과 이에 대한 인식은 교육과 계층, 연령, 직업, 가족적 배경과 같은 사회적 변수에 따라 서로 다양할 뿐만 아니라, 해방 이후의 삶의 전개양상에 따라서도 서로 다른 방식으로 기억되었다. 여성들은 강압적인 전시체제에 무조건적으로 순응하거나 거부한 것만은 아니며, 주어진 삶의 조건 속에서 다양한 협상의 과정을 거쳐 각기 다른 선택과 적응의 전략을 전개했다. 이러한 과정에 있어서 식민체제뿐만 아니라 전통적인 유교적 관습과 이데올로기가 여성들의 행동과 사고에 영향을 미치는 세력으로 작용하였으며, 이와 동시에 여성들은 주체적으로 근대적인 생활방식을 수용하기도 하였다. 이러한 여성들의 구술은 여성을 주체로 보는 관점에서 여성들의 생활사와 생애사를 고찰하는 시도를 통해서 한국사 속에서 드러나지 않은 여성들의 삶과 경험의 다양한 측면이 읽힐 수 있다는 측면에서 연구적 가치가 있다. 식민지시기를 살았던 생존자의 고령화가 진행되는 현 시점에서 관련 연구자들의 조속한 관심이 요청되는 문제임을 지적하고 싶다.

---

3) 배은경(2004). 위 글, p.80.

참고문헌

1. 국내문헌

1) 단행본

강경애(1988). 『한국근대단편소설대계2』. 서울: 태학사.

강만길 외 편(1994). 『한국사 제13권 - 식민지시기의 사회경제 1』. 서울: 한
　　　길사.

―――(1994). 『한국사 제14권 - 식민지시기의 사회경제 2』. 서울: 한길사.

―――(1994). 『한국사 제15권 - 민족해방운동의 전개 1』. 서울: 한길사.

권영철(1980). 『규방가사연구』. 서울: 이우출판사.

금장태(1989). 『한국유교의 이해』. 서울: 민족문화사.

―――(1999). 『한국현대의 유교문화』. 서울: 서울대학교출판부.

김경일(1992). 『일제하 노동운동사』. 서울: 창작과 비평사.

김두헌(1969). 『한국가족제도사연구』. 서울: 서울대학교출판부.

김문실 외(2001). 『간호의 역사』. 서울: 대한간호협회.

김송달(1998). 『한국 근현대100년사 1』. 서울: 거름.

김운태(1986). 『일본 제국주의의 한국통치』. 서울: 박영사.

김일엽(1974). 『未來世가 다하고 남도록』. 서울: 인물연구소.

김종권 역주(1987). 『女四書』. 서울: 명문당.

김준엽·김창순(1986). 『한국공산주의운동사 3』. 서울: 청계.

김진명(1993). 『굴레 속의 한국 여성 - 향촌사회의 여성인류학』. 서울: 집문당.

나영균(2004). 『일제시대, 우리 가족은』. 서울: 황소자리

박경식(1986). 『일본제국주의의 조선지배』. 서울: 청아.

박용옥(1984). 『한국근대여성운동사연구』. 서울: 한국정신문화연구원.

박완서(1990). 『미망 3』. 서울: 문학사상사.

박지향(2000). 『제국주의 ─ 신화와 현실』. 서울: 서울대학교출판부.

박필술 구술 · 조규순 정리(1985). 『명가의 내훈』. 서울: 현암사.

부산여대 여성문제연구소 편(1997). 『일제하의 영남지역 여성관련 자료집(上)
      ─조선일보 편─』. 부산: 부산여대출판부.

서정자(1999). 『한국근대여성소설 연구』. 서울: 국학자료원.

소혜 왕후 한씨. 육완정 역주 (1984). 『내훈』. 서울: 열화당.

신용하(1994). 『한국근대사회의 구조와 변동』. 서울: 일지사.

신희천 엮음(1987). 『백신애』. 서울: 보성출판사.

오성철(2000). 『식민지 초등교육의 형성』. 서울: 교육과학사.

유안진(1990). 『한국 전통사회의 유아교육』. 서울: 서울대출판부.

유점숙(1994). 『전통사회의 아동교육』. 대구: 중문출판사.

이상경 편집 · 교열(2000). 『나혜석전집』. 서울: 태학사.

이태준(1988). 『이태준 전집』. 서울: 깊은샘.

이학래(1990). 『한국근대체육사연구』. 서울: 지식산업사.

이현희(1980). 『한국근대여성개화사』. 서울: 이우출판사.

이효재(1996). 『한국의 여성운동 ─ 어제와 오늘(증보판)』. 서울: 정우사.

이훈석 엮음(1990). 『한국의 여훈』. 서울: 대원사.

임종국(1985). 『일제하의 사상탄압』. 서울: 평화출판사.

───(1991). 『한국문학의 민중사』. 서울: 지리산.

장용학(1975). 『장용학선집』. 서울: 선일문화사.

전광용(1994).『꺼삐딴 리』. 서울: 을유문화사.

정요섭(1971).『한국 여성운동사』. 서울: 일조각.

정진석(1990).『한국언론사』. 서울: 나남출판.

정태헌(1996).『일제의 경제정책과 조선사회 −조세정책을 중심으로−』. 서울:
    역사비평사.

조기준·이윤근·유봉철·김영모(1982).『일제하의 민족생활사』. 서울: 현음사.

조동걸(1978).『일제하 한국농민운동사』. 서울: 한길사.

조 은·이정옥·조주현(1997).『근대가족의 변모와 여성문제』. 서울: 서울대
    학교출판부.

조혜정(1988).『한국의 여성과 남성』. 서울: 문학과 지성사.

최봉영(1997).『조선시대 유교문화』. 서울: 사계절.

최정희(1977).『天脈』. 서울: 성바오로출판사.

한국여성연구회 여성사분과(1992).『한국여성사−근대 편』. 서울: 풀빛.

한기언·이계학 공저(1993).『일제의 교과서정책에 관한 연구』. 서울: 한국정
    신문화연구원.

2) 논 문

가와모토 아야(1999). 조선과 일본에서의 현모양처 사상에 관한 비교연구 −
    개화기로부터 1940년대 전반을 중심으로−. 서울대학교 사회학과 석사
    학위논문, 미간행.

―――(2000). 일본: 양처현모사상과 '부인개방론'.『역사비평』제52호.

강경구(1988). 전시하 일제의 농촌 노동력과 수탈정책. 최원규 엮음.『일제 말
    기 파시즘과 한국사회』. 서울: 청아.

강득희(1994). 유아기 사회화과정에 대한 연구: 일제하 서울지역의 사례를 중
    심으로. 이화여자대학교 사회학과 박사학위논문, 미간행.

강선미·야마시타 영애(1993). 천황제국가와 성폭력: 군위안부문제에 관한 여성학적시론.『한국여성학』제9집.

강유리(1998). 계모이야기: 모성 이데올로기의 비극. 서강여성문학연구회 편.『한국문학과 모성성』. 서울: 태학사.

강정숙(1993). 일제 말(1937-1945) 조선 여성 정책－탁아정책을 중심으로.『아시아문화』제9호. 서울: 한림대학교.

권명아(2004). 전시동원체제의 젠더정치. 방기중 편.『일제 파시즘 지배정책과 민중생활』. 서울: 혜안.

권숙인(1997). 일본제국시대(1868-1945)의 여성의 지위: 정치적 보수주의와 "양처현모" 이념의 대두.『한국문화인류학』30-1.

김경일(1998). 한국 근대 사회의 형성에서 전통과 근대－가족과 여성 관념을 중심으로.『사회와 역사』제54집.

김광억(1998). 일제시기 토착 지식인의 민족문화 인식의 틀.『비교문화연구』제4호.

김미현(1995). '사이'에 집짓고 살기－백신애론.『페미니즘과 소설비평－근대편』. 서울: 한길사.

김수진(2000). '신여성', 열려 있는 과거, 멎어 있는 현재로서의 역사쓰기. 한국여성연구소 편.『여성과 사회』제11호. 서울: 창작과 비평사.

김영근(1999). 일제하 일상생활의 변화와 그 성격에 관한 연구 －경성의 도시 공간을 중심으로－. 연세대학교 사회학과 박사학위논문, 미간행.

김영주(1990).『「뎨국신문」의 여성개화론 연구』. 이화여자대학교 사회생활학과 석사학위논문, 미간행.

김은실(1994). 민족담론과 여성. 한국여성학회 편.『한국여성학』제10권.

─────(1996). 출산문화와 여성. 한국여성학회 편.『한국여성학』제12권 2호.

김정우(2000). 일제하 초등교육과 근대적 주체의 형성에 관한 연구 −1920∼
　　40년대 보통학교교육을 중심으로−. 연세대학교 사회학과 석사학위논
　　문, 미간행.

김정희(1998). 생명여성주의의 존재론적 탐구: 반야 불교와 노자의 ‘마음’개념
　　에 기초한 신인간형의 모색. 이화여자대학교 여성학과 박사학위논문,
　　미간행.

김중렬(1975). 평양 고무공장 파업.『노동공론』1975. 1, 2월호.

김진균·정근식·강이수(1997). 일제하 보통학교와 규율. 김진균·정근식 편
　　저.『근대주체와 식민지 규율권력』. 서울: 문화과학사.

김철(1988). 식민지기의 인구와 경제. 최원규 엮음.『일제 말기 파시즘과 한국
　　사회』. 서울: 청아.

김태현(1995). 해방 후 여성의 가정생활: 가정주부의 삶 −도시와 농촌의 빈
　　곤지역을 중심으로−.『광복50주년 기념논문집 제8권 여성』. 서울: 한
　　국학술진흥재단.

김현철(2000). 일제기 청소년 문제에 대한 연구. 연세대학교 교육학과 박사학
　　위논문, 미간행.

김혜경(1997). 일제하 자녀양육과 어린이기의 형성. 김진균·정근식 편저.『근
　　대주체와 식민지 규율권력』. 서울: 문화과학사.

─────(1998). 일제하 ‘어린이기’의 형성과 가족변화에 관한 연구. 이화여자
　　대학교사회학과 박사학위논문, 미간행.

남창균(1995). 일제의 일본어 보급정책에 관한 연구: 일제 말기(1937-1945)를
　　중심으로. 경희대학교 사학과 석사학위논문, 미간행.

노영주(1998). 초기 모성경험에 관한 문화기술적 사례연구. 서울대학교 소비자
　　아동학과 박사학위논문, 미간행.

다바타 가야(1996). 식민지 조선에서 살았던 일본 여성들의 삶과 식민주의 경
　　험에 관한 연구. 이화여자대학교 여성학과 석사학위논문, 미간행.

도이힐러, M. (1994). 한국의 유교화과정: 사회와 이념에 대한 연구.『한국사 시민강좌』제15집. 서울: 일조각.

류승현(1998). 구한 말~일제하 여성 조혼의 실태와 조혼폐지운동. 성신여자대학교사학과 석사학위논문, 미간행.

문소정(1986). 일제하 농촌가족에 대한 연구.『일제하 한국의 사회계급과 사회운동』. 서울: 문학과 지성사.

───(1991). 일제하 한국농민가족에 관한 연구. 서울대학교 사회학과 박사학위논문, 미간행.

───(1999). 한국여성운동과 모성담론의 정치학. 심영희·정진성·윤정로 공편.『모성의 담론과 현실』. 서울: 나남출판.

문옥표(1990). 일제의 식민지 문화정책 -'동화주의'의 허구-.『일제의 식민지 배와 생활상』. 성남: 한국정신문화연구원.

───(1996). 가족 내 여성지위의 변화-유교전통을 중심으로.『정신문화연구』제19권 2호.

박용옥(1974). 한일부인회의 조직배경과 활동.『한국학논총』. 서울: 형설출판사.

───(1985). 유교적 여성관의 재조명.『한국여성학』창간호.

박용옥 외(1996). 한국의 전통여성. 국제문화재단 편.『한국인과 한국문화』. 김포: 김포전문대학 출판부.

배은경(1999). 출산통제와 페미니스트 정치. 심영희·정진성·윤정로 공편.『모성의 담론과 현실』. 서울: 나남출판.

───(2004). 한국사회 출산조절의 역사적 과정과 젠더 -1970년대까지의 경험을 중심으로-. 서울대학교 사회학과 박사학위논문, 미간행.

변은진(1998). 일제 전시 파시즘기(1937-45) 조선민중의 현실인식과 저항. 고려대학교 사학과 박사학위논문, 미간행.

───(1998). 일제의 파시즘전쟁(1937-45)과 조선민중의 전쟁관.『역사문

제연구』 제3호. 서울: 역사문제연구소.

서영희(1995). 개화파의 근대국가 구상과 그 실천. 한국사연구회 편.『근대 국민국가와 민족문제』. 서울: 지식산업사.

소현숙(2000). 일제 식민지시기 조선의 출산통제 담론의 연구. 한양대학교 사학과 석사학위논문, 미간행.

신경아(1998). 한국 여성의 모성 갈등과 재구성에 관한 연구. 서강대학교 사회학과 박사학위논문, 미간행.

신동운(1991). 형법개정과 관련하여 본 낙태죄 연구.『형사정책연구』 제2권 제2호.

신동원(1986). 일제의 보건의료정책과 한국인의 보건상태에 관한 연구. 서울대학교 보건대학원 석사학위논문, 미간행.

신영숙(1989). 일제하 한국여성사회사 연구. 이화여자대학교 사학과 박사학위논문, 미간행.

―――(1994). 대한제국 시기 가부장제와 여성생활.『여성학논집』 제11집. 서울: 이화여자대학교 한국여성연구원.

―――(1999). 일제시기 현모양처론과 그 실상 연구.『여성연구논총』 제14집. 서울: 서울여자대학교 여성연구소.

―――(2000). 일제시기 여성사 연구에 있어 민족과 여성 문제 –군위안부 문제를 중심으로–.『국가권력과 여성』(2000년도 역사학회 가을 심포지움 자료집).

심영희(1996). 시간문화와 여성 –대입 수험생 어머니의 삶에 나타난 전통, 현대, 탈현대–. 한국여성학회 편.『한국여성학』 제12권 2호.

안숙원(2000). 백신애의 반미학과 페미니즘.『여성문학연구』 제4호. 서울: 태학사.

안태윤(2003). 일제 말기 전시체제와 모성의 식민화. 한국여성학회 편.『한국여성학』 제19권 3호.

───(2004). 전시체제와 가정성 : 가정생활과 주부역활에 관한 논의를 중심으로 (1937-45). 한국여성사학회 편.『여성과 역사』창간호.

여순주(1994). 일제 말기 조선인 여자근로정신대에 관한 실태연구. 이화여자대학교 여성학과 석사학위논문. 미간행.

유근호(1998). 한·일 국학사상의 비교연구.『교육연구』제32집. 서울: 성신여자대학교 교육문제연구소.

유봉호(1982). 일제 말기(1930~1945)의 初·中等學校 敎育課程硏究.『논총』제40집 서울: 이화여자대학교 한국문화연구원.

윤택림(1994). 기억에서 역사로 -구술사의 이론적, 방법론적 장점들에 대한 고찰-.『한국문화인류학』제25집.

───(1994). 민족주의 담론과 여성: 여성주의 역사학에 대한 시론. 한국여성학회 편.『한국여성학』제10권.

───(1995). 지방·여성·역사: 여성주의적 시각에서 본 지방사연구. 한국여성학회 편.『한국여성학』제11집.

───(1996). 생활문화 속의 일상성의 의미 -도시 중산층 전업주부의 일상생활과 모성 이데올로기-. 한국여성학회 편.『한국여성학』제12권 2호.

───(2002). 탈식민 역사쓰기를 향하여.『역사비평』2002년 봄호.

윤혜원(1975). 한일개화기 여성의 비교연구: 자아의식의 근대화과정을 중심으로.『아세아여성연구』제14집. 서울: 숙명여자대학교 아세아여성연구소.

이규환(1969). 일제시대의 중등학교 교육과정에 대한 연구.『논총』제15집. 서울: 이화여자대학교 한국문화연구원.

이상경(1996). 여성의 근대적 자기표현의 역사와 의의.『민족문학사연구』제9호. 서울: 창작과 비평.

이연(1993). 매일신보의 창간배경과 그 역할.『순국』1993년 3월호.

이연정(1994). 모성론에 관한 비판적 고찰 — 서구 페미니스트 논의를 중심으로. 서울 대학교 사회학과 석사학위논문, 미간행.

이은순(1999). 일제하 농촌여성의 생활과 민간신앙.『국사관논총』제83집. 서울: 국사편찬위원회.

이정옥(1999). 페미니즘과 모성 — 거부와 찬양의 변증법. 심영희 · 정진성 · 윤정로 공편.『모성의 담론과 현실』. 서울: 나남출판.

이진희(1997). 1930년대 소설에 나타난 母像연구 — 박태원 · 이태준 · 최정희 · 강경애를 중심으로. 서강대학교 국문학과 석사학위논문, 미간행.

이창신(2000). 미국의 전시 이미지전략과 '리벳공 로지(Rosie the Riveter)' 이데올로기.『국가권력과 여성』(2000년도 역사학회 가을 심포지움 자료집).

이효재(1990). 한국 가부장제의 확립과 변형.『한국가족론』. 서울: 까치.

임종국(1991). 패배와 좌절의 미학 — 주요섭의 〈사랑 손님과 어머니〉.『한국문학의 민중』. 서울: 지리산.

장필화(1996). 아시아의 가부장제와 公私 영역 연구의 의미.『여성학논집』제13집. 서울: 이화여자대학교 한국여성연구원.

전혜성(1994). 조선시대 여성의 역할과 책임.『한국사 시민강좌』제15집. 서울: 일조각.

정미경(2000). 일제시기 '배운 여성'의 근대교육 경험과 정체성에 관한 연구. 이화여자대학교 여성학과 석사학위논문, 미간행.

정양완(1985). 규범류를 통해서 본 한국 여성의 전통상에 대하여. 하현강 외『한국 여성의 전통상』. 서울: 민음사.

정요섭(1970). 일제치하에 있어서 한국 여성에 대한 교육정책과 그 저항운동에 관한 연구.『아세아여성연구』제9집. 서울: 숙명여자대학교 아세아여성연구소.

정진성(1995). 인구 변동과 도시화. 신용하 외 편.『한국사회사의 이해』. 서

울: 문학과 지성사.

──(1999). 동아시아의 公私 개념과 성(gender): 근대국가와 민족, 성
─한국과 일본의 비교를 중심으로. 『동아시아를 다시 묻는다』(서남
이양구회장 10주기 추모 국제학술대회 자료집).

──(1999). 민족 및 민족주의에 관한 한국여성학의 논의: 일본군위안부
문제를 중심으로. 한국여성학회 편. 『한국여성학』 제15권 2호.

──(1999). 현대일본의 모성인식. 심영희·정진성·윤정로 공편. 『모성
의 담론과 현실』. 서울: 나남출판.

정현백(1995). 새로운 여성사, 새로운 역사학. 『역사학보』 150호.

──(2000). 민족주의, 국가 그리고 페미니즘. 『국가권력과 여성』(2000년
도 역사학회 가을 심포지움 자료집).

──(2003). 『민족과 페미니즘』. 서울: 당대.

정혜경(1999). 한국 근현대사 구술자료의 간행 현황과 자료가치. 한국역사
연구회 편. 『역사와 현실』 33호.

조경원(1996). 유교 여훈서의 교육원리에 관한 철학적 분석. 『여성학논집』 제
13집. 서울: 이화여자대학교 한국여성연구원.

조남현(1985). 한국 개화사상의 단면─독립신문의 논설. 『전통문화와 서양문화
(Ⅰ)』. 서울: 성균관대학교출판부.

조성숙(1986). 모성이데올로기에 관한 연구─활자매체 자료를 중심으로. 이화
여자대학교 여성학과 석사학위논문, 미간행.

조은(1997). 모성·성·신분제─『조선왕조실록』, '재가금지'담론의 재조명. 『사
회와 역사』 제51집.

조은·윤택림(1995). 일제하 '신여성'과 가부장제 ─근대성과 여성성에 대한
식민담론의 재조명─. 『광복50주년 기념논문집 제8권 여성』. 서울: 한
국학술진흥재단.

조형근(1997). 역사 구부리기: 근대성에 대한 계보학적 탐색. 서울사회과학연구소.『근대성의 경계를 찾아서』. 서울: 샛길.

─── (1997). 식민지체제와 의료적 규율화. 김진균·정근식 편저.『근대주체와 식민지규율권력』. 서울: 문화과학사.

조혜정(1982). 전통적 경험세계와 여성.『전통적 생활양식의 연구(中)』. 서울: 한국정신문화연구원.

최숙경·정세화(1976). 개화기 한국 여성의 근대의식의 형성.『논총』제28집. 서울: 이화여자대학교 한국문화연구원.

최유리(1995). 일제 말기('38-'45)「내선일체」론과 전시동원체제. 이화여자대학교 사학과 박사학위논문, 미간행.

최원식(1987). 여성주의와 아버지 부재의 문학적 의미.『여성해방의 문학』또 하나의 문화 제3호. 서울: 평민사.

최원영(1997). 일제 말기(1937-45)의 청년동원정책 – 청년단과 청년훈련소를 중심으로. 서강대학교 사학과 석사학위논문, 미간행.

최정무(1999). 유색여성주의와 식민후기 문제『역사 속의 페미니즘 우리 곁의 페미니즘』.서울대학교 여성학 협동과정 창립기념 심포지움 자료집.

최혜련(1985). 우리나라의 助産制度에 관한 연구. 서울대학교 보건대학원 석사학위논문, 미간행.

최홍기(1994). 유교와 가족.『현대가족과 사회』. 서울: 교육과학사.

한명희(1987). 교육이념에 나타난 성의 구조.『한국여성학』제3집.

한희숙(1994). 양반사회와 여성의 지위.『한국사 시민강좌』제15집. 서울: 일조각.

함동주(1998). 일본사회에 있어서 공·사 영역의 역사적 전개와 여성.『여성학논집』제14·15합집. 서울: 이화여자대학교 한국여성연구원.

홍양희(1997). 일제시기 조선의 '현모양처' 여성관의 연구. 한양대학교 사학과 석사학위논문, 미간행.

홍일표(1997). 주체형성의 장의 변화: 가족에서 학교로. 김진균 · 정근식 편저. 『근대주체와 식민지 규율권력』. 서울: 문화과학사.

황정미(1999). 발전 국가와 모성 – 1960~1970년대 '부녀정책'을 중심으로. 심영희 · 정진성 · 윤정로 공편.『모성의 담론과 현실』. 서울: 나남출판.

3) 자 료

신 문

매일신보, 동아일보, 조선일보

잡 지

가뎡잡지, 개벽, 신여성, 여성, 신가정, 총동원, 신동아, 삼천리, 부인
朝鮮社會事業, 朝鮮, 朝光, 朝鮮總督府施政年報

2. 국외문헌

1) 단행본

Aries, Philippe. Robert Baldick(trans.)(1965). *Centuries of Childhood: A Social History of Family Life*. New York: Vintage Books.

Arnup, Katherine, Andree Levesque and Ruth R.Pierson(1990). *Delivering Motherhood: Maternal Ideologies and Practices in the 19th and 20th Centuries*. London and New York: Routledge.

Ashcroft, Bill, Gareth Griffiths & Helen Tiffin(1998). *Key Concepts in Post-Colonial Studies*. London: Routhledge.

Badinter, Elisabeth(1981). *Mother Love: Myth and Reality*. New York:

Macmillan.

Chatterjee, Partha(1993). *The Nation and Its Fragments: Colonial and Postcolonial Histories*. Princeton: Princeton University Press.

Dally, Ann(1982). *Inventing Motherhood: The Consequences of an Ideal*. London: Burnett Books.

Degler, Carl N.(1980). *At Odds*. New York: Oxford University Press.

deMause, Lloyd(1974). *The History of Childhood*. New York: Harper & Row.

Deuchler, Martina(1992). *The Confucian Transformation of Korea: A Study of Society and Ideology*. Cambridge and London: Council on East Asian Studies, Harvard University.

Donzelot, Jacques. R. Hurley(trans.)(1979). *The Policing of Families*. New York: Pantheon Books.

Elshtain, Jean Bethke(1987). *Women and War*. New York: Basic Books.

Jayawardena, Kumari(1986). *Feminism and Nationalism in the Third World*. New York: Zed Books.

Joan W. Scott(1999). *Gender and the Politics of History*. (Revised Edition) New York: Columbia University Press.

Koonz, Claudia(1987). *Mothers in the Fatherland*. New York: St. Martins Press.

Lewis, Jane(1980). *The Politics of Motherhood: Child and Maternal Welfare in England, 1900-1939*. London: Croom Helm.

Margolis, Maxine(1984). *Mothers and Such*. Berkeley and Los Angeles: University of California Press.

Matthews, Glenna(1987). *Just A Housewife*. New York: Oxford

University Press.

Miles, Rosalind(1989). *The Women's History of the World.* New York: Salem House.

Norgren, Tiana(2001). *Abortion Before Birth Control: The Politics of Reproduction in Postwar Japan.* Princeton and Oxford: Princeton University Press.

Oakley, Ann(1974). *Woman's Work: The Housewife, Past and Present.* New York: Pantheon Books.

Sharpe, Jenny(1993). *Allegories of Empire: The Figure of Woman in the Colonial Text.* Minneapolis: University of Minnesota Press.

Shorter, Edward(1977). *The Making of the Modern Family.* London: Fontana Books.

加納實紀代 編(1995).『ニュー・フェミニズム・レビューVol.6 母性ファシズム』. 東京: 學陽書房.

グループ「母性」解讀講座 編(1991).『「母性」を解讀する』. 東京: ゆうひかく選書.

吉見周子 編(1977).『日本ファシズムと女性』. 東京: 合同出版.

渡部 學・阿部 洋 編(1989).『日本植民地敎育政策史料集成(朝鮮篇)』. 東京: 龍溪書 舍.

鹿野政直(1983).『戰前・「家」の思想』. 東京: 倉文社.

―――(1889).『婦人・女性・おんな －女性史の問い－』. 東京: 岩波新書.

芳賀登(1990).『良妻賢母論』. 東京: 雄山閣出版株式會社.

山田昌弘(1994).『近代家族のゆくえ』. 東京: 新曜社.

Betty A. Reardon(1985). *Sexism and the War System.* ベティ・リアドン. 山下 史 譯(1988).『性差別主義と戰爭システム』. 東京: 勁草書房.

牟田和惠(1996).『戰略としての家族－近代日本の國民國家形成と女性』. 東京: 新曜社.

瀨地山角(1996).『東アジアの家父長制－ジェンダーの比較社會學』. 東京: 勁草書房.

小山靜子(1991).『良妻賢母という規範』. 東京: 勁草書房.

小澤有作(1967).『民族敎育論』. 東京: 明治圖書出版株式會社.

深谷昌志(1990).『良妻賢母主義 敎育』. 名古屋: 黎明書房.

岩波講座 現代社會學 第19卷(1996).『〈家族〉の社會學』. 東京: 岩波書店.

櫻井絹江(1988).『母性保護運動史』. 東京: ドメス出版.

若桑みどり(2000).『戰爭がつくる女性像』. 東京: 筑摩書房.

女性史總合硏究會 編(1982).『日本女性史 5 現代』. 東京: 東京大學出版會.

女性史總合硏究會 編(1990).『日本女性生活史 第4卷 近代』. 東京: 東京大學出版會.

女性學硏究會 編(1984).『女のイメージ』. 東京: 勁草書房.

女たちの現在を問う會(1982).『銃後史ノート』. 東京: JCA出版.

鈴木裕子(1989).『女性史を拓く2』. 東京: 未來社.

―――1994).『フェミニズムと朝鮮』. 東京: 明石書店.

―――(1997).『フェミニズムと戰爭－婦人運動家の戰爭協力』. 東京: マルジュ社.

伊藤幹治(1982).『家族國家觀の人類學』. 東京: ミネルブア書房.

『日本植民地敎育政策史料集成(朝鮮編) 第33卷』(1989). 東京: 龍溪書舍.

日本女子大學女子敎育硏究所 編(1984).『昭和前期の女子敎育』. 東京: 國土社.

田中壽美子 編(1975).『女性解放の思想と行動－戰前編』. 東京: 時事通信社.

千野陽一(1979).『近代日本婦人敎育史』. 東京: ドメス出版.

『フェミローグ』の會 編(1992). 『フェミローグ3-日本のアジア侵略を問うー』. 京都: 玄文社.

A. J. 그라즈단제브. 이기백 역(1974). 『한국현대사론』. 서울: 일조각.

姜在彦. 정창렬 역(1981). 『한국의 개화사상』. 서울: 비봉출판사.

나카쓰카 아키라. 김승일 옮김(1995). 『근대 한국과 일본』. 서울: 범우사.

다이안 맥도넬. 임상훈 옮김(1992). 『담론이란 무엇인가』. 서울: 한울.

다이애너 기틴스. 안호용외 역(1997). 『가족은 없다』. 서울: 일신사.

W. G. 비즐리. 장인성 옮김(1996). 『일본 근현대사』. 서울: 을유문화사.

릴라 간디. 이영욱 옮김(2000). 『포스트식민주의란 무엇인가』. 서울: 현실문화
연구.

마루야마 마사오. 김석근 옮김(1997). 『현대정치의 사상과 행동』. 서울: 한길사.

마이클 앤더슨. 김선미·노영주 옮김(1994). 『1500-1914 서구가족사의 세 가
지 접근방법』. 서울: 한울아카데미.

베네딕트 앤더슨. 윤형숙 옮김(1991). 『민족주의의 기원과 전파』. 서울: 나남
출판.

사라 에번스. 조지형 옮김(1998). 『자유를 위한 탄생』. 서울: 이화여자대학
교 출판부.

섀리 엘 서러. 박미경 역(1995). 『어머니의 신화』. 서울: 까치.

샌드라 스카. 현은자 엮음(1992). 『어머니의 양육과 타인의 양육』. 서울: 서원.

아드리엔느 리치. 김인성 옮김(1995). 『더 이상 어머니는 없다』. 서울: 평민사.

에드워드 사이드. 김성곤·정정호 옮김(1995). 『문화와 제국주의』. 서울: 도서
출판 窓.

엘리 자레스키. 김정희 역(1983). 『자본주의와 가족제도』. 서울: 한마당.

엘리자베트 벡-게른스하임. 이재원 옮김(2000). 『내 모든 사랑을 아이에게?』.
서울: 새물결.

오오바다 아쯔시로. 유준수 편저(1974).『대동아전사 제6권』. 서울: 한양문화사.

우에노 치즈꼬. 이선이 역(1999).『내셔널리즘과 젠더』. 서울: 박종철출판사.

케이트 밀레트. 정의숙·조정호 공역(1976).『성의 정치학(하)』. 서울: 현대사
  상사.

프란츠 파농. 김남주 역(1978).『자기의 땅에서 유배당한자들』. 서울: 청사.

헤스터 아이젠슈타인. 한정자 역(1986).『현대여성해방사상』. 서울: 이화여자
  대학교 출판부.

2) 논 문

Allman, Jean(1994). Making Mothers: Missionaries, Medical Officers and
    Women's Work in Colonial Asante, 1924-1945. *History Workshop* 38.

Canning, Kathleen(1994). Feminist History after the Linguistic Turn:
    Historicizing Discourse and Experience. *Signs.* Winter.

Caulfield, Minna Davis(1975). The Family and Cultures of Resistance.
    Socialist Revolution. 20.

Choi, Chungmoo(1998). Nationalism and Construction of Gender in
    Korea. *Dangerous* Women:Gender *& Korean Nationalism.* Edited
    by Elaine H. Kim and Chungmoo Choi. New York and London:
    Routledge.

Clark, Eileen(1999). The Pursuit of Truth in Oral History. Paper
    presented at the International Association for Qualitative
    Research Conference, Melbourne, Australia, 6-10 July 1999.

Collins, Patricia Hill(1994). Shifting the Center: Race, Class, and
    Feminist Theorizing about Motherhood. *Mothering: Idelogy,
    Experience, and Agency.* Edited by Evelyn Nakano Glenn, Grace
    Chang, and Linda Rennie Forcey. New York: Routledge.

284

Davin, Anna(1997). Imperialism and Motherhood. *Tensions of Empire:
Colonial Cultures in a Bourgeois World.* Edited by Frederic
Cooper & Ann Stoler. Berkeley and Los Angeles: University of
California Press.

Glenn, Evelyn Nakano(1994). Social Constructiions of Mothering: A
Thematic Overview. *Mothering: Ideology, Experience, and
Agency.* Edited by Evelyn Nakano Glenn, Grace Chang, and
Linda Rennie Forcey, New York: Routledge.

Heineman, Elizabeth D.(2001). Age and Generation in Women's History:
Whose Mothers? Generational Difference, War, and the Nazi Cult
of Motherhood. *Journal of Women's History.* Vol.12, No.4, Winter.

Hunt, Nancy Rose(1990). Domesticity and Colonialism in Belgian Africa:
Usumbura's Foyer Social, 1946-1960. *Signs.* Vol.15, No.3.

————(1997). "Le be'be' en brousse": European Women, African Birth
Spacing, and Colonial Intervention in Breast Feeding in the
Belgian Congo. *Tensions of Empire: Colonial Cultures in a
Bourgeois World.* Edited by Frederic Cooper & Ann Stoler.
Berkeley and Los Angeles: University of California Press.

Mills, Sara(1998). Post-colonial Feminist Theory. *Contemporary Feminist
Theories.* Edited by Stevi Jackson and Jackie Jones. U. K.:
Edinburgh University Press.

Moon, Seungsook(1998). Begetting the Nation: The Androcentric
Discourse of National History and Tradition in South Korea.
Dangerous Women: Gender& Korean Nationalism. Edited by
Elaine H. Kim and Chungmoo Choi. New York and London :
Routledge.

Najmabadi, Afsaneh(1998). Crafting an Educated Hoisewife in Iran. *Remaking Women: Feminism and Modernity in the Middle East.* Edited by Lila Abu-Lughod. New Jersey: Princeton University Press.

Sanchez, George(1990). "Go After the Women": Americanization and the Mexican Immigrant Woman, 1915-1929. *Unequal Sisters.* Edited by Ellen C. DuBois and Vicki L. Ruiz. New York: Routledge.

Scott, Joan W. (1986). Gender: A Useful Category of Historical Analysis. *The Amenican Historical Review.* Vol. 91, No. 5.

Shakry, Omnia(1998). Schooled Mothers and Structured Play: Child Rearing in Turn-of-the-Century Egypt. *Remaking Women: Feminism and Modernity in the Middle East.* Edited by Lila Abu-Lughod. Princeton: Princeton University Press.

Shaw, Stephanie J.(1994). Mothering Under Slavery in the Antebellum South. *Mothering: Idelogy, Experience, and Agency.* Edited by Evelyn Nakano Glenn, Grace Chang, and Linda Rennie Forcey. New York: Routledge.

Shin, Gi-Wook and Michael Robinson(1999). Rethinking Colonial Korea. *Colonial Modernity in Korea.* Edited by Gi-Wook Shin and Michael Robinson. Cambridge and London: Harvard University Asia Center.

Summers, Carol(1991). Intimate Colonialism: The Imperial Production of Reproduction in Uganda, 1907-1925. *Signs.* Vol.16, No.4.

Zeiger, Susan(1996). She didn't raise her boy to be a slacker: Motherhood, Conscription, and the Culture of the First World War. *Feminist Studies.* Vol.22, no.1, Spring.

加納實紀代(1995). 母性ファシズムの風景.『母性ファシズム』. 東京: 學陽書房.

宮下美智子(1985). 近世「家」における母親像-農村における母の實態と女訓書の中の 母.『母性を問う(下)-歷史的變遷』. 東京: 人文書院.

吉見周子(1989). 第四篇 近代.『日本家族史』. 東京: 木辛出版社.

寺崎昌男(1991). 總力戰體制下の子ども・女性・教育. 東京歷史科學硏究會 婦人運動 史部會 編.『女と戰爭』. 東京: 昭和出版.

三鬼浩子(1984). 植民地における女子敎育. 日本女子大學女子敎育硏究所 編.『昭和前 期の女子敎育』. 東京: 國土社.

小山靜子(1990).「家庭敎育」の登場 -公敎育における「母」の發見-.『規範としての 文化-文化統合の近代史』. 東京: 平凡社.

鈴木裕子(1996). 母性・戰爭・平和.『母性ファシズム』. 東京: 學陽書房.

永原和子(1985). 女性統合と母性-國家が期待する母親像. 脇田晴子 編.『母性を問う (下)-歷史的變遷』. 京都: 人文書院.

伊田久美子(1995). 男は戰爭, 女は母性.『母性ファシズム』. 東京: 學陽書房.

早川紀代(1991). 戰時期の母性論. 東京歷史科學硏究會 婦人運動史部會 編.『女と戰 爭-戰爭は女の生活をどう變えたか』. 東京: 昭和出版.

中嶌邦(1984). 國家的母性.『女のイメージ』. 東京: 勁草書房.

古久保さくら(1993). 1930년대 모성을 기축으로 한 여성의 통합에 대하여-대일본연 합부인회기관지『家庭』의 언설을 중심으로-.『아시아문화』 제9호. 춘천: 한림대학교.

사라 루딕(1991). 어머니의 사고방식. 배리 쏘온・매릴린 얄롬 엮음. 권오주 외 역.『페미니즘의 시각에서 본 가족』. 서울: 한울.

스튜어트 홀(1996). 서양과 그 외의 사회들: 담론과 권력. 전효관・김수진・박병영 역.『현대성과 현대문화』. 서울: 현실문화연구.

오이시 가이찌로(1981). 일본근대사 개관. 高橋幸八郞 외 공편. 차태석・김이

진 역.『일본근대사론』. 서울: 지식산업사.

요시미 요시아끼(1981). 일본 파시즘의 성립. 高橋幸八郎 외 공편. 차태석·김
　　이진 역.『일본근대사론』. 서울: 지식산업사.

지제라 복(1988). 나치 독일에서의 인종차별주의와 성차별주의: 모성과 강제
　　단종 및 국가. 이효재 편.『가족연구의 관점과 쟁점』. 서울: 까치.

피터 라스렛(1982). 사회학과 사회사에서의 문학적 자료. 조성윤 엮음.『현대
　　사회사 이론과 역사인식』. 서울: 청아출판사.

하라 히로꼬(1996). 여성의 '재생산 건강과 권리'의 일본어 번역에 따른 문
　　제: 일본 사회정책에서의 여성과 어머니의 이미지.『아시아 가부장
　　제와 여성의식의 성장』. 서울: 이화여자대학교 아시아여성학센터
　　1996년 아시아여성학대회 자료집.

· 저자 ·

안태윤　**·약 력·**
(安泰沇)
이화여자대학교 인문과학대학 영어영문학과 졸업
와세다대학교 대학원 사회학 석사
성신여자대학교 대학원 사회학 박사
와세다대학교 대학원 사회학 박사

이화여자대학교 아시아여성학센터 지역연구위원, 프로젝트 코디네이터
University of Pennsylvania 강사, 객원연구원
숭실대학교, 서울시립대, 서울여대 강사

·주요논저·

「일제말기 전시체제와 모성의 식민화」
「전시체제와 가정성: 가정생활과 주부역할에 관한 논의를 중심으로(1937-45)」
「Remaking Mothers: The Politics of Motherhood in Colonial Korea」
외 다수

식민정치와 모성

— 총동원체제와 모성의 현실 —

• 초판 인쇄	2006년 8월 31일
• 초판 발행	2006년 8월 31일
• 지 은 이	안태윤
• 펴 낸 이	채종준
• 펴 낸 곳	한국학술정보㈜
	경기도 파주시 교하읍 문발리 526-2
	파주출판문화정보산업단지
	전화　031) 908-3181(대표) · 팩스　031) 908-3189
	홈페이지　http://www.kstudy.com
	e-mail(e-Book사업부)　ebook@kstudy.com
• 등　　록	제일산-115호(2000. 6. 19)
• 가　　격	26,000원

ISBN　89-534-5602-9　93330 (Paper Book)
　　　　89-534-5603-7　98330 (e-Book)